STARK

FOS · BOS 12

Fachabitur-Prüfungsaufgaben mit Lösungen

2012

Deutsch

Bayern

2006–2011

STARK

ISBN 978-3-89449-075-1

32. ergänzte Auflage
www.stark-verlag.de

Inhalt

Fortsetzung nächste Seite

Jeweils im Herbst erscheinen die neuen Ausgaben der Fachabiturprüfungsaufgaben mit Lösungen.

Autoren:

Lösungen der Aufgaben:
Regine Bayer (2007 II, III, 2008 I, 2009 III, 2010 III); Dieter Gall (2006 II); Angelika Götzelmann (2006 I); Jürgen Pietzka (2007 I, 2008 II, 2009 IV, 2010 II, IV, 2011 II, III); Redaktion (2007 IV, 2008 III, IV); Michael Waniek (2009 I, II, 2010 I, 2011 I)

Hinweise

Die genaue Kenntnis der Prüfungsbestimmungen ermöglicht Ihnen eine gezielte Vorbereitung. Wenn Sie wissen, mit welchen Aufsatzarten Sie es in einer Deutsch-Prüfung zu tun haben, wie diese aufgebaut werden, wie Sie eine Stoffsammlung anlegen und wie Sie am besten an die Ausarbeitung herangehen, bereitet Ihnen auch die Prüfungsarbeit keine großen Probleme mehr.

Die schriftliche Prüfung zum Erwerb der Fachhochschulreife an den Beruflichen Oberschulen im Fach Deutsch wird vom Bayerischen Staatsministerium für Unterricht und Kultus zentral gestellt und dauert an der Fachoberschule 240 Minuten, also volle vier Zeitstunden.

2011 gab es bei der Fachabiturprüfung im Fach Deutsch **Neuerungen:** Während früher immer vier Themen zur Auswahl gestellt wurden, gibt es von nun an nur noch **drei Themen – eine Textanalyse** und **zwei Interpretationen literarischer Texte** – von denen Sie eines bearbeiten müssen.

Bei der **Analyse von Sachtexten** können folgende Aufgabentypen kombiniert werden, die Sie alle beherrschen sollten:

- Wiedergabe von Inhalt und Aufbau *oder* eine erweiterte Kurzvorstellung/erweiterte Überblicksinformation
- Sprachanalyse, eingegrenzt auf eine oder mehrere Intentionen oder einen Teil des Textes
- Stellungnahme zum gesamten Text oder zu einer seiner zentralen Aussagen

Tipp: Die in diesem Band enthaltenen Prüfungsjahrgänge bis 2010 unterscheiden noch zwei Aufgabenarten zur Sachtextanalyse (Typ I: Wiedergabe von Inhalt und Aufbau mit Stellungnahme; Typ II: Überblicksdarstellung mit Sprachanalyse und Stellungnahme). Da die einzelnen Bestandteile auch nach 2011 noch verlangt und nur neu kombiniert werden können, ist es sinnvoll, auch die alten Aufgaben zur Übung zu nutzen.

Mögliche Aufgabenstellungen zu **literarischen Themen** sind:

- Interpretation eines Dramenausschnitts
- Interpretation eines Prosatextes

Die literarischen Texte erfordern immer eine Interpretation, können aber auch weitere kreative Aufgabenstellungen beinhalten (vgl. Vorspann, S. 9 ff.).

Als Hilfsmittel darf ein Rechtschreibduden benutzt werden.

Die Dauer der mündlichen Prüfung beträgt in der Regel 20 Minuten, wobei die Themen den Bereichen Textanalyse und Literaturarbeit entnommen werden. Daraus folgt, dass die Anforderungen für die schriftliche Prüfung im Fach Deutsch auch in der mündlichen Prüfung zur Geltung kommen.

Ausführliche Hinweise zur Bearbeitung von Prüfungsaufgaben und zur Wiederholung von Grundwissen finden Sie in folgendem Band:
Werner Winkler: Prüfungswissen Oberstufe. Stark Verlag, Titel-Nr. 94400.

Sollten nach Erscheinen dieses Bandes noch wichtige Änderungen in der Fachabiturprüfung 2012 vom Kultusministerium bekannt gegeben werden, finden Sie aktuelle Informationen dazu im Internet unter: www.stark-verlag.de/info.asp?zentrale-pruefung-aktuell

Die Autoren und der Verlag wünschen Ihnen viel Freude bei der Arbeit mit den Angeboten des Faches Deutsch und viel Erfolg bei der Fachabiturprüfung!

Stichwortverzeichnis

Sachregister

Werkregister

Personenregister

Analyse eines Sachtextes

Die Sachtexte, die man in Aufgabe 1 bearbeiten muss, sind meist journalistische Textsorten (Kommentare, glossierende Kommentare, Glossen, Reportagen, Interviews oder Berichte). Insgesamt kommen im Rahmen der Sachtextanalyse neben einer Kurzvorstellung folgende Aufgabentypen vor: die Wiedergabe von Inhalt und Aufbau, die Stellungnahme und die Sprachanalyse.

1 Wiedergabe von Inhalt und Aufbau: Die Inhaltsangabe in Thesenform

Wenn es darum geht, Inhalt und Aufbau eines Sachtextes wiederzugeben, kann man grundsätzlich zwischen der strukturierten Textwiedergabe und der Inhaltsangabe in Thesenform wählen. Im Folgenden wird auf die Inhaltsangabe in Thesenform näher eingegangen. Nach einer kurzen theoretischen Erklärung wird anhand des Kommentars *Verführen Kreditkarten zum Shoppen?* eine Musterlösung vorgeführt.

Ziel der Inhaltsangabe in Thesenform ist es, den argumentativen Aufbau des Textes und seinen Inhalt **in abstrakter Art und Weise** darzustellen, wobei der Ausgangstext auf circa ein Drittel gekürzt werden soll. Dafür empfiehlt es sich, zunächst den zu bearbeitenden Text mehrmals gründlich durchzulesen und in größtmögliche Sinnabschnitte einzuteilen. Man fragt dabei, über welche Passagen hinweg der Autor die gleiche argumentative Absicht vertritt. Aber Vorsicht: Textabsätze und tatsächliche Sinnabschnitte müssen nicht übereinstimmen.

Die Anzahl der Sinnabschnitte ist nicht pauschal festlegbar, erfahrungsgemäß sind aber drei bis fünf ausreichend.

Haben Sie das getan, beginnt nun die eigentliche Arbeit: Sie müssen Makro- und Mikrothesen bilden, wobei die Makrothesen (auch Struktursätze genannt) verallgemeinernde Abstraktionen der Mikrothesen (auch Einzelaussagen genannt) sind. Konkret bedeutet das nun Folgendes: Die zentralen Einzelinformationen eines jeden Abschnitts müssen erfasst werden. Überlegen Sie sich, was der Autor dort alles mitteilt. Hierbei müssen Sie sich schon von konkreten Detailinformationen und Beispielen lösen und nach abstrakteren paraphrasierenden Formulierungen suchen.
Im Anschluss versucht man diese Einzelaussagen mithilfe von Oberbegriffen bzw. übergeordneten Kategorien weiter zu bündeln (Makrothese).

Bei der Ausformulierung der Makro- und Mikrothesen müssen **bestimmte Regeln** eingehalten werden: Sie schreiben keinen in sich geschlossenen Aufsatz, sondern schließen unmittelbar an die geforderte Überblicksinformation die Inhaltsangabe in Thesenform an, die einer umfangreichen Gliederung gleicht. Einen Schluss oder Ähnliches gibt es nicht. Das Tempus (die Zeitform) ist das Präsens.

Wichtig – wie überhaupt immer bei der Textanalyse – ist, dass Sie sich sprachlich von der Vorlage lösen müssen, das heißt, wörtliche Übernahmen in Ihrer Arbeit sind verboten! Bemühen Sie sich um eigene Formulierungen.

Jede **Makrothese** muss dabei bestimmte Anforderungen erfüllen:

- Zu Beginn der Makrothese soll ein Bezug zum Autor hergestellt werden. Achten Sie darauf, in den unterschiedlichen Makrothesen zu variieren. Beginnen Sie also beispielsweise nicht jede Makrothese mit „der Autor“, sondern suchen Sie nach Alternativen (der Verfasser, der Kommentator, der Name des Verfassers, das Personalpronomen „er“ etc.).

- Jede Makrothese muss ein (!) Strukturverb enthalten. Das Strukturverb gibt darüber Auskunft, welche argumentative Absicht der Verfasser in dem Sinnabschnitt verfolgt. Die Hauptschwierigkeit liegt darin, treffende Strukturverben zu finden, die einen wirklichen Aussagewert haben. Formulierungen wie „Der Autor meint“, „Der Autor sagt“ o. Ä. sind hingegen unbedingt zu vermeiden, da sie nichts über die Absicht des Autors bezüglich des Sinnabschnitts aussagen. Überlegen Sie sich, ob der Autor etwas behauptet, feststellt, Argumente liefert, folgert, zusammenfasst, appelliert etc., um nur einige Beispiele zu nennen.
  Zwei oder mehr Strukturverben sind nicht zulässig, da die Makrothese dann nicht mehr als verallgemeinernde Abstraktion eines Sinnabschnitts angesehen werden kann.
- Jede Makrothese schließt mit der Zeilenangabe für den betreffenden Sinnabschnitt.
- Makrothesen müssen Aussagesätze ohne Nebensatzkonstruktionen sein.

Für den Bau der **Mikrothesen** gelten weniger starre Vorgaben: Anders als in den Makrothesen sind hier Nebensätze erlaubt. Achten Sie aber darauf, tatsächlich nur einen Hauptgedanken pro These zu formulieren. In den Mikrothesen dürfen kein Autorbezug, kein Strukturverb und keine Zeilenangabe vorkommen. Ein häufiger Fehler beim Ausformulieren der Mikrothesen besteht in dem Versuch, Bezüge zwischen den einzelnen Thesen herzustellen (z. B. durch verbindende Konjunktionen, verweisende Wortarten etc.). Das ist jedoch zu vermeiden. Sie müssen Sätze verfassen, die für sich alleine stehen können – und dementsprechend auch keine formalsprachlichen Bezüge untereinander aufweisen: Mikrothesen sind Einzelthesen.

Beispiel für eine Inhaltsangabe in Thesenform

Verführen Kreditkarten zum Shoppen?
von Hannah Wilhelm

Wer mit Kredit- oder EC-Karten zahlt, gibt mehr Geld aus als ein Barzahler. Insgeheim ahnte das wohl jeder, unter anderem auch die Verbraucherschützer. Aufgrund dieser vagen Ahnung werden sie nicht müde, vor einem exzessiven Kreditkarten-Gebrauch zu warnen.

Doch jetzt liefern zwei amerikanische Professoren die wissenschaftliche Begründung für das Bauchgefühl: „Je offenkundiger wir das Geld verlieren, umso größer ist der Widerstand gegen das Ausgeben und umso höher der Schmerz beim Bezahlen“, schreiben sie in der September-Ausgabe des US-*Fachmagazins Journal of Experimental Psychology: Applied.*

Priya Raghubir und Joydeep Srivastava wollten mit mehreren Untersuchungen überprüfen, ob Menschen, die weniger transparente Zahlungsformen nutzen, dazu neigen, diese dann wie Spielgeld zu behandeln und somit leichter ausgeben. Dafür legten sie zum Beispiel 114 Befragten die Speisekarte des fiktiven Restaurants „Michaul's of St. Charles“ vor – einmal mit der Information, dass Kreditkarten-Zahlung möglich ist, und einmal ohne. Zu essen gab es creolische Spezialitäten. Das Ergebnis: Durfte nur mit Bargeld gezahlt werden, orderten die Teilnehmer ein günstigeres Dinner. Durchschnittlich gaben sie 10,96 Dollar aus – Kartenzahler dagegen 12,70. Bei einer weiteren Studie ließen die beiden Wissenschaftler 57 Teilnehmer für eine große Thanksgiving-Feier mit sechs Freunden einkaufen: Truthahn, Gemüse, Brot, Salat und natürlich Wein. Auch hier waren die Kreditkartenzahler zunächst großzügiger als die, die mit Dollarnoten einkauften: Sie wollten 175 Dollar ausgeben, Barzahler dagegen nur 145. Doch zahlten die Teilnehmer nicht eine Gesamtsumme, sondern mussten den Preis für jedes Stück einzeln abnicken, glich sich der Unterschied aus. Beschäftigte sich der Käufer also intensiver mit den Preisen, war er sparsamer – egal, ob er mit Karte oder bar bezahlte.

Mit anderen Worten: Wer sparen will, sollte Kredit- und EC-Karten lieber zu Hause lassen und cash zahlen. Außerdem sollte er sich beim Shoppen intensiver mit den Preisen auseinandersetzen. Eigentlich trivial – aber jetzt wissenschaftlich belegt.

Quelle: Süddeutsche Zeitung, 1. 9. 2008

Aufgabe

Geben Sie Inhalt und Aufbau des Textes wieder.

Lösungsbeispiel:

In dem Kommentar *Verführen Kreditkarten zum Shoppen?*, der am 1. 9. 2008 in der *Süddeutschen Zeitung* erschienen ist, zeigt Hannah Wilhelm die Wechselwirkung zwischen dem Konsumverhalten und der Zahlungsweise von Käufern auf und zieht daraus praktische Konsequenzen für einen sparsamen Einkauf.

I. Hannah Wilhelm führt als Eingangsthese das stärkere Kaufverhalten bei Kartenzahlung an. (Z. 1–7)[1]

II. Die Verfasserin belegt diese These mit amerikanischen Studien zum Konsumverhalten in Abhängigkeit von der Zahlungsweise. (Z. 8–49)
   1. Bargeldzahler gehen sparsamer mit ihrem Geld um als Kreditkartennutzer.
   2. Die Zahlungsweise ist unerheblich, wenn die Käufer sich bewusst mit den Preisen für einzelne Produkte auseinandersetzen.

III. Sie gibt schlussfolgernd Ratschläge für geldbewusste Einkäufe. (Z. 50–56)
   1. Man sollte bar zahlen.
   2. Die Konsumenten müssen die Preise genauer analysieren und sich diese klarmachen.

2 Sprachanalyse

Grundvoraussetzung für die Sprachanalyse ist die **aktive** Beherrschung der einschlägigen Fachbegriffe für sprachliche Mittel und grammatische Erscheinungen. Ohne dieses Vokabular ist die Aufgabe ist nicht erfolgreich zu bearbeiten.

Die Sprachanalyse dient keinem Selbstzweck, sondern hat das Ziel, die argumentative Absicht des Autors klar zu benennen und zu erläutern. Je nach Themenstellung – ein genaues Lesen ist unerlässlich – soll der Text insgesamt oder in Teilen untersucht werden. Schematisch bietet sich dafür folgendes Vorgehen an:

1. Man fragt sich, was der Autor mit seinem Text in der Gesamtheit überhaupt erreichen will, und stellt so eine Hauptthese (auch Hauptabsicht genannt) auf.

---

1 Hier begegnet Ihnen ein Sonderfall: Gerade an den Rändern – also am Anfang und Schluss – der Inhaltsangabe in Thesenform können Makrothesen auch alleine vorkommen. Logisches Grundprinzip ist nämlich: Führen Sie Mikrothesen an, dann müssen es mindestens zwei sein. Bei nur einer Mikrothese hingegen ist eine verallgemeinernde Abstraktion in Form einer Makrothese nicht möglich.

2. Um diese Hauptthese zu stützen, sucht man nun im Text passende inhaltliche Teilabsichten. Diese Teilabsichten müssen durch einen kreativen Wechsel von direkten und indirekten Zitaten mit jeweils richtiger Zitierweise konkret belegt werden.

3. Jede Teilabsicht muss dabei unter Rückgriff auf die Stilmittel gründlich ausgedeutet werden. Bei der Ausdeutung ist das Stilmittel richtig zu benennen und seine Verwendung zu erklären. Am sinnvollsten beschreibt man (wenn möglich) zuerst einmal die Assoziation, die durch das Stilmittel ausgelöst wird, dann interpretiert man. In der Ausführung empfiehlt es sich, Schwerpunkte bei besonders gut ausdeutbaren und auffälligen Stilmitteln (z. B. Bildern) zu setzen und weniger intensiv ausdeutbare dabei mit einzustreuen (z. B. Synekdoche, Alliteration).

Beispiel für eine Sprachanalyse

Schicksal Denglisch
von Jens Jessen

Englische Wörter durchsetzen die deutsche Sprache wie Parasiten. Kaum ein Werbespruch (Slogan oder Claim), kaum ein Geschäftstreffen (Meeting) kommt ohne die Beschwörung von Future, Results oder einer Sache namens Freedom aus, die man wahrscheinlich nicht mit Freiheit verwechseln soll. Manchmal werden die englischen Ausdrücke falsch verwendet, oft sind sie lächerlich, fast immer unschön. Neu allerdings ist ihre Ausbreitung nicht, und neu ist auch nicht die Empörung, die derzeit bis zum Ruf nach einem Sprachschutzgesetz geht. Neu in der Debatte ist nur die Position, die den Zustrom der Anglizismen rechtfertigt. Das Englische oder Amerikanische, so konnte man in Süddeutscher und FAZ lesen, sei die überlegene Sprache. Das Deutsche, ein schwerfälliges Ungetüm, bekomme die verdiente Quittung für seine Untauglichkeit, der modernen Welt geeigneten Ausdruck zu verleihen. Das ist natürlich Unfug: In jeder Sprache lässt sich sagen, was ihre Sprecher sagen möchten. Doch liegt in der Rede von der Überlegenheit des Englischen eine Wahrheit: Es ist aber keine Überlegenheit des Ausdrucks, sondern eine überlegene Ausstrahlung. Niemals würde eine Werbeagentur Amerikanismen verwenden, wenn sie nicht meinte, das Produkt damit für die Kunden attraktiver zu machen. Niemals würden Manager die Charts in ihren Briefings englisch erklären, wenn sie nicht glaubten, damit besser dazustehen oder recht eigentlich erst zum Manager zu werden. Die Sprache Nordamerikas ist die Sprache der letzten Weltmacht und schon damit die natürliche Sprache der Weltmarktkonkurrenz.

Quelle: Die Zeit 11/2001; leicht überarbeitet

Aufgabe

Untersuchen Sie, welche Intention der Autor verfolgt und wie er sie sprachlich umsetzt.

Hauptthese: Jens Jessen kritisiert die Verwendung englischer Ausdrücke im Deutschen.

Teilabsicht: Er weist abwertend auf die große Anzahl englischer Wörter im Deutschen hin, indem er Anglizismen mit „Parasiten“ (Z. 2) **vergleicht**. Parasiten befallen als Schmarotzer ihren Wirt, bewirken letztlich dessen Verfall und können im schlimmsten Fall sogar zu dessen Tod führen. Wie der Wirtskörper ungeschützt und hilflos diesen Eindringlingen ausgeliefert ist, so geht es auch dem Deutschen. An sich überflüssige Wörter nisten sich im Sprachsystem ein und führen langfristig zum Aussterben des entsprechenden deutschen Begriffs.

Teilabsicht: Der Autor widerspricht deutlich der These, wonach das Deutsche aus sprachstrukturellen Gründen auf Anglizismen angewiesen sei: Das Deutsche sei natürlich keinesfalls ein „schwerfälliges Ungetüm“ (Z. 20). Die **Metapher** ruft die Vorstellung eines hässlichen, monströsen Geschöpfes hervor, das sich durch Kombination mit dem **vorangestellten Adjektiv** als äußerst plump in seinem Verhalten erweist. Durch das **altertümelnd wirkende Substantiv** scheint das Wesen aus grauer Vorzeit zu stammen, sodass die Vorstellung einer nicht mehr zeitgemäßen deutschen Sprache zusätzlich intensiviert wird. Aber nicht kühne Recken bekämpfen heutzutage Monster, sondern die englischen Einflüsse treten gegen die angeblich fehlende deutsche Sprachästhetik an. Dieser Position begegnet Jens Jessen prägnant mit der **hochsprachlichen** Formulierung „Unfug“ (Z. 24) anstelle des eher umgangssprachlicheren „Unsinn“, um schon mit der Wortwahl das geschliffene Wesen unserer Muttersprache herauszustellen. […]

3 Stellungnahme

Die Stellungnahme fordert den Schüler heraus, selbst Position zu beziehen. Er soll dies aber nicht nach Stammtischmanier tun, sondern seine Position durch eine fundierte Argumentation stützen, die ihm hilft, seine Entscheidung zu erklären. Dazu ist es notwendig, Vor- und Nachteile einer Position kontrastierend gegenüberzustellen, um dann in einer ausführlichen Synthese abzuwägen bzw. Bedingungen zu nennen, die möglicherweise zu einem Kompromiss führen könnten. Die Stellungnahme folgt also dem Prinzip der **dialektischen Erörterung**.

Bei der Darstellung der Vor- und Nachteile muss die **Argumentation** beherrscht werden. Ein vollständiges Argument besteht immer aus Behauptung, Begründung(en) und Beispiel(en). Das Argument geht also von einer Aussage aus, die es noch zu beweisen gilt (= These/Behauptung). Mit der Begründung folgt eine abstrakte, allgemeine Erklärung, die im Beispiel auf den konkreten Fall bezogen wird.
Bevor Sie damit beginnen, die Argumente zu formulieren, sollten Sie bei der Stellungnahme eine kurze Stoffsammlung anfertigen, die Ihnen hilft, Ihre Gedanken zu ordnen und in eine systematische Reihenfolge zu bringen. Auch wenn Sie davon ausgehen können, dass zwei Pro- und zwei Contra-Gesichtspunkte letztlich ausreichen, um eine solide Stellungnahme zu verfassen, sollten Sie immer mehr Thesen sammeln, um dann die schlagkräftigsten auswählen zu können. Formulieren Sie in knappen Schlagworten und achten Sie bereits in dieser Arbeitsphase darauf, dass der jeweilige Vorteil oder Nachteil hervorgehoben wird.

Nun müssen Sie die Aspekte auswählen, die Sie in Ihrer Stellungnahme verwenden wollen. Dabei ist darauf zu achten, dass Sie die Thesen zu Argumenten ausbauen, die Sie später in der Synthese auch gegeneinander stellen wollen und auf die Sie sich bei der Nennung von Bedingungen beziehen wollen. Selbstverständlich können Sie sich dabei der Anregungen des vorgegebenen Textes bedienen. Allerdings müssen Sie gerade in einem solchen Fall auf eine bewusst eigenständige Formulierung achten, um sich nicht dem Vorwurf auszusetzen, Sie würden hier nur die Textvorlage reproduzieren.
Achten Sie auf sinnvolle Verknüpfungen zwischen den Argumenten, damit die Stellungnahme zu einer sprachlichen Einheit wird.

In der Regel beginnt man die Stellungnahme mit einer Einräumung. Man gesteht zu, dass es zur eigenen Position eine Gegenposition gibt, die man bei der eigenen Entscheidungsfindung bereits bedacht hat. Außerdem geht man so nicht auf absoluten Konfrontationskurs zum Diskussionsgegner und bietet damit die Basis für einen möglichen Kompromiss. Als einleitende Formulierungen dieser Einräumung eignen sich z. B.:

- Es ist zwar durchaus richtig, dass …
- Ich kann die Position des Autors insoweit nachvollziehen, wenn er betont …
- Mögliche Argumentationsgegner könnten nun anführen …
- Einerseits muss eingeräumt werden …

Beachten Sie, dass auch hier der Gebrauch des Konjunktivs trotz aller Zustimmung signalisiert, dass Sie sich letzten Endes doch von dieser Position distanzieren werden. Aus diesem Grund ist es auch sinnvoll, die Gegenposition an den Anfang Ihrer Stellungnahme zu rücken, um diese dann durch noch schwerwiegendere Gegenargumente zu entkräften.

Die Argumentation, mit der Sie Ihre eigene Position stützen, müssen Sie sprachlich von der vorausgehenden Argumentation abheben.
Als Formulierungen bieten sich z. B. an:

- Andererseits muss allerdings dagegengehalten werden, dass …
- Doch stehen klare Argumente gegen diese Position …
- Auf der anderen Seite aber können zahlreiche Vorteile/Nachteile nicht übersehen werden …

In einer Stellungnahme werden mindestens je zwei Argumente für die eigene Position und für die Gegenposition erwartet.

In der abschließenden Synthese, dem „Herzstück“ einer Stellungnahme, erklären Sie nun, wie Sie zu Ihrer Position kommen. Dabei dürfen Sie nicht einfach Argumente der Pro- und Contra-Seite „wiederkäuen“ oder Pro- und Contra-Argumente einführen, die Sie zuvor bei der Darstellung der Vor- und Nachteile zurückgehalten haben.
Sie müssen beide Seiten berücksichtigen und begründen, warum Sie bestimmte Argumente höher bewerten als andere, sonst kann Ihr Gegenüber nicht nachvollziehen, warum Sie manche Argumente unberücksichtigt lassen bzw. warum diese für Ihre Entscheidung keine ausschlaggebende Rolle spielen können. Achten Sie aber darauf, dass Sie der vorausgehenden Argumentation nicht widersprechen, das würde Sie unglaubwürdig machen.
Gleichzeitig können Sie aber auch Bedingungen nennen, unter denen Sie möglicherweise einem Kompromiss zustimmen werden. Sie müssen dann erklären, was die jeweiligen Bedingungen bewirken und welcher mögliche Nachteil damit abgeschwächt oder sogar aus dem Weg geräumt wird.

Beispiel für eine Stellungnahme

„Euphorie und Senf und Socken“
von Werner Kunz

Natürlich ist es bequem, einzukaufen, wenn es einem gerade in den Sinn kommt. Allein aus diesem Blickwinkel betrachtet, ist die Ladenöffnung an Samstagen bis 20 Uhr nicht schlecht. Ob die Premiere tatsächlich „ein wirklich ungetrübter Freudentag“ war, wie Einzelhandels-Sprecher Hubertus Pellengahr auf Bundesebene euphorisch frohlockte, darf getrost in Frage gestellt werden. Denn auch diese Medaille hat zwei Seiten.
So zeitigt die Tatsache, dass mit den seit Monatsbeginn geltenden Öffnungszeiten Geschäfte bis zu 84 Stunden in der Woche ihre Ware feilbieten können, Profiteure – aber auch Verlierer. Zu denen zählen zuerst die Beschäftigten in einer Branche mit härtesten Arbeitsbedingungen – vor allem Frauen: ihr eh eingeschränkter Samstag ist nun völlig kaputt. Und dass die Neuregelung zusätzliche Arbeitsplätze brächte, glaubt nicht einmal Pellengahrs unterfränkischer Einzelhandelsgeschäftsführer-Kollege, Peter Collier.
Zudem: Wovor als altmodisch verschrieene Liberalisierungs-Gegner stets warnten, hat der erste 20-Uhr-Samstag einmal mehr bestätigt. Den kleineren und

kleinen Geschäften machen immer längere Öffnungszeiten zu schaffen. Diese erhöhen schließlich nicht die Budgets der Familienhaushalte. Es findet lediglich eine Umverteilung statt – hin zu den großen Kaufhäusern. Die Rührstücke in den Zeitungen, dass abermals ein Tante-Emma-Laden schließen muss, werden sich wohl häufen.

Verlierer sind in gewisser Weise auch die Kunden. Oder ist das etwa ein Service, der sich nur Unflexiblen nicht auf Anhieb erschließt: in einem Geschäft einkaufen zu können bis in die Puppen, während man beim Laden daneben vor verschlossener Türe steht? Die Folge ist leicht auszumalen (und gewollt?): Die Besorgungen werden dann halt gleich alle im Großkaufhaus getätigt.

Mag man es auch kaum vermuten, aber so gesehen haben längere Ladenöffnungszeiten und die Agenda 2010 eine Gemeinsamkeit: den Großen ist's recht, die Kleinen müssen bluten. Andererseits ist da auch ein gravierender Widerspruch. Geht doch die Agenda davon aus, dass wir unser überzogenes Anspruchsdenken endlich zurückstutzen müssen. Was ohne Zweifel konterkariert wird, wenn man als Fortschritt bejubelt, samstags noch kurz vor der Tagesschau ein Paar Socken und eine Tube Senf kaufen zu können …

Main Post Würzburg, 11. Juni 2003

Aufgabe

Befürworten Sie die neuen Ladenöffnungszeiten oder lehnen Sie diese ab?

Ich kann Werner Kunz nicht zustimmen, wenn er die neuen Ladenöffnungszeiten so vehement ablehnt.

Selbstverständlich wäre es unseriös, die Nachteile für die Beschäftigten im Einzelhandel zu übersehen. Diese müssen nämlich in vielen Fällen für sie ungünstigere Arbeitszeiten hinnehmen. Die Öffnungszeiten haben sich wochentags um je zwei Stunden verlängert, am Samstag bis zu sechs Stunden. Diese Zeiten müssen abgedeckt werden. Und dies geschieht natürlich in der Regel nicht dadurch, dass man genau für diese Zeit neues Personal einstellt, sondern in großen Betrieben mit einem ausreichenden Personalstamm durch eine Umstrukturierung der Arbeitszeit mittels eines Schichtsystems. Dadurch muss der Angestellte im Einzelhandel unregelmäßige Arbeitszeiten in Kauf nehmen, was gerade für Mütter bzw. Väter eine besondere Schwierigkeit darstellt, da sie gegebenenfalls von Tag zu Tag die Versorgung der Kinder neu organisieren müssen. Mit noch größeren Härten müssen die Beschäftigten in kleineren Betrieben rechnen. Hier gibt es vielleicht keine weiteren Kollegen, von denen die verlängerten Öffnungszeiten abgedeckt werden könnten. Also wird sich der Angestellte häufiger mit den Bitten seines Arbeitgebers konfrontiert sehen, geteilten Dienst oder Überstunden zu machen. In einer Zeit hoher Arbeitslosigkeit wird damit ein massiver Druck auf ihn ausgeübt, muss er doch befürchten, dass sein Chef eventuell den Laden schließen und er ohne Beschäftigung dastehen wird.

Doch nicht nur die Beschäftigten im Einzelhandel beklagen sich über die mit den neuen Ladenöffnungszeiten verbundenen ungünstigeren Arbeitszeiten, auch die Kunden verfallen nicht in euphorischen Jubel. Gerade die Tatsache, dass kleinere Läden aufgrund ihrer Personalsituation ihre Geschäfte nicht länger geöffnet halten können, bringt Verwirrung für den Kunden darüber mit sich, wann welches Geschäft geöffnet hat. Ein Verbraucher, der abends nach 18 Uhr einkaufen will, kann mitunter nicht mehr auf die volle Bandbreite aller Geschäfte zurückgreifen. Passiert ihm dies öfter, und da hat Herr Kunz vermutlich Recht, wird er sicherlich gleich auf das Angebot im Kaufhaus zurückgreifen, in dem er alle seine Einkäufe erledigen kann, und zwar länger und ohne in mehrere Geschäfte zu müssen.

Doch mit Sicherheit wird der Kunde mehr von den neuen Regelungen profitieren, als dass er durch sie Nachteile erfährt. Seine Flexibilität vergrößert sich durch sie nämlich erheblich. Während er vor der Novellierung des Ladenschlussgesetzes nur bis 18 Uhr an Wochentagen und bis 14 Uhr an Samstagen einkaufen konnte, kommen nun sechzehn weitere Stunden hinzu, in denen er Gelegenheit hat, seine Einkäufe zu erledigen. Der Kunde kann damit den täglichen Einkauf flexibler seinem übrigen Tagesplan anpassen, er muss sich den Tagesablauf nicht von möglicherweise für ihn ungünstigen Ladenöffnungszeiten diktieren lassen. Und gerade Berufstätige werden für dieses zusätzliche Angebot wahrscheinlich dankbar sein. Ein Arbeitnehmer, der täglich z. B. von 8 bis 17 Uhr arbeiten muss, konnte vor der Liberalisierung der Ladenöffnungszeiten nur unter Zeitdruck einkaufen. Dieser Stressfaktor ist heute aus der Welt geschafft.

Aber auch Arbeitnehmer im Einzelhandel können an Flexibilität gewinnen, dann nämlich, wenn sie sich mit den neuen Öffnungszeiten aus einem starren Arbeitszeitschema lösen können, in das sie bis dahin eingebunden waren. Möglicherweise profitieren sie von einem Zweischichtbetrieb oder der Möglichkeit, gerade am Samstag verstärkt arbeiten zu können. Das wird immer dann der Fall sein, wenn durch den Schichtdienst, z. B. von 8 bis 14 Uhr, ein beträchtlicher Teil des Tages an Freizeit bleibt, was nicht der Fall war, als man diese Schichtarbeit nicht hatte.

Werner Kunz sieht deshalb meiner Meinung nach die neuen Ladenöffnungszeiten zu einseitig negativ. Er übersieht ihre Vorteile, die für mich überwiegen.
Der Gefahr der Ausbeutung des Arbeitnehmers durch für ihn nachteilige Arbeitszeiten steht in vielen Fällen eine flexiblere Arbeitszeitgestaltung gegenüber. Natürlich hängt es vom Arbeitgeber ab, welche Möglichkeiten er dem Angestellten einräumt. Und damit der Einzelhändler nicht einseitig am längeren Hebel sitzt und immer nur zuungunsten seines Angestellten entscheidet, sind die Gewerkschaften aufgefordert, in den Manteltarifverhandlungen entsprechende Rahmenbedingungen festzuschreiben. Wer zu Schichtdienst verpflichtet wird, dem müssen Lohnzuschläge gewährt werden, wer Überstunden macht, muss Lohn- oder Freizeitausgleich erhalten. Und bei der Lage der freien Tage muss der Angestellte mitreden dürfen, damit sie seinen Bedürfnissen gerecht wird. Auch in Zeiten hoher Arbeitslosenzahlen muss sich die Gewerkschaft verdi auf die Seite ihrer Mitglieder stellen und sie noch deutlicher als sonst dabei unterstützen, Rechte für sich einzufordern.

Und auch dem Kunden sollte das höhere Maß an Flexibilität, das er durch die neuen Ladenöffnungszeiten gewinnt, wichtiger sein als die Tatsache, dass er eventuell manchmal nach 18 Uhr vor einer verschlossenen Ladentür steht. Es findet sich in der Regel auch um diese Zeit ein Geschäft, in dem er kaufen kann, was er gerade benötigt. Allerdings liegt es an den Geschäftsinhabern selbst, diesen Missstand zu beheben und sich dadurch keine Kunden zu vergraulen. Einzelhändler eines bestimmten Einkaufsgebietes könnten sich auf gleiche Öffnungszeiten einigen bzw., wenn dies nicht möglich ist, sollte man die Kunden per Zeitungsanzeige genau über die jeweiligen Öffnungszeiten der Läden informieren, damit sie sich nicht vergeblich auf den Weg machen und dann verärgert reagieren, wenn sie nicht einkaufen können.

Literarische Interpretation

Bei den literarischen Texten, die in der Fachabiturprüfung zu bearbeiten sind, handelt es sich in der Regel um Auszüge aus Romanen oder Dramen, manchmal auch um kurze, abgeschlossene epische Werke, meist Kurzgeschichten. Aufgaben, die im Zusammenhang mit solchen Texten besonders häufig gestellt werden, werden im Folgenden kurz theoretisch erläutert. Praktische Beispiele für eine Lösung finden sich in den „Vorschlägen für eine Lösung" im Anschluss an die jeweiligen Prüfungsaufgaben im zweiten Teil des Bandes.

Fassen Sie den Inhalt (knapp) zusammen: Die Regeln für die Abfassung einer Inhaltsangabe finden sich in jedem Lehrbuch und brauchen hier nicht erläutert zu werden. Wichtig ist, dass man seiner Darstellung zwei Basissätze voranstellt, deren erster die formalen Angaben zum Text enthält und deren zweiter umreißt, worum es im Text geht. Eine knappe Zusammenfassung des Inhalts sollte sich auch wirklich um Knappheit bemühen, d. h. Sie sollten versuchen, die Vorlage in fünf bis sieben Sätzen zusammenzufassen. Die genaue Länge hängt natürlich von der Dichte der Vorlage und den Abstraktionsmöglichkeiten, die sie bietet, ab. Zitate und Belege sollen vermieden werden; stattdessen sind die zentralen Aussagen auf abstrakte Weise in eigenen Worten zu formulieren.

Charakterisieren Sie die Figur X: Die Charakterisierung einer literarischen Figur ist eine sehr häufige Aufgabe im Zusammenhang mit der Interpretation eines epischen oder dramatischen Textes bzw. Textauszugs. Bei Charakterisierungen müssen Sie grundsätzlich darauf achten, der Darstellung einen eigenständigen, sachangemessenen Aufbau zu verleihen und sich nicht einfach am Text entlang zu bewegen. Außerdem geht es nicht darum, das Verhalten der Figur zu beschreiben, sondern aus ihrem Verhalten auf Persönlichkeitseigenschaften zu schließen. Mithin hat die Darstellung im Wesentlichen argumentierenden Charakter, indem Behauptungen über die Persönlichkeit der Figur aufgestellt werden, die dann durch Hinweise auf ihr Verhalten zu begründen und durch geeignete Zitate zu belegen bzw. zu veranschaulichen sind. In der Regel kann man sich beim Grobaufbau an folgendem Schema orientieren: Beruf und gesellschaftliche Stellung der Figur, ihr äußeres Erscheinungsbild, ihre soziale Einbindung (Familie, Freundes- und Bekanntenkreis), ihre Ansichten, ihre Charaktermerkmale, natürlich nur, soweit der Text über die genannten Gesichtspunkte Aufschluss gibt. Eine gute bis sehr gute Arbeit wird sich zusätzlich darum bemühen, die einzelnen Charaktermerkmale nicht isoliert zu behandeln, sondern Zusammenhänge deutlich zu machen.

Untersuchen/Analysieren Sie ... (z. B. das Gesprächsverhalten/die Sprache und das Gesprächsverhalten): Die Anweisungen „untersuchen" und „analysieren" werden in der Regel synonym verwendet. Gemeint ist dabei immer die Beschreibung des Gegenstandes durch Abstraktionen, die Suche nach Motiven und Einflussfaktoren und jeweils die Begründung der so getroffenen Feststellungen – die ja zunächst als bloße Behauptungen zu gelten haben – mithilfe der Erläuterung von Handlungselementen.

Untersuchen Sie **Sprache und Gesprächsverhalten der Figuren X und Y:** Wenn das Gesprächsverhalten zu analysieren ist, so gehört dazu zwangsläufig auch die Sprache, sodass es eigentlich überflüssig ist, in der Aufgabenstellung eigens auf die Sprache hinzuweisen. Als Lösung genügt dabei nicht ein bloßes erklärendes Nachzeichnen dessen, was die Figuren äußern oder tun. Bei der Bearbeitung müssen Sie sich also von der Oberfläche der Handlungen lösen und die dahinterliegenden Merkmale des Verhaltens beschreiben. Dies lässt sich durch Abstraktionen (d. h. Zurückführung verschiedener Einzelhandlungen auf ihren gemeinsamen Kern) und – falls möglich – durch das Einteilen des Figurenhandelns in Phasen und die Benennung der Besonderheit einer jeder dieser Phasen bewerkstelligen. Hinzu kommt die Deutung, die in der Regel darin besteht, dass man die Ursachen des Verhaltens bzw. der Verhaltensänderung erklärt. Sie können im Charakter der Figur selbst, in der Situation, in der sie sich befindet, in ihren Absichten oder im Verhalten des Gegenübers liegen. Wenn das Gesprächsverhalten zweier Figuren zu untersuchen ist, die ja miteinander interagieren, so empfiehlt sich, das Verhalten der beiden Figuren getrennt zu behandeln. So entgehen Sie der Gefahr einer unübersichtlichen Darstellung. Im Vergleich zu dieser Gefahr ist das Risiko, dass es bei getrennter Behandlung zu Wiederholungen kommt, von erheblich geringerer Bedeutung.

Beschreiben/Untersuchen/Analysieren Sie **das Verhältnis zwischen Figuren oder einer Figur zur anderen:**
Hier geht es darum, abstrakte Thesen über das Verhältnis aufzustellen und diese mithilfe der Erläuterung von Handlungselementen (z. B. Hinweisen auf das Verhalten der Figuren) zu begründen und die Aussagen dort, wo der genaue Wortlaut besonders anschaulich wirkt, auch durch Textzitate zu belegen.

Deuten/Interpretieren Sie … (meist das Verhalten oder die Verhaltensäußerung einer Figur): Hier sollten Sie das Verhalten als Ausgangspunkt noch einmal knapp beschreiben und dann dieses Verhalten erklären, und zwar mit der Persönlichkeit der Figur und/oder mit den Motiven, die die Figur zu ihrem Verhalten veranlassen, und/oder mit den äußeren Umständen, die ihr Verhalten beeinflussen.

Als dritte Teilaufgabe zu einem literarischen Text wird in der Prüfung häufig – aber nicht immer! – eine **Stellungnahme** verlangt, z. B. eine Stellungnahme zum Verhalten einer Figur oder zur Frage, ob das Verhalten auch heute noch vorstellbar wäre, oder zur Aktualität des Problems, das im Text abgehandelt wird, o. Ä. Die Bearbeitung erfolgt ganz ähnlich wie die einer Erörterung im Zusammenhang mit Sachtexten. Häufige Formulierungen sind also: Wie beurteilen Sie …? – Wie bewerten Sie …? – Nehmen Sie Stellung zu …
Die Themen sind in aller Regel dialektisch strukturiert. Dabei werden aber im Zusammenhang mit literarischen Texten meist etwas weniger strenge Maßstäbe an den Umfang der Bearbeitung, die ausgewogene Berücksichtigung beider Positionen und die Synthese angelegt, als dies bei der Stellungnahme zu einem Sachtext der Fall ist.

Beachte: Oft sind als Ausgangspunkt einer Darstellung Ausführungen erforderlich, auf die nicht eigens in der Aufgabenstellung hingewiesen wird. Solche Ausführungen müssen Sie aber voranstellen, wenn Sie nicht das Ziel Ihrer Bearbeitung aus den Augen verlieren wollen. Beispiele solcher Aufgabenstellungen:

Mit welchen sprachlichen Mitteln wird das Verhältnis zwischen den beiden Figuren deutlich gemacht?
Hier liegt eine unausgesprochene Aufforderung vor, zunächst das Verhältnis zwischen den Figuren zu umreißen, bevor man die Sprachmittel untersuchen kann, die ja auf dieses Verhältnis bezogen werden müssen.

Interpretieren Sie das Verhalten der Figur am Ende des Auszugs.
Bei dieser Aufgabenstellung müssen Sie zuerst über das Verhalten informieren, bevor Sie zu einer Deutung ansetzen können. Zudem ist es auch wichtig für Sie selbst, dass Sie sich zunächst des Gegenstands vergewissern, den Sie deuten, damit Ihre Untersuchung nicht zusammenhanglos in verschiedene Richtungen auseinanderstrebt.

Wie beurteilen Sie das Verhalten der Figur X?
Hier muss als Ausgangspunkt der eigenen Argumentation zunächst das Verhalten der betreffenden Figur knapp zusammenfassend beschrieben werden.

Neue Ansätze zur Gestaltung der dritten Teilaufgabe der literarischen Interpretation

Infolge der Neuerungen bei der schriftlichen Abschlussprüfung (vgl. www.bfbn.de/fileadmin/downloads/Schüler_Eltern/Materialien/Deutsch/kreativeaufgabenstellung.pdf) sind im Rahmen der literarischen Interpretation als dritte Teilaufgabe weitere Aufgabentypen möglich, die teilweise Kreativität, aber immer argumentative Kompetenzen erfordern. Erfahrungen und konkrete Beispiele in den Abschlussprüfungen liegen noch nicht vor. Grundsätzlich sind als Aufgabentypen angedacht:

Schreibanlässe schaffen
(Textproduktion erfolgt aus einer bestimmten Rolle bzw. Textsituation heraus)
- einen begründeten Ratschlag/Lösungsvorschlag formulieren (evtl. anderen Schluss)
- journalistische Textformen verfassen: Leserbrief/ Kommentar/ Reportage
- einen Tagebucheintrag in angemessener Form verfassen
- Briefe aus Textsituationen heraus schreiben
- eine Beurteilung aus unterschiedlichen Perspektiven von beteiligten Personen vornehmen (evtl. Gegenentwurf)
- einen inneren Monolog an einer bestimmten Stelle der Handlung verfassen

Gestalterische Mittel *(evtl. mit Hilfestellung in der Aufgabe)*
- Dingsymbole erläutern (z. B in Kurzgeschichten)
- Deutung eines Motivs oder der Metaphorik
- Interpretation der Überschrift
- Wie prägt der Schauplatz /das Milieu eine Figur?*
- Wie prägt die historische Zeit eine Figur?*

Argumentation *(in lebensnaher/textnaher Basis)*
- Warum ist das Verhalten/die Einstellung einer Figur als nicht mehr zeitgemäß anzusehen?
- Wie würden heutige Jugendliche reagieren?
- Aus welchen Motiven heraus handelt die Figur?*
- Halten Sie die Motivation der Figur für berechtigt?
- Wie erklären Sie sich das Verhalten/die Einstellung oder Wertvorstellungen einer Figur?
- Verfassen Sie zu … einen Beitrag für die Schülerzeitung/ den Jahresbericht.

* *Die mit Sternchen gekennzeichneten Aufgabenstellungen sind dann möglich, wenn die Figur nicht schon in Aufgabe Nr. 2 charakterisiert worden ist.*

Eine besondere Herausforderung stellt bei den neuen Aufgabenarten die sogenannte **gestaltende Interpretation** dar, bei der der Schwerpunkt auf der eigenen Kreativität liegt. Da der eigene Text aber eine (möglichst einfallsreiche, stilsichere und treffsichere) Antwort auf die Vorlage sein soll, muss man die Vorlage auch bei dieser Aufgabenart zuvor verstanden haben. Häufig besteht die Aufgabe darin, ein Textfragment fortzusetzen oder umzuschreiben, vorgegebene Figuren in ein fiktives Gespräch zu verwickeln, sie einen Brief an einen bestimmten Adressaten schreiben, einen Monolog sprechen oder einen Tagebucheintrag verfassen zu lassen. Immer wird dabei erwartet, dass Formen, Problemlage und Personenkonstellation so aufgegriffen und weiterentwickelt werden können, dass das eigene Produkt zum Bezugstext und seinem Setting passt.

Angewandt auf die in diesem Band enthaltenen **Prüfungsjahrgänge von 2007 und 2008** sind folgende Aufgabenstellungen denkbar:

2007

Daniel Kehlmann: Die Vermessung der Welt

Schreibanlass:

- Stellen Sie sich vor, dass Eugen im weiteren Verlauf dieser Reise von seinem Vater so unter Druck gesetzt wird, dass er anfängt sich zu wehren. Er verlässt seinen Vater und schreibt ihm einen Brief, in dem er mit ihm abrechnet.

Argumentation:

- Das Buch war ein ungeheurer, auch finanzieller Erfolg, den so niemand voraussehen konnte. Überlegen Sie sich, wie der Lektor dem Verleger gegenüber begründete, das Buch veröffentlichen zu wollen. Gehen Sie dabei von der vorliegenden Textstelle aus und schreiben Sie einen Brief, in dem Sie für das Buch werben.
- Gauß meint, die Menschen hätten jeweils unziemliche Vorteile vor der Vergangenheit (vgl. Z. 34–41). Schreiben Sie eine Betrachtung über Errungenschaften unserer Zeit, die Ihnen persönlich im Verhältnis zur Vergangenheit besonders herausragend erscheinen.
- Wie würden sich heutige Jugendliche in so einer Situation wohl verhalten?
- Verfassen Sie einen Beitrag für die Schülerzeitung/den Jahresbericht, in dem Sie diesen Text beurteilen.

Moritz Rinke: Café Umberto

Schreibanlass:

- Schreiben Sie eine Reportage, in der Sie am Beispiel dieses Paars eine solche Situation beleuchten.

Argumentation:

- Wäre die Situation leichter zu ertragen, wenn Lukas als Mann eine Stelle hätte und Sonja zu Hause wäre? Was meinen Sie?

2008

Thomas Bernhard: Der Weltverbesserer

Schreibanlass:

- Ein alter Freund besucht den Weltverbesserer. Er erlebt ihn eine Weile und schreibt ihm nach dem Besuch einen Brief, in dem er ihm ins Gewissen redet.
- Schreiben Sie einen inneren Monolog der Frau, in dem sich diese über das Geschehen äußert.

Argumentation:

- Glauben Sie, dass sich Alter und Krankheit fast zwangsläufig so negativ auf Menschen auswirken müssen?

Arno Geiger: Es geht uns gut

Gestalterische Mittel:

- Deuten Sie den Titel. Gehen Sie dabei von den hier vorgefundenen Gefühlszuständen der Personen aus.

Schreibanlass:

- Stellen Sie sich vor, Sie sind Journalist(in) und schreiben eine Reportage über die Situation von Frauen in den fünfziger Jahren. Sie verwenden dazu die vorliegenden Informationen.
- Ingrid schreibt einer Freundin einen Brief, in dem sie sich über den Vater beklagt.
- Richard wird von seinem Chauffeur zur Arbeit gefahren. Was geht ihm durch den Kopf? Verfassen Sie einen inneren Monolog.

Argumentation:

- Könnte man sich heutzutage eine solche familiäre Szene vorstellen?

Im Folgenden soll an drei Beispielen gezeigt werden, wie Lösungen zu den neuen Aufgabenarten aussehen können.

Lösungsvorschläge zu Arno Geiger: Es geht uns gut (Prüfung 2008; Textvorlage siehe 2008-12 in diesem Buch)

Aufgabe: Ingrid schreibt einer Freundin einen Brief, in dem sie sich über den Vater beklagt.

Brief Ingrids an eine Freundin

Liebe Katharina,

heute ist es schon wieder passiert: Papa und ich haben uns furchtbar gestritten und er hat einen Zornanfall bekommen. Wie ein Pascha hat er sich beim Frühstück aufgeführt – so, als wäre ich seine Leibeigene. Ich weiß nicht weiter. Deine Eltern sind so verständnisvoll und zugänglich. Du weißt gar nicht, wie gut du es hast… Da du meine beste Freundin bist, brauche ich dringend Deinen Rat, wie ich mich verhalten soll. Du weißt, wie sehr Peter und ich uns lieben und wie gut wir zusammenpassen, doch Papa sieht nur Peters finanzielle Probleme. Dabei handelt es sich nur um eine Phase, eine Durststrecke – da bin ich mir sicher. Peter fehlte einfach die richtige Frau, die auf ihn aufpasst. Aber Papa, der große Herr Minister, denkt nur ans Renommee. Er kann nicht zugeben, dass er Unrecht hat und völlig altmodische Ansichten von Ehe und Familie. Heute habe ich mich gefragt, ob er Mama jemals geliebt hat. Über Gefühl spricht man nicht. Man gehorcht und schluckt alles runter. Oh, wie ich das hasse! Doch ich lasse nicht zu, dass er sich meiner Liebe in den Weg stellt, da kann er noch so mit Strafe drohen und mich wie ein unreifes Kind behandeln.
Beinahe wäre ich beim Frühstück explodiert, hätte was an die Wand geworfen! Aber ich konnte mich noch beherrschen und hab mich damit getröstet, dass er wieder zu seinen oberwichtigen Verhandlungen muss. Diese ganze Politik ist ihm ohnehin viel wichtiger als Mama und ich es sind. Sogar seine Zahnschmerzen hat er überspielt. Mir soll es recht sein, dass er beschäftigt ist, so kann ich mehr Zeit mit Peter verbringen. Wenn ich nur schon volljährig wäre, hätte Papa nicht mehr über mich zu bestimmen und ich könnte zu Peter ziehen. Oder denkst du, ich kann es jetzt schon wagen? Wie würde Papa wohl reagieren? Ich solle keine Dummheiten machen, hat er gesagt. Wenn der wüsste! Vielleicht habe ich die größte Dummheit schon gemacht. Heute war mir wieder so übel. Wir müssen uns bald sehen! Kannst du mit mir am Samstag ins Kino gehen?

Liebe Grüße

Ingrid

Aufgabe: Richard wird von seinem Chauffeur zur Arbeit gefahren. Was geht ihm durch den Kopf? Verfassen Sie einen inneren Monolog.

Innerer Monolog Richards

RICHARD: *(laut zum Chauffeur)* Nun fahren Sie schon, Prohacek, ich bin spät dran.
(bei sich) Pünktlichkeit ist eine wichtige Tugend, gerade für einen hohen Beamten, gerade wenn es darum geht, für unser Vaterland etwas zu bewirken. Ach, was sag ich denn? Ich habe ja nicht mal meine rebellische Tochter im Griff… Ich erkenne Ingrid nicht wieder. Man will nur das Beste für sie – und was tut sie? Hängt sich an diesen Bummelanten und Spielefritzen. Die Tochter eines Ministers hat Besseres verdient. Aufsässig ist sie – aufsässig und unverschämt. Wir haben sie zu sehr verzogen. Sie spielt die Prinzessin, für die keine Regeln gelten. Im Leben gelten immer Regeln und Prinzipien und Werte. Immer! Ach, dieser verfluchte Zahn… *(laut)* Können Sie nicht Gas geben, Prohacek? *(bei sich)* Doch ich werde ihr zeigen, was es heißt, Achtung vor den Eltern zu haben, den Eltern, die sie aufgezogen und behütet haben, die auf so viel verzichtet haben. Hätte sie eine

Familie durch die Kriegszeit bringen müssen, würde sie nicht ihre vorlaute Klappe so weit aufreißen. Stattdessen liest sie Kitschromane und hält das, was da von Liebe geschrieben steht, für real. Das dumme Kind. Sagt sie doch glatt, ich würde Mutter – wie sagte sie? – „in die Tasche stecken"! Ihr geht es noch viel zu gut. Ich werde ganz andere Saiten aufziehen. Diesen Peter soll sie sich mal aus dem Kopf schlagen. Sie wird mir noch dankbar sein. Au… ich darf mich nicht aufregen… der Zahn pocht, dass mir ganz schwarz vor Augen wird. Und ich muss doch einen freien Kopf für die Politik haben… das endlose Gerede. Man opfert sich auf. Und die eigene Familie fällt einem in den Rücken.

Aufgabe: Könnte man sich heutzutage eine solche familiäre Szene vorstellen?

Argumentation

Der Auszug aus Arno Geigers Roman spielt im Jahr 1955, also in der Nachkriegsgesellschaft, in der noch sehr starre Konventionen und eine autoritäre Denkweise vorherrschten. Das Eltern-Kind-Verhältnis beruhte vor allem auf Unterordnung und Gehorsam seitens der Kinder. Ingrid begehrt gegen die dominante Position ihres Vaters auf, der sich aber nicht auf Diskussionen einlässt und ihr vorschreiben will, wen sie lieben soll. Zu einem wirklichen kommunikativen Austausch und damit einer Verständigung kommt es nicht, da einerseits Richard keine Widerworte duldet und andererseits Ingrid trotzig auf ihrem Standpunkt beharrt. Wäre eine vergleichbare familiäre Szene heute denkbar?

Auf der einen Seite scheint die Szene in Richards Familie weit weg zu sein von der Gegenwart. Richard pocht auf die Einhaltung des „familiäre[n] Regelwerk[s]" (Z. 84) und verlangt autoritär, dass seine Tochter gehorcht, „solange [sie] die Beine unter [s]einem Tisch" (Z. 85f.) hat. Heute prägt dagegen eine liberalere Pädagogik die Erziehung, oft begegnen sich Eltern und Kinder auf einer eher freundschaftlichen Ebene. Man legt mehr Wert auf klärende Gespräche und zwingt den Kindern nicht Vorschriften auf, ohne ihren Sinn klarzumachen.

Auf der anderen Seite kommt es zu Generationskonflikten unabhängig von Ort und Zeit. Richards Vorwürfe, dass er sich sehr über seine Tochter wundern müsse (vgl. Z. 2f.) und dass sie „in keiner Sekunde [ihr] Gehirn" (Z. 73f.) einschalte, könnten so oder so ähnlich auch in heutigen Auseinandersetzungen zwischen Eltern und Kind laut werden. Eltern glauben zu wissen, was das Beste für ihre Kinder ist, während diese versuchen, sich zu emanzipieren und dabei ihre Grenzen austesten. Dieser Ablösungsprozess von den Eltern ist notwendig und bedeutet oft Streit. Gerade wenn es um die Frage geht, wer der rechte Freund für die Tochter (bzw. Freundin für den Sohn) ist, differieren die Meinungen.

Auch der Verlauf des Wortgefechts zwischen Richard und Ingrid folgt einem zeitunabhängigen Muster. Der Vater macht Vorhaltungen, auf die die Tochter gar nicht oder nur trotzig antwortet, was seine Wut steigert. Vermutlich weiß jeder der beiden, dass er überreagiert und die ganze Sache noch schlimmer macht – immerhin gelobt Ingrid insgeheim, sich zu bessern (vgl. Z. 120f.) –, aber keinem gelingt es, die Situation zu deeskalieren und ein versöhnliches Wort zu sprechen. Dieser kommunikative Teufelskreis findet sich heute noch bei familiären Konflikten.

Auch wenn heutige Eltern in der Regel sich vermutlich bemühen, ihren Kindern mehr Freiraum zuzugestehen, als dies bei Richard und Ingrid der Fall ist, wird es immer Konflikte geben über den Umgang mit Freunden oder beim familiären Zusammenleben. Aufgrund ihrer größeren Lebenserfahrung schätzen Eltern Sachverhalte anders ein als ihre Kinder, doch müssen sie diesen zugestehen, selbst Erfahrungen zu sammeln, auch wenn diese negativ ausfallen. Allerdings suchen Kinder heutzutage meist schon in einem jüngeren Alter als Ingrids die Auseinandersetzung. Mit 19 Jahren haben sie sich in der Regel bereits abgenabelt und gelten auch vor dem Gesetz als volljährig, wohingegen in den 1950er-Jahren Kinder erst mit 21 mündig wurden.

Abschlussprüfung an FOS und BOS zum Erwerb der Fachhochschulreife 2006
Deutsch: I. Sachtextanalysen – 1. Textaufgabe

Aufgaben:

a) Geben Sie Inhalt und Aufbau des Textes wieder.

b) Nehmen Sie Stellung zu der Aussage, dass „der Betrug mit dem Internet zum Moralverfall" führt.

Die Kultur der Kopisten. Führt der Betrug mit dem Internet zum Moralverfall?
von Andrian Kreye

Donald McCabe, Professor für Management an der Rutgers University in New Jersey, untersucht seit zehn Jahren die Integrität an den akademischen Institutionen Amerikas. Nach seiner jüngsten Studie schlug er Alarm. 38 Prozent der 16 000 befragten Studenten gaben an, Hausarbeiten ganz oder teilweise aus dem Internet kopiert zu haben. Fast viermal so viele wie vor drei Jahren. 44 Prozent aller Studenten fanden das digitale Schummeln auch noch in Ordnung. [...] Die New York Times titelte neulich: „Eine Nation von Kopisten". Und der Politologe David Callahan wird im Januar ein Buch mit dem Titel „The Cheating Culture" (Die Betrugskultur) veröffentlichen, in dem er nachzuweisen versucht, dass das Betrügen im kleinen wie im großen Rahmen während der letzten zwei Jahrzehnte epidemische Ausmaße angenommen hat.

Die Schuldigen sind auch schon ausgemacht. Allen voran das Internet und die digitalen Technologien. Das so genannte File Sharing, der unbegrenzte Austausch von Musik- und Filmdateien über das Internet, gilt zwar rein rechtlich als Diebstahl, ist inzwischen allerdings so weit verbreitet, dass er von der Gesellschaft längst als Kavaliersdelikt, von seinen Befürwortern sogar als gutes Recht der Konsumenten betrachtet wird. Das, so die Kritiker, schafft ein Klima, in dem es für den Betrug per Mausklick auch dann kein Schuldbewusstsein mehr gibt, wenn es nicht nur um ein paar Popsongs geht, sondern um eine akademische Karriere.

Nun war es schon immer einfach, neue Technologien für gesellschaftliche Missstände verantwortlich zu machen. Doch die digitale Welt verwischt nicht nur die moralischen Grenzen, sie macht es auch immer schwieriger, sie zu erkennen.

Computervergehen sind scheinbar Verbrechen ohne Opfer. Da werden keine physischen Werte bewegt oder Menschen geschädigt. Mit den gleichen Tastaturbefehlen, mit denen man die Hausarbeit absichert, einen Liebesbrief absendet oder ein legal erworbenes Computerprogramm vom Netz lädt, kann man auch jede digitale Medienform kopieren, digitales Diebesgut verbreiten oder sich besorgen. Für die Betrugsdezernate der Polizei ist der illegale Datenaustausch sogar die Einstiegsdroge für die Verbrechensform mit der derzeit höchsten Zuwachsrate – den Identitätsdiebstahl. Bei dem kopiert man die persönlichen und finanziellen Daten seines Opfers aus dem Netz, um dann mit der geraubten Identität Einkäufe zu tätigen oder Kredite aufzunehmen.

Aber auch die Spurensuche wird immer schwieriger. In der digitalen Welt gibt es keinen Unterschied mehr zwischen Original und Fälschung. Das unterscheidet sie von den traditionellen Vervielfältigungstechniken. Selbst der Vergleich mit dem Klonen reicht nicht aus, um die Perfektion zu beschreiben, mit der sich digitale Dateien vervielfältigen lassen. Ein biologischer Klon steht am Anfang einer Entwicklung. Das Schaf Dolly mochte das identische Erbgut seines geklonten Ebenbildes haben. Umwelteinflüsse und die eigene Entwicklung hätten aus dem Klonschaf nach biologischen Gesichtspunkten schon von der ersten Lebensminute an ein eigenständiges Subjekt gemacht. Ein digitaler Klon ist jedoch nicht der Ausgangs-, sondern der Endpunkt eines Schöpfungsprozesses. Sämtliche Entwicklungsstufen sind bereits abgeschlossen.

Bei der Vervielfältigung eines digitalen Produktes gibt es weder Reibungs- noch sonstige Qualitätsverluste. Bei zwei Musikdateien desselben Popsongs ist es beispielsweise unmöglich, nachzuweisen, welche Datei das Original und welche die Kopie ist. Wenn es aber das Prinzip des Originals nicht mehr gibt, kann es auch keinen Maßstab für seinen Wert mehr geben. Doch wo setzt man die Grenzen? Sind die Klangcollagen eines Hip-Hop-DJs noch Zitat oder schon Plagiat? Ist die Mix-CD, die ein Schüler seinen Freunden bastelt, Privatvergnügen oder Diebstahl? Entlässt die Fußnote den Autor eines Textes aus der Verantwortung, selbst zu formulieren? So hatten sich das die Propheten der neuen Mediengesellschaft natürlich nicht vorgestellt – eine Welt der digitalen Langfinger. Doch der Betrug mit dem Internet hat inzwischen sogar die tragenden Säulen der Gesellschaft erreicht.

Der inzwischen gefeuerte New York Times-Reporter Jayson Blair täuschte seine Arbeit mit Material aus dem Internet vor. Die britische Regierung beschwor die Gefahren von Saddam Husseins Regime mit Hilfe der Arbeit eines Studenten, die sie aus dem Netz kopiert hatte. Wenn das Internet aber zum Betrugswerkzeug wird, stellt dies das Wertesystem der Mediengesellschaft in Frage. […]

Aus: „Süddeutsche Zeitung" vom 03. 11. 2003 (gekürzt)

Lösungsvorschlag

Aufgabe a: strukturierte Textwiedergabe/Textwiedergabe in Thesenform

Hinweis: *Die Aufgabenstellung verlangt von Ihnen die Wiedergabe von Inhalt und Aufbau des Kommentars, d. h. Sie werden in der Regel eine strukturierte Textwiedergabe anfertigen. Sie können allerdings auch die (seltenere) Form der Textwiedergabe in Thesenform wählen.*
Auch wenn die Aufgabenstellung nicht ausdrücklich eine Überblicksinformation fordert, sollten Sie diese Ihrer Arbeit als Einleitung voranstellen. Sie zwingen sich so automatisch dazu, sich die Textintentionen bewusst zu machen.
Verwenden Sie für die Darstellung der Textstruktur exakte Verben, die den Aufbau beschreiben. Vermeiden Sie Ausdrücke wie z. B. er sagt, er kommentiert, welche die Textgliederung immer nur unzureichend wiedergeben können, da man immer nachfragen muss, z. B. wie sagt er es, auf welche Art und Weise kommentiert er?
Vermeiden Sie es bei der Inhaltswiedergabe, auf Beispiele einzugehen, die im Text genannt sind. Es geht immer um die allgemeine Aussage, die hinter ihnen steckt.
Beachten Sie, dass Sie bei der Wiedergabe in Form einer strukturierten Textwiedergabe den Textinhalt in indirekter Rede formulieren müssen, d. h. die Verben der Textwiedergabe stehen, im Gegensatz zum redeeinleitenden Strukturwort, im Konjunktiv. Die Strukturwörter sind im Lösungsvorschlag durch Fettdruck hervorgehoben.

Überblicksinformation:
In seinem Kommentar „Die Kultur der Kopisten. Führt der Betrug mit dem Internet zum Moralverfall?", der in der Süddeutschen Zeitung vom 3. 11. 2003 erschienen ist, befasst sich Andrian Kreye mit der steigenden Zahl von Internetbetrügereien. Er nennt deren Ursachen und erläutert die Folgen für die Gesellschaft. Der Autor warnt, dass die illegalen Möglichkeiten der Internets das Wertesystem unserer Gesellschaft ins Wanken bringen könnten.

Vorschlag für eine Textzusammenfassung in Thesenform:
(Z. 1–10) Andrian Kreye bezieht sich auf aktuelle amerikanische Studien zur widerrechtlichen Nutzung von Internetdateien:
- (Z. 1–6) Für viele amerikanische Studenten ist die Nutzung von Internetquellen, die sie als ihre eigenen geistigen Produkte ausgeben, alltäglich geworden.
- (Z. 6–10) Wissenschaftler registrieren eine Zunahme des Betrugs in der gesamten Gesellschaft.

(Z. 11–21) Der Verfasser nennt Ursachen dieser weit verbreiteten Bereitschaft zum Betrug:
- (Z. 11–15) Viele empfinden es nicht als Unrecht, Musik- und Filmdateien zu tauschen.
- (Z. 15–21) Die moralischen Grenzen beim Diebstahl geistigen Eigentums verwischen und bleiben für viele User unsichtbar.

(Z. 22–40) Kreye erläutert die Folgen und Besonderheiten des Internetbetrugs:
- (Z. 22–26) Oft werden Internetbetrügereien nicht als Verstöße gegen gesetzliche Bestimmungen empfunden.
- (Z. 26–30) Sie fördern die Bereitschaft, andere Straftaten zu begehen.
- (Z. 31–33) Der Unterschied zwischen digitaler Kopie und dem Original ist nicht mehr zu erkennen.
- (Z. 33–40) Die digitale Kopie übertrifft sogar das Ergebnis des Klonens, da der Klon sich ab Geburt individuell entwickelt und so Unterschiede ausbildet.

(Z. 41–56) Der Autor kommt zu dem Ergebnis:
- (Z. 41–45) Wenn das Original nicht mehr erkennbar ist, kann auch sein Wert nicht mehr gemessen werden.
- (Z. 45–49) Die Grenze zwischen einem Verstoß gegen das Urheberrecht und einem Ideenimpuls verschwimmt zunehmend.
- (Z. 49–56) Damit bedroht das Internet das Wertesystem der Gesellschaft.

Vorschlag für eine Textzusammenfassung in Form einer strukturierten Textwiedergabe:
Zu Beginn seines Kommentars **beruft sich** Andrian Kreye **auf** amerikanische Studien, die belegten, dass 38 Prozent der amerikanischen Studenten nach eigenen Angaben bei der Anfertigung ihrer Arbeiten fremde Aufsätze und Arbeiten aus dem Internet kopieren und damit betrügen. Der Autor **registriert zusätzlich** eine wachsende Anzahl von Internetbetrügern und **stützt sich dabei auf** wissenschaftliche und journalistische Untersuchungen.
Als Verursacher dieser Entwicklung **sieht** der Autor die digitalen Medien und ihre technischen Möglichkeiten. Kreye **erläutert** dies am Beispiel des File Sharing, dessen weite Verbreitung dazu geführt habe, dass viele den Betrug, den sie begingen, nur als Kavaliersdelikt empfänden bzw. sich der Strafbarkeit dieser Downloads nicht bewusst seien. Die neuen Technologien der digitalen Welt und das fehlende Unrechtsbewusstsein machten es schwierig, die bestehenden moralischen Grenzen zu erkennen, **behauptet** der Autor. Die Tatsache, dass die Opfer von Internetdelikten nicht zu sehen seien, erleichtere es den Tätern, zu übersehen, dass ihre Handlungen nicht mehr der Moral entsprechen. Dies **erschreckt** den Autor, genauso wie die Aussage der Ermittlungsbehörden, die im Internetbetrug den Einstieg in andere Verbrechensformen sehen. Aber nicht nur die Opfer blieben anonym, auch die Täter seien bei Internetdelikten nur schwer zu ermitteln, **hebt** Andrian Kreye **hervor**. **Die Ursache** dafür **sieht er** darin, dass sich die digitale Kopie vom Original nicht mehr unterscheiden lasse. Damit sei diese Form der Kopie sogar perfekter als der biologische Klon, der sich ab Geburt individuell entwickle und so Unterschiede ausbilde. Wenn nun das Original nicht mehr zu identifizieren sei, so **folgert** der Autor, dann könne auch sein Wert nicht mehr eingeschätzt werden und damit würden die Grenzen zwischen einem Verstoß gegen das Urheberrecht und einem Ideenimpuls, den man sich aus einer Internetdatei hole, verschwimmen. Er **zieht** deshalb **das Fazit**, dass durch den zunehmenden Internetbetrug das Wertesystem unserer Gesellschaft in Frage gestellt werde.

Aufgabe b: Stellungnahme

Hinweis: *Die Stellungnahme zählt in der Regel bei einer zweiteiligen Aufgabenstellung 50–60 Prozent der inhaltlichen Note. Die Hälfte der zur Verfügung stehenden Arbeitszeit sollten Sie deshalb auf jeden Fall für diesen Teil der Aufgabenstellung verwenden.*

Sie müssen sich bei dieser Aufgabenstellung entscheiden, ob Sie glauben, dass Internetbetrug zum Moralverfall in der Gesellschaft führt oder nicht. Deshalb müssen Sie zunächst gegenüberstellen, was für und was gegen die These spricht, das Internet bzw. der Internetbetrug führe zu Moralverfall und Werteverlust.
Diese Fragestellung ist problematisch und kann zu Irritationen führen. Dies wird dann der Fall sein, wenn Sie den Moralverfall als Voraussetzung für Vergehen oder Verbrechen sehen. Denn dann müssen Sie folgerichtig feststellen: Moralverfall führt zu Vergehen und Verbrechen jeglicher Art und damit auch zum Internetbetrug. Es bietet sich an, in einer Einleitung den Begriff Moral zu umschreiben; in der Synthese muss dann der oben angeführte Umkehrschluss erklärt werden, natürlich unter Bezug auf die Definition. Nach der Gegenüberstellung muss in der Synthese Ihre Entscheidung nachvollziehbar erklärt werden.

Wichtig: Schreiben Sie nicht einfach los, sondern nehmen Sie sich die Zeit für eine Gliederung bzw. einen Schreibplan. Sie sparen die Zeit bei der Ausarbeitung wieder ein!

Achten Sie bei der Ausarbeitung auf inhaltliche Überleitungen zwischen den einzelnen Argumenten. Dies gelingt am leichtesten, wenn Sie Ihre Behauptungen (= Aspekte, die im Schreibplan aufgeführt sind) unter Oberbegriffe stellen. Sie können natürlich in der Ausarbeitung die Reihenfolge jederzeit ändern, der Schreibplan ist lediglich ein Entwurf und geht nicht in die Bewertung ein (er ist ja in der Aufgabenstellung auch nicht gefordert).

Schreibplan:
Was spricht für die These, dass Internetbetrug zum Moralverfall führt?
- *Dateien aus dem Netz werden häufig ohne Bedenken kopiert. Hemmschwelle und Unrechtsbewusstsein sind gesunken.*
- *Unrechtsbewusstsein tritt nicht auf, weil keine direkt sichtbaren Personen betroffen sind und die Tat sehr einfach durchzuführen ist.*
- *Schwierige Überwachung und Bestrafung: Daraus resultiert eine Ermunterung zum Betrug.*
- *Internetbetrug als Verneinung gesellschaftlicher Werte (z.B. Ehrlichkeit)*

Was spricht gegen die These, dass Internetbetrug zum Moralverfall führt?
- *Unerlaubte Benutzung urheberrechtlich geschützten Materials gab es schon vor dem Internet. Das Internet ist nur ein neues Mittel, um zu betrügen. Umgekehrt ist die These also richtig: Moralverfall führt zum Internetbetrug.*
- *Viele Menschen nutzen das Internet nur legal, ohne zu betrügen. Internetnutzung heißt also nicht automatisch Internetbetrug.*

Synthesevorschlag:
Ich halte diese These für sehr gewagt, zum Teil sogar für falsch.
- *Um bewusst zu betrügen, muss die Moral bereits verfallen sein. Also: Moralverfall führt unter anderem auch zum Internetbetrug*
- *Internet evtl. als Verstärker des Moralverfalls*
- *Unzulässige Verallgemeinerung*
- *Überschätzung des Einflusses des Internets, weitaus größerer Einfluss anderer gesellschaftlicher Faktoren, z. B. der Medien*

Vorschlag für eine Ausarbeitung:

Moral ist ein Sammelbegriff für „(d)ie Gesamtheit der sittlichen Normen (und) Werte, die das zwischenmenschliche Verhalten in einer Gesellschaft regulieren und von ihrem überwiegenden Teil als verbindlich akzeptiert oder zumindest hingenommen werden" (www.wikipedia.de vom 9. 6. 06). Das heißt, unter Moral fallen neben den Grundsätzen des geschriebenen Rechts auch die Regeln, die allgemeingültig sind, ohne explizit nachlesbar zu sein. Man erkennt sie daran, dass die Gesellschaft einen Verstoß gegen diese Normen mit negativen Sanktionen ahndet.

Vor dem Hintergrund der Definition des Begriffes Moral ist Internetbetrug ein Indikator für den Moralverfall. So ist es nicht von der Hand zu weisen, dass Gelegenheit Diebe macht. Das Internet lädt dazu ein, sich per Mausklick nahezu jede Information, auch Musik- und Filmdateien, herunterzuladen, ohne dafür zu zahlen. Jeder Schüler kennt heute Portale, die fertige Referate aus nahezu allen Wissensgebieten anbieten, der User erfährt oft sogar, welche Note schon auf das Referat erteilt worden ist. Tagelange Arbeit würde entfallen, wenn man sich der Daten bediente, das ist verlockend für viele. Und natürlich reizt es auch, sich die neueste CD aus dem Internet downzuloaden, ohne dafür wie im Laden zwanzig bis dreißig Euro ausgeben zu müssen. Also lassen sich viele dazu verführen, sich das Material per Tastendruck zu beschaffen.

Die geringe Kontrollierbarkeit solcher Vergehen fördert zusätzlich deren Häufigkeit. Zwar ist der Internetbetrug juristisch eindeutig definiert, aber der Täter lässt sich weitaus schwieriger ermitteln als bei anderen Betrugsdelikten, die nicht im virtuellen Raum stattfinden. Der Deckmantel der Anonymität zum einen und die geringe Aufklärungsquote zum anderen verleiten zu solchen Taten. Denn wer nicht entdeckt wird, der kann auch nicht bestraft werden.

Wer sich, nur weil es technisch einfach zu bewerkstelligen ist oder weil es nicht entdeckt und damit bestraft werden kann, Daten aus dem Netz lädt, auf die ein anderer ein Urheberrecht hat, schädigt andere und verfolgt nur das persönliche, rein egoistische Interesse. Dabei muss man natürlich zwischen denen, die dies bewusst tun, und solchen, die im Moment der Tat nicht wissen, was sie da eigentlich tun, also kein Unrechtsbewusstsein entwickelt haben, unterscheiden. Dieser Unterschied macht sich dann bei der Strafzumessung bemerkbar, denn wer mit Vorsatz handelt, wird in unserem Rechtssystem immer schwerer bestraft. Es ist aber immer ein Werteverfall vorausgegangen, wenn jemand eine Straftat begeht. In jedem Fall werden Regeln nicht eingehalten, welche die Gesellschaft aufgestellt hat, und damit werden Werte für den Umgang miteinander negiert.

Dennoch halte ich es für problematisch zu behaupten, Internetbetrug führe zum Moralverfall. Diese Aussage verallgemeinert einen Zustand, der schon deshalb nicht allgemein gelten kann, weil es immer noch einen großen Prozentsatz von Menschen gibt, die das Internet nicht oder nur in geringem Umfang nutzen oder gar nicht nutzen können. Laut einer repräsentativen Umfrage der Forschungsgruppe Wahlen vom April 2006 verfügen in Deutschland 65 Prozent aller Deutschen ab 18 Jahren über einen Internetzugang, d. h. aber im Umkehrschluss auch, ein Drittel der Bevölkerung nutzt das Internet nicht oder selten. Geht man jetzt noch davon aus, dass nicht jeder, der ins Internet geht, Internetbetrug begeht, dann ist es unseriös, von einem prinzipiellen Moralverfall der Gesellschaft zu sprechen.

Und auch wenn man einen Moralverfall in der Gesellschaft feststellt, macht man es sich zu einfach, dahinter „lediglich" das Internet als Verursacher zu sehen. Die Definition zu Beginn der Stellungnahme unterstreicht, dass der Moralkodex einer Gesellschaft durch sittliche Werte geprägt ist. Um diesen Kodex zu verändern, muss man also die sittlichen Werte anders gewichten. Und das ist in einer von wirtschaftlichen Prämissen dirigierten Gesellschaft leicht vorstellbar. Der Einzelne sieht sich einem enormen Konkurrenzdruck ausgeliefert, und in einer Situation des „survival of the fittest" scheinen alle Mittel recht zu sein, die Vorteile gegenüber einem Konkurrenten verschaffen. Dabei können ein gewisser Zeitvorsprung, den der Internetbetrug bringen kann, oder niedrigere Beschaffungskosten durchaus zu einem Wettbewerbsvorteil führen. Die Ursachen aber liegen nicht im Internet, sondern in neuen Werten, wie zum Beispiel Egoismus und der Ellbogenmentalität, die auf der Werteskala der Gesellschaft an vorderster Stelle zu stehen scheinen.

Nach Abwägen des Für und Wider hat sich meine Auffassung verstärkt, dass es falsch ist, den Internetbetrug für den Moralverfall und den Werteverlust unserer Gesellschaft verantwortlich zu machen. Das Internet kann durchaus ein Mittel zum Zweck sein, also ein Instrument, um den Betrug auszuführen, damit wird es aber nicht zum Verursacher des Betrugs. Mir erscheint deshalb eine Umkehrung der These, Moralverfall führt auch zum Internetbetrug, logischer.
Wer sich aber absolut nicht von der vorausgehenden These abbringen lassen will, der muss zumindest aufhören, diese als eine pauschal geltende Aussage zu formulieren. Es wird immer schwarze Schafe in einer Gesellschaft geben, und natürlich führt der häufige Internetbetrug dazu, dass das moralische Image einer Gesellschaft angekratzt wird. Dieses Verhalten aber der gesamten Gesellschaft anzulasten, halte ich für unzulässig, weil es diejenigen übersieht, die das Internet zwar nutzen, aber die Urheberrechte schützen, indem sie für Downloads zahlen oder die Quellen angeben, die sie für ihre Arbeit genutzt haben.

Abschlussprüfung an FOS und BOS zum Erwerb der Fachhochschulreife 2006
Deutsch: I. Sachtextanalysen – 2. Textaufgabe

Aufgaben:

a) Geben Sie einen kurzen Überblick über Textsorte, Thematik und Absichten des Textes.

b) Mit welchen sprachlichen Mitteln setzt die Autorin ihre Intentionen in den Z. 1–18 um?

c) Ist Deutschland ein kinderfeindliches Land? Nehmen Sie dazu Stellung.

Her mit den Kindern!
von Susanne Mayer

Ein Grauschleier liegt über Deutschland. Eine Mattigkeit der Stimmung, ein Gefühl von Endzeit, und das, wo der gewaltigste Umbau der Republik ansteht, die Neuerfindung des Sozialstaates. Bange Frage: Für wen? Im Gerangel um die letzten Sicherheiten ist eine mentale Schwäche spürbar, als wären wir im Zeitraffertempo schon zu jenen Greisen geworden, deren Nahen uns die Demografen prophezeien, in einer Gesellschaft ohne Perspektive jenseits der letzten Lebensphase. Ein Land, in dem, binnen der Lebenszeit unserer Kinder, sich die Bevölkerung halbieren wird und Jugend eine Randerscheinung ist. Zukunft? Eine schrumpfende Veranstaltung.

Ein wenig Zerknirschung ist da. Wie konnten wir übersehen, über Jahrzehnte, dass jede Generation von Kindern so viel kleiner ausfiel als die vorherige, um ein Drittel, um ein Drittel, um ein Drittel? Dass sich die Straßen von Kindern entleerten, wir in Unternehmen arbeiten, in denen ganze Belegschaften ohne Kinder sind? Eine Kindvergessenheit hat uns die Sinne benebelt. Das wurde nirgends so deutlich wie in der Reformdebatte. Die Krise der Krankenkassen und der Renten, das Debakel der Pflegeversicherung, die Unfinanzierbarkeit von Millionen, die nicht in Arbeit sind – alles haben wir diskutiert, und uns dabei im Kosmos der Erwachsenen um uns selbst gedreht. Unser Arbeitslosengeld, unsere künstliche Hüfte, unsere Renten! Aber wo blieben jene, an die wir unsere Ansprüche zu richten gedenken, die Zwangsverpflichteten, unsere Kinder? […]

Die Kindvergessenheit ist Ursache und Symptom einer Schwäche, der Zukunft ins Auge zu sehen und sie zu gestalten. Wir reden von Überalterung statt von Kinderlosigkeit. Mancher Statistiker träumt, eine Steigerung der Produktivität von 84 Prozent gleiche den Kindermangel aus. […]

Jeder Unsinn scheint erlaubt, um ja nicht zuzugeben, dass es ohne Kinder nicht geht, um abzuwenden, dass wir unser Leben und unsere Politik radikal ändern müssen.

Die Vorstellung, man könne sich ohne Kinder einrichten, möchte man komisch finden, wäre sie nicht so absurd. Ohne Kinder! Da verrät sich die Selbstüberschätzung einer Gesellschaft, die nicht reif genug ist, sich als Glied eines Generationenzusammenhangs zu begreifen. Man ist versucht, es Abwehr zu nennen – wenn unsere Elite, deren Eingangsqualifikation zunehmend die Kinderlosigkeit ist, wenn die Merkels, von Beusts und Schröders, die Sagers, die Westerwelles alles für wichtig halten, nur die Kinderlosigkeit nicht. […]

Der Mut zu Kindern und der Mut zur Zukunft sind miteinander verknüpft. Die Tatsache, dass Deutschland in dieser Hinsicht unter 190 Ländern weltweit auf Rang 185 steht, schreit irgendwie zum Himmel. Es schreit aber niemand. Wo Kindsvergessenheit herrscht, ist schon Grabesruhe. Ach, würde jemand die Fanfare heben oder nur, wie

Ludolf Wienbarg[1] einst schrieb, „Statt frömmelnd die Augen zu verdrehen, im Protestieren sich üben […]".

Wienbarg war ein Vertreter des Jungen Deutschland.[2] Das Junge Deutschland steht für Aufbruch, es wollte die überkommenen Politik- und Lebensmodelle abräumen: Gäbe es ein besseres Vorbild für ein neues Projekt Junges Deutschland?

Ein Projekt Junges Deutschland bedeutet: Bevölkerungspolitik. Bevölkerungspolitik heißt, den Menschen offen zu sagen, dass wir mehr Kinder brauchen – und zu diesem Zweck alle Kräfte bündeln müssen. Keineswegs geht es nur um Betreuungsplätze. Ein solches Projekt verlangt vernetztes Denken, es erfordert, lieb gewonnene Gewohnheiten zu überprüfen – vom Glauben, dass es Mittagsruhe geben muss, auch für Schulkinder, die gerade fünf Stunden stillsitzen mussten, bis zur Ansicht, dass wir erst Eltern werden, wenn unser Arbeitsplatz gesichert ist. Vom Vorurteil, dass es den Kindern nicht schadet, wenn Väter nur an Wochenenden vorkommen, bis zur Einstellung, dass fitte Senioren eine jahrzehntelange Urlaubsphase genießen können, ohne Verpflichtungen für die Gesellschaft, die sie unterhält. Es muss das Thema Jugend dorthin rücken, wo es hingehört: in das Zentrum aller Reformen.

Mehr Kinder, das ist allerdings nur sinnvoll, wenn wir ihnen alle Chancen bieten. Nicht wegen unserer Rente – sondern für sie, die Kinder. […]

Aus: „Die Zeit" vom 11. 03. 2004 (gekürzt und überarbeitet)

1 *L. Wienbarg (1802–1872):* Publizist und Schriftsteller

2 *Junges Deutschland:* politisch-literarische Bewegung in der ersten Hälfte des 19. Jahrhunderts

---

Lösungsvorschlag

Aufgabe a: Überblicksinformation

In ihrem Kommentar „Her mit den Kindern!", der am 11. 03. 2004 in der „Zeit" erschienen ist, befasst sich Susanne Meyer mit dem Kindermangel in Deutschland. Sie glaubt, der Grund dafür sei, dass Deutschland die Bedeutung von Kindern für das Funktionieren unseres Gemeinwesens vergessen habe. Die Autorin kritisiert diese Nachlässigkeit. Sie fordert von der Gesellschaft eine positivere Einstellung Kindern gegenüber und von der Politik Maßnahmen, die das Ja zu Kindern förderten.

Aufgabe b: Sprachanalyse

Hinweis: *Die Sprachanalyse ist auf die ersten beiden Abschnitte begrenzt.*
Arbeiten Sie zuerst die Intention des jeweiligen Absatzes heraus:
Absatz 1 (Zeile 1–8): Bedrohung des Sozialstaats durch das Ausbleiben nachwachsender Generationen.
Absatz 2 (Zeile 9–18): Egoismus der Erwachsenenwelt verdeckt die eigentliche, existentielle Problematik der Kinderlosigkeit der Gesellschaft.

Untersuchen Sie dann, welche sprachlichen Mittel jeweils eingesetzt wurden, um die jeweilige Intention zu unterstreichen. Verknüpfen Sie die Wirkung des sprachlichen Mittels immer mit dem Textinhalt!

Vorschlag für eine Ausarbeitung:

Susanne Meyer entwirft zu Beginn ihres Kommentars ein bedrohliches Bild der deutschen Altersstruktur. Dazu spricht sie **metaphorisch** von dem „Grauschleier" (Z. 1) und der „Mattigkeit der Stimmung" (Z. 1), die lähmend über Deutschland lägen. Gleichzeitig aber deutet sie erstmals ihre Forderung nach einer „Neuerfindung des Sozialstaates" (Z. 2/3) an, der sie die **Metapher** „Gefühl von Endzeit" (Z. 1/2) gegenüberstellt. Mit dieser **Antithese** unterstreicht sie die drohende Gefahr für unser Gemeinwesen, dem sie bei gleichbleibender Entwicklung keine Zukunft mehr gibt. Die Veränderungen, die anstehen müssen, bezeichnet sie mit der **Hyperbel** „der gewaltigste Umbau" (Z. 2) als schwierig, aber als unbedingt erforderlich. **Fragesätze in Form von Ellipsen** (vgl. Z. 3; Z. 7/8) unterstreichen, dass der Gesellschaft keine Zeit mehr bleibt, um endlich tätig zu werden. Susanne Meyer macht ab Zeile 3 klar, dass wir alle betroffen sind. Sie verwendet dazu konsequent das **Personalpronomen der 1. Person Plural** (vgl. Z. 4) und das **Possessivpronomen der 1. Person Plural** (vgl. Z. 6/7).

Die Autorin beklagt, dass in der heutigen Reformdebatte Kinder keinen Platz hätten. Dabei steht der **Neologismus** „Kindvergessenheit" (Z. 12) im Mittelpunkt der Überlegungen. Wer vergisst, dass Kinder die Zukunft sind, kann die eigentlichen Probleme, die aus demographischen Veränderungen resultieren, nicht lösen. Die **rhetorischen Fragen** in Z. 9 ff. und Z. 17/18 verfolgen dasselbe Ziel. **Negativ besetzte Verben** wie „benebelt" (Z. 13) oder in Zeile 16 „um uns (...) gedreht" betonen, dass viele Menschen nur ihre eigene Betroffenheit in den Mittelpunkt ihres Denkens stellen, ohne zu erkennen, dass nur mehr Kinder uns aus der Sackgasse herausführen könnten. Unterstützt wird diese egoistische Herangehensweise der Erwachsenen an die Problematik durch das **Trikolon** und gleichzeitige **Anapher** in Zeile 16/17.

Aufgabe c: Stellungnahme

Hinweis: Die Stellungnahme zählt in der Regel bei einer solchen dreiteiligen Aufgabenstellung 50 Prozent der inhaltlichen Note. Sie sollten deshalb durchaus Ihr Hauptaugenmerk auf diesen Aufgabenteil legen.

Sie sind hier aufgefordert, eine Entscheidungsfrage zu beantworten. Deshalb müssen Sie zunächst gegenüberstellen, was für und gegen die These spricht, Deutschland sei ein kinderfeindliches Land. Die Behauptungen, die jeweils angeführt werden, müssen mit Fakten bewiesen werden. Es genügt nicht, Mutmaßungen aufzustellen, Allgemeinplätze sind keine Beweise. Wenn Sie also z. B. von unzureichenden Betreuungsangeboten sprechen, dann müssen Sie zeigen, in welchem Umfang Kindergärten oder -krippen zur Verfügung stehen, wie die jeweiligen Öffnungszeiten aussehen und diese mit den Arbeitszeiten der Eltern vergleichen.

Nach der Gegenüberstellung muss in einer Synthese Ihre Entscheidung nachvollziehbar erklärt werden. Wenn Sie also der Autorin zustimmen, dass Deutschland ein eher kinderfeindliches Land sei, dann müssen Sie erklären, warum Sie die Gesichtspunkte, welche dafür sprechen, für so viel gewichtiger halten als diejenigen, die dagegen sprechen. Gleichzeitig könnte eingeräumt werden, unter welchen Bedingungen man ggf. seine Meinung abschwächt oder sogar ändert. Dabei ist aber entscheidend, dass Sie sich konsequent auf die vorausgehende Argumentation beziehen. D. h. also, sollten Sie z. B. in der Argumentation, welche die These bejaht, Deutschland sei kinderfeindlich, angeführt haben, dass die Betreuungssituation unzureichend sei, dann könnten Sie jetzt darstellen, wie Sie sich die ideale Betreuungssituation vorstellen, um Kind und Karriere unter einen Hut bringen zu können.

Wichtig:
Schreiben Sie nicht einfach los, sondern nehmen Sie sich die Zeit für eine Gliederung bzw. einen Schreibplan. Sie sparen die Zeit bei der Ausarbeitung wieder ein!
Achten Sie bei der Ausarbeitung auf inhaltliche Überleitungen zwischen den einzelnen Argumenten.

Vorschlag für einen Schreibplan:
Was spricht gegen die These, Deutschland sei ein kinderfeindliches Land?

- *Staatliche Unterstützung für Familien mit Kindern (um Familiengründung und Existenzsicherung zu gewährleisten): Mutterschutz, Familienurlaub – Freistellung von Frauen über mehrere Jahre, Kindergeld, Erziehungsgeld, Steuervergünstigungen)*
- *Betriebliche Betreuungsangebote sind auf dem Vormarsch*

Was spricht für die These, Deutschland sei ein kinderfeindliches Land?

- *Schwierigkeiten/Benachteiligung von Eltern mit Kindern bei der Wohnungssuche*
- *Ungeduld vieler Erwachsener Kindern gegenüber (Kinder werden häufig als Störenfriede empfunden)*
- *Stigmatisierung kinderreicher Familien*
- *negative Einstellung von Ehepaaren zu Kindern*
- *Insgesamt unzureichende staatliche Betreuungsangebote – oftmals Unvereinbarkeit von Karriere und Familiengründung*

Synthesevorschlag 1:
Ich halte Deutschland eher für ein kinderfeindliches Land.

- *Umfassende Betreuungsangebote sind eher die Ausnahme, flächendeckend fehlt es an Betreuungsmöglichkeiten für Kinder jeden Alters*
- *Finanzielle Unterstützung kann gesellschaftliche Ausgrenzung nicht übertünchen.*
  Deshalb:
- *Betreuungsangebote müssen selbstverständlicher werden.*
- *Die gesellschaftliche Stimmung Kindern gegenüber muss sich ändern.*

Synthesevorschlag 2:
Ich halte Deutschland für kein kinderfeindliches Land.

- *Vielfalt der Unterstützungsmöglichkeiten demonstriert das Engagement für Kinder und Familien.*
- *Aber: Nicht kinderfeindlich zu sein bedeutet nicht automatisch, dass die Gesellschaft kinderfreundlich eingestellt ist. Weitere Verbesserungen bzw. Anstrengungen sind nötig!*

Vorschlag für eine Ausarbeitung:
Familien mit Kindern erhalten in Deutschland von staatlicher Seite umfangreiche Unterstützung. Dies geschieht im finanziellen Bereich, aber auch durch die Zeit, für die eine Arbeitsplatzgarantie gesetzlich vorgeschrieben wird, um Kinder erziehen zu können, ohne die eigene Existenz zu gefährden oder die Karriere aufgeben zu müssen. Jeder, der ein Kind großzieht, bekommt für dieses Kind bis maximal zum 25. Lebensjahr 154 Euro Kindergeld pro Monat, so lange das Kind durch die Eltern oder ein Elternteil versorgt wird. Bisher kam ein Erziehungsgeld bis maximal zum dritten Lebensjahr hinzu. Dieses wird ab 2007 durch das sogenannte Elterngeld abgelöst. Ab 2007 erhalten Eltern, wenn ein Elternteil zur Betreuung des Kindes zu Hause bleibt bzw. ist, für zwölf Monate Elterngeld im Umfang von 67 % des letzten Nettogehaltes, maximal 1 800 Euro, und es wird auch gezahlt, wenn das jeweilige Elternteil vor der Geburt des Kindes nicht berufstätig oder arbeitslos gewesen ist. Die Bezugsdauer für das Elterngeld verlängert sich um zwei „Partnermonate", wenn der zweite Elternteil mindestens für diese Zeit zu Hause bleibt und sich um die Betreuung des Kindes kümmert. Der Staat unterstützt also Familien mit Kindern, um ihre materielle Existenz abzusichern, und versucht, finanzielle Nachteile gegenüber Singles oder Paaren ohne Kinder auszugleichen. Dies spricht eindeutig gegen eine Kinderfeindlichkeit Deutschlands.

Auch die Unterstützungsangebote des Staates, die nicht in Euro zu messen sind, beweisen das Engagement von Staat und Gesellschaft für Kinder und deren Familien und widersprechen damit der These, Deutschland sei ein kinderfeindliches Land. Da gibt es zum Beispiel die Mutterschutzbestimmungen, die sowohl der Schwangeren als auch der Mutter bestimmte

Leistungen garantieren. Das beginnt bei besonderen Vorrechten am Arbeitsplatz, wie z. B. andere Arbeitszeitrichtlinien, und endet in einer Lohnfortzahlungsgarantie bis acht Wochen nach der Geburt, einer Freistellung von der Arbeit bis acht Wochen nach der Geburt und einer Arbeitsplatzgarantie während der Elternzeit. Im öffentlichen Dienst haben die Eltern die Möglichkeit, sich für bis zu zwölf Jahre für Kindererziehung beurlauben zu lassen, ohne dass sie Angst haben müssten, ihren Arbeitsplatz zu verlieren. Der Staat geht hier also mit gutem Beispiel voran und gewährt Eltern bestimmte Privilegien im Vergleich zu kinderlosen Arbeitnehmern.

Aber nicht nur der Staat hat erkannt, dass eine besondere Förderung von Familien nötig ist. Auch die Wirtschaft ist dabei sich umzustellen und bietet zunehmend firmeninterne Betreuungsplätze an, um Eltern mit Kindern zu ermöglichen, Kind und Beruf unter einen Hut zu bringen. So bietet die Firma Daimler-Chrysler ihren Beschäftigten einen betriebsinternen Kindergarten an, in denen die Kinder betreut werden, während die Eltern ihrer Arbeit nachgehen. Natürlich sind die Öffnungszeiten dieses Kindergartens den Arbeitszeiten der Eltern angepasst und er liegt auf dem Betriebsgelände, sodass Umwege entfallen, um die Kinder versorgt zu wissen. Durch dieses Angebot fällt für viele Mitarbeiter die Sorge um die Betreuung der Kinder weg, und gleichzeitig erhält diese Maßnahme die Produktivität des Unternehmens. Wenn Kinder keine Belastung darstellen, wird ihre Zahl wachsen. Wer eine solche Einstellung fördert, erweist sich mit Sicherheit nicht als kinderfeindlich.

Neben diesen durchaus positiven Entwicklungen müssen aber auch Argumente gesehen werden, welche die These stützen, dass Deutschland ein kinderfeindliches Land ist.

Und auch da muss ein Blick auf die Betreuungsangebote geworfen werden, jetzt aber auf diejenigen, die der Allgemeinheit zur Verfügung stehen und nicht nur den wenigen Beschäftigten einzelner Konzerne. Die Betreuungsplätze für Kinder sind insgesamt zu wenig. Dies beginnt bei den Kinderkrippen, in denen die Kinder betreut werden, bevor sie einen Kindergarten besuchen können, setzt sich fort bei den Kindergartenplätzen, die nicht in allen Kommunen in ausreichender Weise zur Verfügung stehen – erst ein Jahr vor der Einschulung wird jedem Kind ein Kindergartenplatz gesetzlich garantiert –, und endet bei den Hortplätzen, die fehlen, um die Schulkinder nach der Schule zu betreuen, wenn die Eltern einer ganztägigen Beschäftigung nachgehen wollen oder müssen. Und sollten genügend Plätze zur Verfügung stehen, heißt das noch lange nicht, dass die Öffnungszeiten es den Eltern immer erlauben, eine Beschäftigung nach ihren Vorstellungen auszuüben. Auch heute noch sieht das Kindergartengesetz eine Mittagspause für Kinder vor; mit der Konsequenz, dass viele Kindergärten verlangen, dass die Eltern die Kinder mittags für zwei Stunden nach Hause holen. Eine Ganztagsbeschäftigung ist damit nicht möglich, wenn nicht private Betreuungsmöglichkeiten zur Verfügung stehen. Und sogar wenn eine Familie das Glück hat, ausreichende Betreuungsplätze für ihr Kind oder ihre Kinder zu finden, so haben gerade Mütter oft mit dem Vorwurf der „Rabenmutter“ zu kämpfen, wenn sie die Gelegenheit nutzen und ihr Kind einer Ganztagsbetreuung anvertrauen, um wieder voll berufstätig zu sein. Damit ist die Erziehung von Kindern deutlich erschwert, ein Indiz für eine gewisse Kinderfeindlichkeit der Gesellschaft.

Doch auch der Status von Kindern bzw. von Familien mit Kindern ist noch zu oft negativ. So werden Familien mit drei Kindern schon fast als Großfamilie gesehen, der statistische Durchschnitt liegt bei 1,3 Kindern pro Familie. Familien mit vier oder mehr Kindern stehen manchmal schon am Rande der Gesellschaft bzw. fallen zumindest auf, weil sie nicht der gesellschaftlichen Norm entsprechen. Dies kann natürlich zur Ausgrenzung führen. Zum Beispiel zeigt sich diese Tendenz ganz deutlich auf dem Wohnungsmarkt. Wohnungen sind häufig nicht für Kinder geeignet, weil sie zu klein oder nicht kindgerecht sind. So werden schwerpunktmäßig Zwei- oder Dreizimmerwohnungen angeboten, vor allem also Wohnungen für die 30 Prozent unserer Gesellschaft, die als Single leben. Wer Familien mit Kindern so außen vor lässt, muss sich den Vorwurf der Kinderfeindlichkeit gefallen lassen.

Dass Kinder manchmal als Belästigung gesehen werden, zeigt sich auch unterschwellig, nicht nur wenn Familien mit Kindern Wohnraum verweigert oder nicht angeboten wird. So werden Kinder von denen, die keine Kinder haben, und dies werden ja immer mehr, so lange als unproblematisch gesehen, wie sie nicht sonderlich stören. „Ballspielen untersagt" oder „Rasen betreten verboten" steht auf Schildern in Wohnsiedlungen geschrieben und diese Aufforderungen zielen natürlich auf Kinder ab, deren Handlungs- und Bewegungsspielraum damit eingeschränkt wird. Wer von Kindern fordert, sich dem Lebensstil einer auf die Bedürfnisse einer Erwachsenenwelt ausgerichteten Mehrheit anzupassen, der ist kinderfeindlich.

Ich unterstütze die These, dass sich Deutschland eher kinderfeindlich zeigt.

Die Betreuungsangebote werden nicht flächendeckend in ausreichendem Maße zur Verfügung gestellt. Nur wenige Großkonzerne bieten diese an, die Mehrheit der arbeitenden Eltern kann diese nicht nutzen und muss mit den eingeschränkten staatlichen oder kirchlichen Angeboten zurechtkommen. Hier besteht deutlicher Handlungsbedarf. Wer die Zukunft in Kindern sieht, der muss es den Eltern ermöglichen, ihre Karriere trotz der Kinder weiter zu betreiben, d. h. er muss ihnen Möglichkeiten für gute Kinderbetreuung anbieten.

Außerdem darf er nicht das Gefühl vermitteln, Eltern würden zu Rabeneltern werden, wenn sie ein solches Betreuungsangebot wahrnehmen. Wer dieses Gefühl haben muss, wird sich mehrheitlich gegen Kinder entscheiden. Und dieses Gefühl kann auch eine noch so geartete finanzielle Unterstützung nicht unterdrücken. Was nützt einem zusätzliches Geld für die Kindererziehung, wenn man sich als gesellschaftlicher Außenseiter fühlt? Die Politik muss hier tätig werden. Natürlich soll weiter überlegt werden, wie man Familien finanziell entlasten kann, gleichzeitig aber muss das Image von Kindern und Familien mit Kindern positiver werden, denn viele Ehepaare entscheiden sich bewusst gegen Kinder, da sie sich auf ihre Karriere konzentrieren wollen. Und da genügt es als Anreiz zur Familiengründung nicht, wenn eine Familienministerin im Amt ist, die Mutter von sieben Kindern ist.

Aufgaben:

a) Fassen Sie den Inhalt des Romanauszugs knapp zusammen.

b) Charakterisieren Sie den Mathematiklehrer Voigt.

c) Interpretieren Sie Bernhards Reaktionen auf das Verhalten des Lehrers.

Christoph Hein: Landnahme

Das neue Schuljahr hatte bereits begonnen, als Mitte September Fräulein Nitzschke in der dritten Schulstunde mit einem Neuen in der Klasse erschien. Fräulein Nitzschke war die Klassenlehrerin und gab bei uns Deutsch und Heimatkunde. Sie war Ende vierzig und unverheiratet und legte Wert darauf, als Fräulein angesprochen zu werden. Wenn einer der Eltern mit ihr sprach und Frau Nitzschke zu ihr sagte, verbesserte sie ihn mit einem leichten, nachdrücklichen Lächeln, als wäre es für sie von besonderer Bedeutung, nicht verheiratet zu sein. Sie war eine sehr hagere Frau, vorn und hinten ein Brett, wie die älteren Schüler auf dem Schulhof sagten, und sie hatte stets stark gepuderte Wangen, was sehr ungewöhnlich war und worüber auch die Erwachsenen in der Stadt sprachen. Man vermutete, sie habe eine unreine Haut oder Krankheit. Genaues wusste keiner. Wenn sie durch die Bankreihen ging und sich zu den Schülern herunterbeugte, konnten wir den süßlichen Duft des Puders riechen.

Fräulein Nitzschke ging mit dem Neuen nach vorn zum Lehrertisch, setzte sich und wartete, bis Ruhe eingetreten war und alle zu ihr schauten oder vielmehr zu dem Jungen, der neben ihr stand und finster vor sich hin starrte.
„Wir haben einen neuen Mitschüler bekommen“, sagte Fräulein Nitzschke endlich, „er wird sich uns selbst vorstellen.“
Sie sah den Jungen aufmunternd an. Der blickte unbewegt in die Klasse und musterte uns eindringlich.
„Sag uns bitte deinen Namen.“
Der Neue warf einen kurzen Blick zu der Lehrerin, dann murmelte er etwas, ohne jemanden anzusehen.

Die Klasse wurde jetzt unruhig. Er hatte seinen Namen so beiläufig und leise gesagt, dass ihn kaum einer verstand. Einer von uns schrie: „Lauter!“, und andere lachten. Was wir sofort begriffen hatten, war, dass er einen dieser rauen, ostdeutschen Dialekte sprach. Alle hatten sofort mitbekommen, dass wieder ein aus Pommern oder Schlesien Vertriebener in unsere Schule gekommen war. Unmittelbar nach dem Krieg war die Stadt mit ihnen überfüllt. Sie waren in Wohnungen eingewiesen worden, deren Besitzer nur unter dem Druck der städtischen Verordnung und der Polizei ein oder zwei Zimmer ausgeräumt hatten, um sie den Fremden widerwillig zu überlassen. Alle hofften, dass diese aus ihrer Heimat Vertriebenen bald weiterziehen würden oder vom Wohnungsamt eine eigene Wohnung zugewiesen bekämen. Wenn auch die Stadt vom Krieg und von den Bombern weniger heimgesucht worden war als die Kreisstadt und drei von den Dörfern in der Nähe, so gab es immer noch Kriegsschäden zu reparieren, und weder die Stadt noch die Leute hatten das Geld, neue Häuser zu bauen. Da es überdies an Baumaterial fehlte, wurden selbst die notwendigsten Reparaturen sehr schleppend ausgeführt.

Jetzt, fünf Jahre nach dem Krieg, wohnten immer noch viele Umsiedler bei uns und schienen in Guldenburg bleiben zu wollen, zumal die neue Grenze im Osten wohl endgültig war und damit die deutschen Provinzen hinter der Oder polnisch bleiben würden und diese Leute nie wieder in ihre Heimat zurückkehren könnten. Auch in unserer Schule gab es genügend Kinder der Vertriebenen. Die meisten von ihnen sprachen inzwischen unseren Dialekt, und nur gelegentlich konnte man an einem ungewöhnlichen und befremdlichen Wort ihre Herkunft erraten oder weil sie die Rachenlaute heiserer als wir aussprachen. Sie waren allesamt ärmlicher gekleidet als die Kinder der Einheimischen, ihre Strümpfe und Joppen waren geflickt, runde Lederstücke waren nicht nur auf den Ellenbogen angebracht, und vor allem ihr Schuhwerk war alt und rissig.

„Ja, Bernhard Haber", sagte Fräulein Nitzschke ungerührt von dem Lärm in der Klasse. Sie sprach den Namen deutlich und betont aus und sagte dann zu dem Neuen: „In der Pause kommst du zu mir, Bernhard, damit ich dich ins Klassenbuch eintragen kann. So, und nun geh und setz dich." Bernhard Haber hob den Kopf und ließ seinen Blick über die Bänke gleiten. Auch andere Schüler drehten sich um und vergewisserten sich dessen, was sie ohnehin wussten: alle Klappstühle waren besetzt, es gab keinen einzigen leeren Platz. Als die Lehrerin es bemerkte, stand sie auf und schob ihren Stuhl an die schmale Seite des Lehrertisches.
„Setz dich auf meinen Stuhl, Bernhard. Das werden wir in der Pause regeln. Der Hausmeister wird dir einen Tisch und einen Stuhl geben."

Sie wandte sich an die Klasse: „Bernhard ist ein Jahr älter als ihr. Er kommt aus Polen und konnte in den letzten Jahren nur unregelmäßig eine Schule besuchen. So hat er einiges versäumt, und ich denke, es ist besser, er kommt in das dritte Schuljahr, jedenfalls vorläufig. Wir werden sehen, was er weiß, und ich denke, ihr werdet ihn alle nach besten Kräften unterstützen." „Ein Polacke", sagte ein Junge aus einer der hinteren Reihen halblaut.

Der Neue war zu dem Stuhl gegangen, den ihm die Lehrerin hingeschoben hatte, er drehte sich zur Klasse und, ohne den Arm zu heben, ballte er eine Faust und hielt sie einen Moment vor seinem Bauch, während er zu uns sah und mit den Augen nach dem Jungen suchte, der die Bemerkung gemacht hatte.
„Das war sehr, sehr hässlich", sagte Fräulein Nitzschke, „und ich will dieses dumme Wort nie wieder hören. Nie wieder! Habt ihr verstanden? Und Bernhard ist kein Pole, er ist ein Deutscher genauso wie ihr."
Nach der Hofpause war ein zusätzlicher Stuhl ins Klassenzimmer gestellt worden, der neue Mitschüler musste sich an eine Bank in der ersten Reihe setzen, die beiden Mädchen an diesem Tisch rückten zusammen, um ihm Platz zu machen.

Als Herr Voigt, der Mathematiklehrer, in die Klasse kam, standen alle auf und warteten, bis er nach vorn gegangen war, die Schüler begrüßt und sich gesetzt hatte, bevor sie die bewegten Sitzbänke laut knallend zurückschnappen ließen und wieder Platz nahmen. Herr Voigt ließ seinen Blick langsam durch die Klasse gleiten, er wirkte dann stets wie ein Greifvogel auf der Suche nach einer Beute. Als er den neuen Schüler bemerkte, betrachtete er ihn amüsiert von oben bis unten. „Ein Neuer", stellte er höhnisch fest. „Und wie heißt du?"
Ohne die Antwort abzuwarten, schlug er das Klassenbuch auf und las die dort eingetragenen Bemerkungen über Bernhard Haber laut vor.
„Du bist schon zehn Jahre alt, sososo. Na, wenn man dich in die dritte Klasse steckt, wird es mit deinen Rechenkünsten nicht so weit her sein, oder?"
Die ganze Klasse amüsierte sich. Der neue Schüler hatte seine Hände auf das Pult gelegt, sah vor sich hin und erwiderte nichts.
„Steh auf, wenn ich mit dir rede. Und sieh mich an. Bist du mit deinen Eltern hierher gekommen?" „Ja."
„Na, wenigstens kein Waisenknabe. Mit denen haben wir ja nichts als Ärger. Hat deine Familie eine Wohnung? Ein Zimmer?"
„Ja."

„Schön. Und hat dein Vater Arbeit?"

„Nein. Noch nicht."

„Da lebt ihr also auf Kosten der Stadt. Was hat dein Vater für einen Beruf?"

„Er ist Tischler."

„Gut. Tischler, das ist gut. Wenn er zupacken kann und nicht gerade zwei linke Hände hat, wird er schnell etwas finden. Tischler werden gebraucht."

Er machte eine kleine Pause und fuhr dann mit bösem Lächeln fort: „Oder arbeitet er nicht gerne, dein Vater? Das gibt's ja auch."

Der Neue stand mit hängendem Kopf an der Bank, mit beiden Händen hielt er die schräge Schreibfläche umklammert. Er war hochrot im Gesicht, als er erwiderte: „Nein. Mein Vater hat nicht zwei linke Hände. Er hat eine linke Hand."

„Und woher kommt ihr? Wo bist du geboren, Junge?"

„In Breslau."

„Was sagst du?"

Herr Voigt starrte ihn mit aufgerissenen Augen an, dann hielt er eine Hand an sein rechtes Ohr und sagte nochmals: „Was hast du gesagt?"

„Wir kommen aus Breslau."

Herr Voigt schüttelte den Kopf und sah empört und fassungslos in die Klasse. Dann streckte er die Hand aus und zeigte auf ein Mädchen: „Kathrin, wie heißt die Stadt, aus der der Neue kommt?" „Wroclaw", sagte das Mädchen, wobei sie sich kurz erhob, sodass der Klappsitz zurückschnellte.

Herr Voigt nickte zufrieden. Dann wandte er sich wieder an den neuen Schüler: „Oder meinst du, in Italien leben heute die Römer? Nein, die Italiener. Merk dir das. Und Istanbul, das nennt ihr in Hinterpommern wohl immer noch Konstantinopel oder Byzanz, wie? Und du kommst aus Wroclaw. Hast du verstanden?"

Bernhard Haber sah Herrn Voigt unverwandt in die Augen. Er war völlig reglos.

„Also noch einmal. Wo kommst du her?"

„Aus Wroclaw."

„Richtig. Setz dich endlich hin. Wir wollen mit dem Unterricht beginnen."

Bernhard Haber blieb trotzig neben seinem Stuhl stehen. Bevor er sich hinsetzte, sagte er rasch: „Aber geboren bin ich in Breslau."

Herr Voigt hatte sich umgedreht, um etwas an die Wandtafel zu schreiben. Die ausgestreckte Hand mit dem Kreidestück sank langsam herunter. Wie in Zeitlupe drehte er seinen Oberkörper herum und sah den Neuen an. Er schien völlig überrascht zu sein, und für einen Moment glaubten wir alle, er würde anfangen zu brüllen. Er verzog verächtlich den Mund und lächelte Bernhard bedrohlich an. „Ach was", sagte er schließlich, und es klang fast anerkennend, „so einer bist du. Aber ich werde dir die Flötentöne noch beibringen, mein lieber Herr Gesangsverein."

Er wandte sich wieder zur Tafel und schrieb aus dem aufgeschlagenen Buch, das er in der linken Hand hielt, Rechenaufgaben an das dunkelgraue, verschrammte Brett. Bernhard Haber blickte sich aufmerksam in der Klasse um, er wollte wohl sehen, wie seine neuen Mitschüler auf die Auseinandersetzung mit dem Mathematiklehrer reagierten. Es schien, als wolle er sich unsere Gesichter genauestens einprägen. Für einen Moment schauten wir alle zu ihm, und sekundenlang starrten wir ihn bewegungslos an, während Herr Voigt die Aufgaben an die Tafel schrieb und dabei halblaut vor sich hin sprach.

Aus: Christoph Hein: Landnahme. Frankfurt am Main 2004, S. 15–20

Lösungsvorschlag

Einleitung

Eine der tragischen Folgen des Zweiten Weltkriegs war die Vertreibung von Millionen Menschen aus den ehemaligen deutschen Ostgebieten, wie dem Sudetenland, Pommern oder Schlesien. Die 1949 gegründeten deutschen Staaten standen in dieser von Zerstörung, Wohnungsnot und Armut geprägten Situation vor der großen Herausforderung, die Flüchtlinge in die Gesellschaft zu integrieren.
In seinem Roman „Landnahme" (2004) thematisiert der Schriftsteller Christoph Hein (geb. 1944 in Heinzendorf/Schlesien) diesen mühevollen Prozess.

Aufgabe a: Zusammenfassung des Romanauszugs

Hinweis: *Um eine Grundlage für die Erarbeitung der weiteren zwei Aufgaben zu schaffen, soll das Wesentliche dieses Textausschnitts in eigenen Worten wiedergegeben werden.*

Vorschlag für eine Ausarbeitung:

- Die Handlung spielt Mitte September 1950 in der ostdeutschen Kleinstadt Guldenburg. Der aus Breslau stammende zehnjährige Schüler Bernhard Haber wird von zwei Lehrern in seine neue Klasse eingeführt. Dabei kommen auf allen Seiten deutliche Vorbehalte, Ängste und Aggressionen zum Vorschein.
- Zunächst stellt die Klassenlehrerin, das altjüngferlich wirkende Fräulein Nitzschke, den schüchternen Jungen seinen Mitschülern vor. Weil der Neue in Polen keine regelmäßige Schulausbildung hatte, wird er in die dritte Klasse zurückgestuft. Bernhard Haber scheint zunächst in der Schule nicht willkommen. Das wird sowohl durch den nicht vorhandenen Arbeitsplatz als auch durch die Beleidigung durch einen Mitschüler, der ihn als „Polacke" bezeichnet, deutlich. Die Klassenlehrerin setzt sich für ihn ein, indem sie darauf hinweist, dass Bernhard genauso wie seine Klassenkameraden Deutscher ist.
- Dagegen wird der Zehnjährige von dem danach auftretenden Mathematiklehrer, Herrn Voigt, deutlich negativ behandelt. Zur Freude der Klasse verspottet ihn der autoritäre Lehrer und demütigt ihn durch bissige, besserwisserische Bemerkungen. Als er ihm schließlich droht, ihm bald noch Manieren beizubringen, nimmt Bernhard diese Kampfansage an und betrachtet herausfordernd seine neuen Klassenkameraden, die den Neuen ihrerseits schweigend anstarren.

Aufgabe b: Charakteristik des Mathematiklehrers Voigt

Hinweis: *Der Lehrer Voigt kann hauptsächlich über seine Verhaltensweisen charakterisiert werden. Allerdings werden von dem Erzähler auch Merkmale und Eigenheiten erwähnt, die hier durch Fettdruck hervorgehoben sind.*

Vorschlag für eine Ausarbeitung:

- Herr Voigt wird in diesem Romanauszug als ein herrischer, despotischer Lehrer beschrieben, der von seinen Schülern unbedingt korrektes Verhalten erwartet und keinerlei Widerspruch duldet. Ruhe, Pünktlichkeit und Gehorsam gehören für ihn zu den wichtigsten Tugenden im Schulalltag.
- Durch militärische Umgangsformen versucht der Mathematiklehrer seine Schüler unter Kontrolle zu halten. Seine direkten schonungslosen Fragen müssen durch ein eindeutiges „Ja" oder durch präzise kurze Angaben beantwortet werden. Wenn dieses Ritual reibungslos funktioniert, nickt Herr Voigt **zufrieden** (Z. 112). Wenn sich ein Schüler jedoch falsch verhält und gegen die Regeln des eingefahrenen Rollenspiels verstößt, reagiert er **empört**

und fassungslos (Z. 108) und kann sogar **bedrohlich** (Z. 126) werden. Die Klasse scheint schon mehrmals erlebt zu haben, dass Herr Voigt seine Autorität mit lautem Schreien („für einen Moment glaubten wir alle, er würde anfangen zu brüllen.“, Z. 124 f.) sichert. Im Allgemeinen beherrscht der Lehrer aber seine Schüler durch knappe Befehle und Aufforderungen („Steh auf, wenn ich mit dir rede.“, Z. 86; „Merk dir das.“, Z. 113; „Also noch einmal.“, Z. 117; „Setz dich endlich hin.“, Z. 119) oder durch rigoroses Nachfragen („Hast du verstanden?“, Z. 115).

- Auf der einen Seite legt Herr Voigt großen Wert auf die Einhaltung äußerer Formen und geltender Normen. So grüßt er zu Beginn des Unterrichts seine Schüler, kontrolliert sofort das Tagebuch und beginnt nach der Klärung von organisatorischen Dingen mit dem Unterricht, in dem er von der Klasse Rechenaufgaben lösen lässt. Auf der anderen Seite spielt der Lehrer jedoch auch seine Macht aus, wobei er ungeniert auf das Recht des Stärkeren setzt. Kaum hat er das Klassenzimmer betreten, sucht er mit ruhigem Blick ein Opfer, an dem er **höhnisch** seine Bosheiten auslassen kann (Z. 78). Dabei wirkt er „wie ein Greifvogel auf der Suche nach einer Beute“ (Z. 74 f.). **Mit bösem Lächeln** (Z. 97) drangsaliert er die ihm unterlegenen Schüler und macht auf ihre Kosten **amüsiert** (Z. 79) seine hinterhältigen Bemerkungen. Dieses ungleiche Spiel genießt er umso mehr, als auch die Klasse ihre Freude daran hat (Z. 84).
- Herr Voigt hat kein positives Menschenbild. Vielmehr vermutet er hinter jedem Schüler und dessen Eltern ein asoziales Verhalten, Schmarotzertum und Faulheit. Besonders Waisenkinder aus den verlorenen Ostgebieten haben bei ihm einen schweren Stand („Mit denen haben wir ja nichts als Ärger.“, Z. 88). Jede Auskunft des neuen Schülers wird mit abschätzigen Urteilen und Unterstellungen kommentiert. Selbst einem anerkennenden Wort, das äußerst selten vorkommt, lässt er sofort wieder eine böswillige Einschätzung folgen („Tischler, das ist gut. Wenn er zupacken kann und nicht gerade zwei linke Hände hat …“, Z. 95/96). Der Mathematiklehrer erweist sich als ein gesellschaftlich frustrierter, unsicherer Mensch, der es nötig hat, sich auf Kosten Schwächerer für seinen Unterricht in Stimmung zu bringen. Seine Pädagogik gründet nicht auf Verständnis, Mitgefühl und Menschenliebe, sondern auf autoritärem Gehabe und unmenschlicher Herrschsucht.

Aufgabe c: Bernhards Reaktionen auf das Verhalten des Lehrers (Interpretation)

Hinweis: *Auch das Verhalten des neuen Schülers Bernhard Haber kann zum Teil direkt aus dem Text erschlossen werden, weil der Erzähler einzelne Reaktionen des Jungen entsprechend kennzeichnet. Diese Begriffe sind hier wiederum in Fettdruck zitiert. Darüber hinaus sollte versucht werden, die Gefühlswelt des Zehnjährigen zu verdeutlichen, indem man sich in seine Lage angesichts seines Flüchtlingsschicksals sowie seiner Ankunft in einer feindlichen Umgebung hineinversetzt.*

Vorschlag für eine Ausarbeitung:

- Zunächst tritt Bernhard Haber in seiner neuen Klasse sehr verunsichert und eingeschüchtert auf. Er wagt es nicht einmal, seinen Namen deutlich hörbar auszusprechen und er nimmt auch keinen Blickkontakt zu seinen Mitschülern auf (Z. 21/22). Er weiß, dass er als Vertriebener ein Außenseiter in seiner neuen Umgebung ist. Dies ändert sich aber grundlegend im Verlauf des „Verhörs“ durch seinen Mathematiklehrer: Bernhard wird immer selbstbewusster, sodass er sich zum Schluss sogar **aufmerksam** in der Klasse umschaut (Z. 131).
- Erstaunlicherweise bleibt der Junge nach den ersten Demütigungen durch Herrn Voigt sehr ruhig (Z. 84/85). Obwohl er von dem Lehrer abschätzig als „Neuer“, der nicht gut rechnen kann und in die dritte Klasse zurückversetzt wurde, abqualifiziert wird und darüber hinaus den Spott seiner Klassenkameraden zu ertragen hat, lässt er sich nicht aus der Fassung bringen, sieht vor sich hin und schweigt. Auf die weiteren Fragen des Lehrers reagiert er gelassen, indem er knapp und direkt antwortet (Z. 87–94).

- Allerdings sieht sich der Junge in seiner Familienehre verletzt, als der Lehrer seinen Vater als arbeitsscheuen Tischler denunziert („Oder arbeitet er nicht gerne, dein Vater?", Z. 97/98). Seine Empörung über diese niederträchtige Unterstellung zeigt er nach außen, indem er **mit hängendem Kopf** an seiner Bank steht und auf die Fragen von Herrn Voigt weiterhin sachlich, aber **hochrot im Gesicht** antwortet (Z. 99/100).
- Selbst als ihn der Lehrer wegen des falschen Namens seiner Heimatstadt (früher Breslau – heute Wroclaw) energisch zurechtweist, bleibt der Neue **völlig reglos** stehen und sieht Herrn Voigt **unverwandt in die Augen** (Z. 116). In diesem Moment beginnt ein Machtkampf, in dem Bernhards Stolz erwacht. Er versteht zwar schnell, dass er gegen seinen Lehrer nicht aufbegehren darf, weshalb er auch den korrigierten Ortsnamen in der polnischen Fassung wiederholt, aber er will dennoch nicht nachgeben und sagt **trotzig**, bevor er sich setzt: „Aber geboren bin ich in Breslau" (Z. 121).
- Mit der oppositionellen Konjunktion „aber" setzt Bernhards Widerstand gegen sein neues Umfeld ein. Er wehrt sich sowohl gegen seinen autoritären Lehrer, der mit Hohn und Spott seine Persönlichkeit in Frage zu stellen versucht, als auch gegen seine Mitschüler, die ihn als fremden Eindringling empfinden und ihn mit dem Schimpfwort „Polacke" empfangen haben. So wie der Lehrer am Anfang der Unterrichtsstunde ruhig in die Klasse geblickt hat, schaut nun Bernhard Haber seine Mitschüler **genauestens** und **aufmerksam** (Z. 131) an, um zu erkunden, wie seine Konfrontation mit Herrn Voigt bei ihnen ankommt. Der Mathematiklehrer ist jedoch bereits zur Tagesordnung übergegangen und hat die Fortsetzung dieses Machtkampfes auf später verschoben.

Fazit

Aus dem zurückhaltenden, verschüchterten Neuankömmling Bernhard Haber hat sich innerhalb von zwei Unterrichtsstunden ein selbstbewusster Schüler entwickelt, der sich durch die Auseinandersetzung mit dem inhumanen Lehrer seines wahren Wertes bewusst wird. Sein Blick wird freier und sein Auftreten wird mutiger, obwohl er als Vertriebener, der „einen dieser rauen, ostdeutschen Dialekte" (Z. 25) spricht, von vornherein als Vertreter einer zweitklassigen Minderheit aufgenommen wird. Die spöttischen Bemerkungen der Klasse haben am Ende aufgehört, alle starren ihn **bewegungslos** an. Der schwierige Integrationsprozess des Neuen hat also begonnen.

Abschlussprüfung an FOS und BOS zum Erwerb der Fachhochschulreife 2006
Deutsch: II. Interpretationen – 2. Interpretation eines dramatischen Textes

Aufgaben:

a) Fassen Sie den Inhalt des vorliegenden Textauszuges knapp zusammen.

b) Untersuchen Sie den Gesprächsverlauf, und gehen Sie dabei auf die Sprache der Beteiligten ein.

c) Beurteilen Sie die Einstellung Aurelius Glasenapps: „Wir müssen entlassen, das kommt letztlich allen zugute." (Z. 131 f.)

Vorbemerkung:
Das Stück „Unter Eis" von Falk Richter (geb. 1969) stellt die Welt dreier Unternehmensberater Paul Niemand (zwischen 40 und 50 Jahre), Aurelius Glasenapp (etwa 28 Jahre) und Karl Sonnenschein (etwa 35 Jahre) dar.

Falk Richter: Es geht immer darum, einen Schritt weiterzugehen

KARL SONNENSCHEIN: Es geht immer darum, einen Schritt weiterzugehen, und Stillstand ist Rückschritt, weil die anderen bleiben ja nicht unbedingt still stehen, sondern die anderen bewegen sich ja auch weiter.

AURELIUS GLASENAPP: Es hat sehr viel mit Wollen zu tun und ist das in die Genetik eingebaut – hoffentlich. Es geht darum: Ist es ein reflektierter Mensch, ist Substanz vorhanden, wie geht jemand in Teamsituationen um, wie meistert jemand Krisen und wie lernfähig ist eigentlich ein Mensch.

PAUL NIEMAND: Heute bin ich beim Einkaufen in die Tiefkühltruhe gefallen und zwei Stunden darin liegen geblieben,
das war angenehm,
hat mich an Zuhause erinnert,
konnt ich endlich mal ne Minute schlafen.

KARL SONNENSCHEIN: Don't confuse your audience with too much information, have a concept, make the client the hero of your narration.[1]

AURELIUS GLASENAPP: Sie müssen sich vorstellen, Sie sind auf einem Fluss, wo sich alles ständig bewegt, und wenn ich da stehen bleibe, dann treibt alles andere an mir vorbei. Der Fluss fließt weiter, und ich muss mich einfach weiter mitbewegen, sonst falle ich hinter die Entwicklung, auch den Fortschritt in der Welt einfach zurück. Die Technologie entwickelt sich weiter, es gibt neue Konzepte, neue Ansätze, die Menschen entwickeln sich weiter, das Leben von Freunden entwickelt sich weiter, die Kinder werden groß, und wenn man selber stehen bleibt, dann verliert man die irgendwie.

PAUL NIEMAND: Mein Auto habe ich irgendwo geparkt, und ich weiß nicht mehr wo, das steht da irgendwo, irgendwo ohne mich, das steht da jetzt irgendwo festgefroren im Eis und friert, das fährt da jetzt rum ohne mich, sucht einen Parkplatz ohne mich, im Schnee, ich suche das jeden Morgen und find das nicht mehr, ich kann mich nicht mehr erinnern, wo ich das abgestellt habe, das steht da jetzt,
was macht das da? was macht das da jetzt ohne mich? ganz allein?
was macht das da?
Mir ist kalt,
meinen Wintermantel habe ich irgendwo liegen gelassen in irgendeinem Hotel in irgendeinem Büro bei irgendeinem Meeting, ich kann mich nicht mehr erinnern, der hängt da jetzt irgendwo, hängt da jetzt ohne mich, hängt da jetzt irgendwo rum, ganz

allein, ohne mich, mein Auto auch, mein Wintermantel, mein Auto, mein Wintermantel, mir ist kalt, ich find die nicht mehr,
das sind so die ersten Aussetzer,
ich kann mich nicht mehr konzentrieren,
wo ist das? was macht das da? Das fährt herum ohne mich, sucht einen Parkplatz, sucht und sucht und findet keinen, fährt herum ohne mich, sucht irgendetwas und findet es nicht,
alles weg, alles bewegt sich weg von mir, alles weg, alle weg, ich find das alles nicht mehr, nichts, niemand,
jetzt sind hier nur noch der Fernseher und das Aquarium,
ein einzelner Fisch und in dem Aquarium ist nichts weiter als ein paar Steine und eine verschlafene Pflanze, die es auch nicht mehr lange macht, das einzige Geschenk zu meinem Geburtstag. Ein suizidaler Fisch in einem leeren Wasserglas, der ist so einsam, der fällt bald tot um.

KARL SONNENSCHEIN: Strategie bedeutet, nachhaltige Wettbewerbsvorteile zu erzielen, das heißt, eine Position zu erarbeiten gegenüber dem Wettbewerb, die neuartig ist, die anders ist und die einen Vorteil auf Dauer verspricht. Wenn dieser Vorteil irgendwann einmal abschmilzt, dann heißt es, sich einen neuen zu erarbeiten und auch zu verteidigen.

AURELIUS GLASENAPP: Um das zu tun, um dabei ein Unternehmen zu beraten, solche Strategien entwickeln zu können, braucht man ein ganz besonderes Profil:

KARL SONNENSCHEIN: Eine sehr analytisch fundierte Kompetenz

AURELIUS GLASENAPP: Sich in immer wieder neue und sehr komplexe Fragestellungen mit zum Teil sehr unvollständigen Informationen einzuarbeiten

KARL SONNENSCHEIN: Internationalität spielt eine wesentliche Rolle

AURELIUS GLASENAPP: Praktika

KARL SONNENSCHEIN: Zielstrebigkeit im Aufbau des eigenen Lebensweges

AURELIUS GLASENAPP: Und natürlich auch die Fähigkeit, mit Menschen sehr gut umzugehen

KARL SONNENSCHEIN: Sie vor allem zu verstehen

AURELIUS GLASENAPP: Das heißt, nicht nur die Sachlage

KARL SONNENSCHEIN: Sondern die Person, die persönliche Motivation und das politische Umfeld eines Unternehmens, um gemeinsam mit Kundenteams an Problemlösungen und Umsetzungen zu arbeiten

AURELIUS GLASENAPP: Das heißt aber auch – Punkt zurück zum Thema Wettbewerbsvorteile – dass man in der Lage sein muss, eine Fragestellung immer wieder aus anderen Perspektiven zu beleuchten

KARL SONNENSCHEIN: Das könnte man unter dem Begriff von Kreativität zusammenfassen

AURELIUS GLASENAPP: Das hat aber auch sehr viel mit dem Phänomen geistiger Flexibilität zu tun

KARL SONNENSCHEIN: Ich sag mal kundenorientiert, nicht meinungsorientiert – facts facts facts and zero opinions, das ist Ihre Lebensversicherung

PAUL NIEMAND: Hallo! hört mich hier jemand?
Ich bin zu leise
oder bin ich hier einfach falsch abgegeben worden?
Die einzige Weihnachtspost die ich in diesem Jahr in meinem Briefkasten fand, war von meinem Finanzberater, Tom, sonst war alles leer.
der hatte sich richtig Mühe gegeben und etwas gebastelt, alles per Hand geschrieben und sogar noch was gemalt mit unterschiedlichen Buntstiften,
ein friedvolles Weihnachtsfest und ein gesundes, kreatives, erfolgreiches und erfülltes Jahr 2004 wünscht dir Tom,

gesund, kreativ, erfolgreich und erfüllt, der ist wohl übergeschnappt, der will mein Geld für seine scheißwertlosen Medienfonds, die schon mehr als die Hälfte meiner Ersparnisse aufgefressen haben,
das Schwein,
der Einzige, der an mich denkt, ist dieses Aktienschwein, das malt mir Weihnachtskarten und schickt Gebasteltes
PAUL NIEMAND BITTE PASSENGER PAUL NIEMAND
WE ARE PAGING PASSENGER PAUL NIEMAND[2]
Gate 11, Gate 12, Gate 13
sollen die mich ruhig ausrufen,
die werden sich nicht freuen, wenn ich mein Ziel erreiche,
ich habe hier die Listen mit den Namen, und die bringe ich zu der Filiale, die morgen geschlossen werden soll,
Gate 14, Gate 15, Gate 16,
Die warten alle darauf, dass ich einsteige,
die wissen noch nicht, dass sie morgen alle weg sind, die laufen hier noch alle lustig durch die Businesslounge und sammeln Bonusmeilen, die sitzen da mit ihren Laptops und arbeiten Konzepte aus, wie sie ihre Firma noch effektiver gestalten können, alles Leute, die sich alle gegenseitig schärfstens kontrollieren und in flachen Hierarchien daran arbeiten, so viel Menschen wie möglich auf die Straße zu setzen, um danach gegenseitig übereinander herzufallen und sich gegenseitig wegzurationalisieren, bis niemand mehr da ist, die Firma praktisch ohne Mitarbeiter läuft, alles delegiert, alles out-sourct und nur noch der Geschäftsführer selbst irgendwo ein paar E-Mails an seine Partnerbetriebe schreibt, der Aktienindex ins Unermessliche steigt, und die Aktienhalter, meist Rentner, die sich in Florida zur Ruhe gelassen haben, ihre Aktien gewinnträchtig abwerfen, noch ein zwei Häuser mehr kaufen und anschließend den Betrieb stilllegen lassen, da er in seiner Gewinnspanne nicht mehr steigerungsfähig ist.
Morgen seid ihr weg
alle
Ich habe hier die Listen mit euren Namen, da steht ihr alle drauf,
alles Ressourcen, die überflüssig geworden sind
Es gibt Menschen, die keiner mehr braucht.
Und es gibt Länder, die keiner mehr braucht, es gibt ganze Kontinente, die keiner mehr braucht. Afrika zum Beispiel – das brauchen wir nicht mehr, das brauchen wir nur noch als Kulisse für unsere Musicals. Und die Menschen, die wir nicht brauchen, die können wir ja in die Fernsehshows karren, da können die sitzen und klatschen den ganzen Tag, da haben die wenigstens was zu tun.

AURELIUS GLASENAPP: Letztlich sind wir ja Berater, und wir vertreten „die reine Lehre“, wir vertreten die ökonomische Logik. Faktenorientiert, nicht meinungsorientiert. Wir sammeln Informationen. Machen Vorschläge. Die Entscheidungen fällt immer noch die Geschäftsleitung unserer Klienten. Die Entscheidungen fällen nicht wir. Warum sind manche Unternehmen erfolgreicher als andere? Wir müssen Leute freisetzen, manchmal geht das nicht anders. Ist das ein Problem? Wenn wir die nicht freisetzen würden, würde in Kürze vielleicht das ganze Unternehmen Pleite gehen und dann wären alle raus, da wäre denen auch nicht geholfen. Letztlich profitiert die gesamte Gesellschaft von unserer Arbeit, denn wenn es der Wirtschaft gut geht, geht es allen gut, das ist wissenschaftlich erwiesen. Wir müssen entlassen, das kommt letztlich allen zugute.

PAUL NIEMAND: In der Schule, da hatten wir so ein Spiel, es wurden zwei Mannschaften gewählt, und einer musste sich ins Tor stellen, und dann schossen alle wie blöde aufs Tor, du gehst ins Tor, nein ich will nicht, du gehst ins Tor, los, halt dein Maul und stell dich da rein, einen traf es immer, und dann ohne Ende Schüsse direkt in die Fresse, stundenlang, keiner gab sich überhaupt noch Mühe, Tore zu erzielen, die schossen alle immer direkt dem Torwart auf die Fresse, sogar der Trainer schoss dem direkt in die Fresse. Ihre Reaktionsgeschwindigkeit lässt zu wünschen übrig, schneller, mein Freund, schneller, Ihre Leistung reicht nicht, schneller […]

Aus: Richter, Falk: Unter Eis. In: Carstensen, Uwe B. und von Lieven, Stefanie (Hrsg.): Theater, Theater. Aktuelle Stücke 14, Frankfurt 2004, S. 336–341.

1 Verwirre Dein Publikum nicht mit zuviel Information, habe ein Konzept, mache den Kunden zum Helden Deines Vortrags.

2 Wir rufen auf: Passagier Paul Niemand

Lösungsvorschlag

Einleitung

Der Einfluss von Unternehmensberatern auf unsere Wirtschaft wird immer größer. Vor allem wenn in großen Betrieben oder Konzernen Tausende von Mitarbeitern entlassen werden, gehen diese harten Maßnahmen meistens auf schonungslose Analysen und erarbeitete Konzepte dieser ökonomischen Sachverständigen zurück.

Aufgabe a: Inhaltswiedergabe des Textauszugs

Hinweis: *Die wesentlichen Argumente der drei Unternehmensberater sollen bei dieser Aufgabe kurz zusammengefasst werden. Dabei kommt es vor allem darauf an, die Gegensätze zwischen den beiden Ökonomen Aurelius Glasenapp und Karl Sonnenschein und dem Außenseiter Paul Niemand herauszustellen.*

Vorschlag für eine Ausarbeitung:

- Die beiden Unternehmensberater Aurelius Glasenapp und Karl Sonnenschein sind von ihrem beruflichen Tun vollständig überzeugt. In diesem Gespräch bestärken sie sich gegenseitig in ihrer Ansicht, die von der Notwendigkeit des wirtschaftlichen Fortschritts geprägt ist. Ihrer Meinung nach ist es in der heutigen Welt unverzichtbar, ständig neue Ideen zu entwickeln, um somit der Konkurrenz stets einen Schritt voraus zu sein. Auch der Unternehmensberater selbst müsse sich kontinuierlich weiterentwickeln, weil auch er einem harten Wettbewerb ausgesetzt sei. Als Vertreter der „reinen ökonomischen Lehre" müsse der Berater den Unternehmern auch immer wieder empfehlen, in Krisensituationen mitleidlos Leute zu entlassen, weil eine gut funktionierende Wirtschaft letzten Endes allen zugute komme, obwohl die Arbeitslosen darunter zu leiden hätten.
- Von der Warte der Opfer aus kommentiert der wesentlich ältere Berater Paul Niemand die ökonomischen Grundsätze seiner beiden Kollegen. Er beschreibt sich als jemand, der sich in der modernen Welt nicht mehr zurechtfindet, ungeschickt agiert, zunehmend vergesslich wird und immer mehr vereinsamt. Aber aufgrund seiner langjährigen Berufserfahrung weiß er auch, dass seine heute noch sehr aktiven Kollegen bereits morgen ihre Arbeitsstelle verlieren werden. Schließlich erinnert sich Paul Niemand an ein Spiel aus seiner Schulzeit, das beispielhaft für die moderne kapitalistische Gesellschaft steht: Einer wurde als Torwart ausgewählt, auf den sich dann alle anderen erbarmungslos einschossen.

Aufgabe b: Untersuchung des Gesprächsverlaufs

Hinweis: Aufbauend auf der Textzusammenfassung kann das Gespräch zwischen den drei Unternehmensberatern als Modell von gegensätzlichen Erfahrungswelten analysiert werden. Diese antagonistische Sichtweise der modernen Wirtschaft veranschaulicht auch die unterschiedliche Sprache der drei Gesprächsteilnehmer.

Vorschlag für eine Ausarbeitung:

- In dieser Szene findet ein wirklicher Dialog nur zwischen den beiden jüngeren Beratern Aurelius Glasenapp (etwa 28 Jahre) und Karl Sonnenschein (etwa 35 Jahre) statt. Diese beiden entwickeln ihre Gedanken in gegenseitigem Einvernehmen weiter, ergänzen sich durch entsprechende Beispiele und beachten ihren rund zehn Jahre älteren Kollegen Paul Niemand (zwischen 40 und 50 Jahre) überhaupt nicht. Um seine Isolierung zu thematisieren, fragt dieser voller Entsetzen: „Hallo! Hört mich hier jemand? Ich bin zu leise oder bin ich hier einfach falsch abgegeben worden?" (Z. 76 ff.). Dafür bleibt dem Erfahreneren am Ende die Genugtuung zu wissen, dass die Jüngeren demnächst wegrationalisiert werden („die wissen noch nicht, dass sie morgen alle weg sind", Z. 100).
- Sonnenschein und Glasenapp diskutieren ausschließlich über das Berufsbild des Unternehmensberaters sowie über wirtschaftliche Vorgänge. Persönliche Lebenserfahrungen schildern sie nicht, weshalb sie in ihrer Argumentation hauptsächlich indefinite Pronomen (man, jemand, die anderen) verwenden. Im Gegensatz dazu berichtet Paul Niemand von eigenen Erlebnissen, die er konsequenterweise auch mit Personal- oder Possessivpronomen (ich, mich, mein – du, wir, ihr, dein, euren) wiedergibt.
- Inhaltlich entwickelt sich das Gespräch über Assoziationen. Glasenapp und Sonnenschein nehmen in ihren Redebeiträgen jeweils Stichwörter ihres Partners auf, um damit ihre ökonomischen Thesen voranzutreiben. Später schließen sie sogar angefangene Sätze gegenseitig ab (z. B. „Das heißt nicht nur die Sachlage" – „Sondern die Person …", Z. 63/64). Mit diesem zwillingshaften Gesprächsverhalten erörtern die beiden ein neues Menschenbild, das durch den Zwang der Wirtschaft zum unaufhörlichen Fortschreiten ihrer Meinung nach erforderlich ist. Ein Mensch, der als Unternehmensberater erfolgreich sein will, muss demnach kompetent, flexibel, kreativ und zielstrebig handeln können, was ihm allerdings nur möglich ist, wenn er sich ständig (durch „Praktika", Z. 58) weiterbildet und unermüdlich an sich selbst arbeitet (Z. 54–61). Die Verantwortung für harte Unternehmensentscheidungen wollen die zwei Berater jedoch nicht tragen, schließlich machen sie ja nur „Vorschläge" (Z. 124), während die „Entscheidungen" (Z. 124) jeweils von der Geschäftsleitung getroffen werden.

  Im Gegensatz zu seinen Kollegen hält Paul Niemand vier (unterschiedlich lange) Monologe, auf die seine Partner nicht eingehen. Dabei lässt sich der ältere Berater jeweils durch eine Bemerkung der beiden zu seinen eigenen Ausführungen anregen. Vor allem die Stichwörter „Krise", „verlieren", „Lebensversicherung" und „gut gehen" veranlassen Paul Niemand dazu, von eigenen Lebenserfahrungen zu berichten, die seine persönlichen Probleme und Defizite thematisieren. Besonders offenkundig werden seine Tollpatschigkeit („Heute bin ich beim Einkaufen in die Tiefkühltruhe gefallen", Z. 8), Alterserscheinungen wie Vergesslichkeit und Orientierungslosigkeit (keine Erinnerung an das irgendwo geparkte Auto, liegen gelassener Wintermantel, Z. 22 ff.) sowie Einsamkeit und Verlassenheit (beinahe leere Wohnung, nur ein Geburtstagsgeschenk, nur eine Weihnachtspost, Z. 79 ff.). Diesen persönlichen Missständen setzt Paul Niemand aber am Ende seinen Widerstand gegen das Geschäftsgebaren seiner Kollegen („sollen die mich ruhig ausrufen", Z. 94) entgegen und schließt mit einer Erinnerung an seine Schulzeit (alle schießen sich auf einen Torwart ein, Z. 133), die symbolisch für seine Erfahrungen bezüglich der modernen Geschäftswelt steht. Mit starken Emotionen reagiert Paul Niemand auf die ökonomischen Verhältnisse, von denen er sich längst distanziert hat, was seine häufig benutzten

Antagonismen (die – ich, ihr – ich, „die werden sich nicht freuen, wenn ich mein Ziel erreiche", Z. 95) belegen. Dazu kommt die verbale Abrechnung mit seiner Vergangenheit, die sich in derben Schimpfwörtern („dieses Aktienschwein", Z. 89; „seine scheißwertlosen Medienfonds", Z. 86) und Metaphern („in flachen Hierarchien" arbeiten, Z. 103; „um danach gegenseitig übereinander herzufallen", Z. 104) äußert. Mit großer innerer Befriedigung kommt er zu dem Ergebnis, dass seine Kollegen unmittelbar vor ihrer Entlassung stehen („Morgen seid ihr weg/alle", Z. 112/113). In seiner schonungslosen Analyse entlarvt Paul Niemand die heutige Wirtschaftsordnung als Raubtierkapitalismus, dem viele Menschen zum Opfer fallen und von dem nur einige „Aktienhalter" (Z. 108) profitieren, die in Florida ihren Wohlstand genießen.

– Die Unterhaltung zwischen Aurelius Glasenapp und Karl Sonnenschein ist kein inhaltlich ergiebiges Gespräch, in dem es um Argumente geht, sondern ein von Floskeln und vorgefertigten Lehrsätzen durchsetzter Scheindialog, in dem allerdings am Ende eine angebliche wirtschaftliche Notwendigkeit offen und rücksichtslos ausgesprochen wird: „Wir müssen entlassen, das kommt letztlich allen zugute.", Z. 131. Die Fachsimpelei der beiden Wirtschaftsberater besteht aus aneinander gereihten Slogans („Stillstand ist Rückschritt", Z. 1; „Die Technologie entwickelt sich weiter", Z. 18 usw.), Aufzählungen („es gibt neue Konzepte, neue Ansätze …", Z. 19; „die neuartig ist, die anders ist und die einen Vorteil auf Dauer verspricht", Z. 48), Doppelsubstantiven (Kundenteams, Problemlösungen, Wettbewerbsvorteile), Fremdwörtern bzw. Fachbegriffen (Strategie, Profil, Kompetenz, Motivation, Kreativität, Flexibilität), englischen Phrasen („Don't confuse your audience …", Z. 13; „facts facts facts and zero opinions", Z. 74) und Antagonismen, die das angeblich Richtige gegen das Falsche abgrenzen („kundenorientiert, nicht meinungsorientiert", Z. 74; „Faktenorientiert, nicht meinungsorientiert.", Z. 123). Durch diese sprachlichen Mittel wirkt das Gespräch sehr sachkundig, niveauvoll und weltläufig. In Wirklichkeit sind aber die ganzen Äußerungen nichts als auswendig gelernte Thesen und Sprüche aus Lehrbüchern der Betriebswirtschaft.
  Auch Paul Niemand verwendet ähnlich schablonenhafte Zitate, geht mit diesen aber ironisch um. Vor allem charakterisiert er damit seine Kollegen, die er als spätere Opfer der herrschenden Wirtschaftsordnung darstellt („die laufen hier noch alle lustig durch die Businesslounge und sammeln Bonusmeilen, die sitzen da mit ihren Laptops und arbeiten Konzepte aus, wie sie ihre Firma noch effektiver gestalten können …", Z. 100). Sarkastisch beschreibt er seinen Finanzberater Tom („der ist wohl übergeschnappt", Z. 85), dessen Weihnachtswunsch er so zitiert („ein gesundes, kreatives, erfolgreiches und erfülltes Jahr 2004", Z. 83), dass er sich von selbst als floskelhaftes, banales Gerede entlarvt. Paul Niemand durchschaut das zerstörerische ökonomische Getriebe, das über den ganzen Globus hinweg eine Spur der Verwüstung hinterlässt, was er sehr bildhaft durch eine Klimax veranschaulicht: „Es gibt Menschen, die keiner mehr braucht. Und es gibt Länder, die keiner mehr braucht, es gibt ganze Kontinente, die keiner mehr braucht." (Z. 116)

Aufgabe c: Stellungnahme

Hinweis: *Die Aufgabe lässt sich am besten in Form einer dialektischen Erörterung lösen, wobei auf die Gegenüberstellung von Pro- und Contra-Argumenten bezüglich der These Glasenapps ein gut begründetes eigenes Urteil folgen muss.*
Die hier fett gedruckten Begriffe dienen dazu, die Hauptargumente hervorzuheben.

Vorschlag für eine Ausarbeitung:
Aurelius Glasenapp sieht in einer harten wirtschaftlichen Maßnahme eines Einzelunternehmens Vorteile für die ganze Gesellschaft: Die Entlassung von Mitarbeitern hätte insgesamt positive Folgen, so hart sie auch für die Betroffenen sein mag. Die wie eine unumstößliche ökonomische Wahrheit formulierte Behauptung muss jedoch kritisch hinterfragt werden.

Pro-Argumente:

- Für viele Betriebe stellt die Streichung von Arbeitsplätzen eine **finanzielle Notwendigkeit** dar, um wirtschaftlich überleben und eine drohende Insolvenz noch rechtzeitig abwenden zu können. Die Senkung der Lohnkosten führt dann zu Einsparungen, die es der Firma ermöglichen, die laufenden Betriebskosten wieder zuverlässig zu bezahlen.
- Betriebsbedingte Entlassungen haben oft zur Folge, dass die **Sicherung der übrigen Arbeitsplätze** (zumindest für einen absehbaren Zeitraum) garantiert werden kann. Anstatt die Firma vollständig schließen zu müssen, kann mit reduzierter Belegschaft weitergearbeitet werden. Somit kämen die Entlassungen tatsächlich der Allgemeinheit zugute, weil zum einen die verbleibenden Mitarbeiter weiterbeschäftigt würden und zum anderen der Betrieb selbst weiterexistieren und dadurch auch Steuern bezahlen könnte.
- Kündigungen werden häufig ausgesprochen, wenn sich ein Unternehmen in Not befindet. Um die **Konkurrenzfähigkeit** zu erhalten, müssen Löhne eingespart werden, sodass wieder mit weniger Personal günstiger produziert werden kann. Außerdem kann das eingesparte Geld für fällige Investitionen verwendet werden, damit der Betrieb auch in Zukunft dem harten (internationalen) Wettbewerb standhalten kann.
- In einem globalisierten Markt, der sich rasant verändert, ist ständig **Flexibilität** gefordert. Die konkurrierenden Firmen müssen schnell auf neue Erfordernisse und sich laufend wandelnde Produktionsbedingungen reagieren. Deshalb besteht eine gesunde Firmenpolitik darin, immer wieder Umstrukturierungen vorzunehmen, was letzten Endes bedeutet, dass auch Mitarbeiter zu entlassen sind. Wenn mit harten Maßnahmen zu lange gewartet wird, kann es passieren, dass das gesamte Unternehmen Pleite geht und damit alle Betriebsangehörige arbeitslos werden.

Contra-Argumente:

- Firmenchefs, die Leute entlassen, argumentieren meistens mit Zahlen und ökonomischen Notwendigkeiten, aber sie vergessen dabei, dass es sich um **Menschenschicksale** handelt. Hinter jedem gekündigten Mitarbeiter stehen oft mehrköpfige Familien, die unter der Arbeitslosigkeit ihres bisherigen Ernährers mitleiden. Gewaltige Einschnitte im gewohnten Lebensstandard und insbesondere auch psychische Probleme sind die Folgen für alle Familienmitglieder.
- Für ein Unternehmen bedeutet der Abbau von Arbeitsplätzen nicht nur Einsparungen, sondern auch eine starke **Beeinträchtigung des Betriebsklimas**. Die verbleibenden Mitarbeiter sind verunsichert, weil sie nicht wissen, wann sie selbst entlassen werden. In den ersten Wochen nach einer Entlassungswelle spüren sie schmerzlich, dass ihnen viele Ansprechpartner fehlen, die zuvor zu einem menschlichen Miteinander beigetragen haben. Die Betriebsleitung wird bald feststellen, dass Kündigungen auch mit einem Verlust von wertvoller Erfahrung (insbesondere bei langjährigen Mitarbeitern) verbunden sind.
- Von einem Arbeitsplatzabbau mögen zwar viele profitieren, aber es müssen auch viele dafür bezahlen. Die Einsparung von Lohnkosten für einen Betrieb heißt nichts anderes als die **Abwälzung der Kosten auf die Allgemeinheit**. Die Gesellschaft insgesamt muss für die Bezahlung des Arbeitslosengelds der Entlassenen aufkommen. In vielen Fällen werden gekündigte Mitarbeiter in die Frührente geschickt, was letztlich auch von den Beitragszahlern des ganzen Landes finanziert werden muss.
- Manchmal erfolgen Entlassungen voreilig. Wenn überraschend die Wirtschaft wieder an Fahrt gewinnt oder die betriebsinternen Schwierigkeiten schneller als vermutet behoben werden, kann es gewaltige **Probleme beim Neuaufbau** geben. Mit reduziertem Personal können Aufträge nicht schnell genug erledigt werden, sodass die Auftraggeber ungeduldig werden und im schlimmsten Fall zur Konkurrenz wechseln. Probleme ergeben sich auch bei Neueinstellungen, weil die neuen Mitarbeiter erst mühsam in ihre Arbeitsbereiche eingearbeitet werden müssen. Bei unsicherer konjunktureller Lage wären also gemäßigte Übergangsregelungen besser als rigorose Entlassungen.

Fazit

Wirtschaftliche Vorgänge sind zu komplexe gesamtgesellschaftliche Prozesse, als dass eine These wie die von Aurelius Glasenapp als eine gesicherte ökonomische Richtschnur gelten könnte. Die als volkswirtschaftliche Lehrsätze verbrämten Äußerungen der beiden Wirtschaftsberater Karl Sonnenschein und Aurelius Glasenapp dienen vielmehr dazu, rigorose Eingriffe in das Leben anderer zu verharmlosen und dadurch die eigene Verantwortung zu relativieren.

Aufgaben:

a) Geben Sie Inhalt und Aufbau des Textes wieder.

b) Vielfach wird vorgeschlagen, die Zuschüsse an sozial schwache Familien massiv anzuheben. Kann durch eine drastische Erhöhung der finanziellen staatlichen Hilfen die Benachteiligung der Kinder aus diesen Familien ausgeglichen werden?

Geraubte Zukunft

von Heidrun Graupner

Über die schlimmen Zahlen wird wieder kaum jemand reden und niemand wird handeln. Das war immer so, gleichgültig wer die Regierung gestellt hat. Kinderarmut ist kein Thema, das aufregt, schon gar nicht Politiker. Jede neue, deprimierende Rekordstatistik legen die Politiker nach leichtem Bedauern in die Schublade, um sich dann offenbar wichtigeren Themen zuzuwenden, zum Beispiel dem Missbrauch bei Hartz IV.

Den Zahlen, die der Deutsche Kinderschutzbund vorgelegt hat, wird es nicht anders ergehen: Seit 2004, seit dem Start von Hartz IV, hat sich die Zahl der armen Kinder und Jugendlichen verdoppelt. 2,5 Millionen leben auf Sozialhilfeniveau. Doch niemand schreit angesichts dieser bedrohlichen Entwicklung auf, niemand schlägt erregt Alarm [...].

Seit drei Jahren warnen die Wohlfahrtsverbände vor den schlimmen Folgen von Hartz IV für die Familien und ihre Kinder, doch die Verbände wurden für ihre Prognosen nur gescholten oder verlacht. Sicher, die große Koalition hat angekündigt, sie wolle das Thema Kinderarmut in den Mittelpunkt stellen. Dort sucht man es allerdings seit November vergebens, nur ein paar matte Sätze wurden ihm gewidmet [...].

Kinderarmut ist aber nicht nur ungerecht. Sie vernichtet einen Staat, sie raubt ihm seine Zukunft. Welcher Staat kann es sich leisten, dass 2,5 Millionen Kinder als benachteiligte Randgruppe aufwachsen? In manchen Städten sind 30 oder 35 Prozent aller Kinder arm. Die große Koalition wird nicht müde, vor schwindenden Geburtenzahlen und der bevorstehenden demographischen Katastrophe zu warnen. Sie macht eine Politik für Kinder, sie gibt für sie viel Geld aus – aber nicht für alle Kinder. Die Regierung schaut nicht nach Großbritannien oder nach Skandinavien, wo Kinderarmut durch einen intelligenten Mix von politischen Maßnahmen beträchtlich heruntergeschraubt wurde, in Schweden auf 2,4 Prozent. Sie schaut auch nicht in Studien nach, die über die Folgen der Kinderarmut erzählen.

Allein am Gesundheitszustand der Kinder lässt sich der Grad von Armut exakt messen. Je weniger Geld eine Familie hat, desto häufiger leiden die Kinder an Asthma oder Neurodermitis, sind zu dick, sie hören, sehen und sprechen schlechter oder nässen ein. 13,8 Prozent aller armen Kinder sind in ihrer geistigen Entwicklung beeinträchtigt, bei den reichen sind es nur 0,8 Prozent. Allein diese Zahlen müssten aufrütteln. Diese Kinder werden aber nicht zum Arzt gebracht, sie fehlen im Kindergarten, sie versagen und brechen die Schule ab, sie haben kaum Aussicht auf einen Ausbildungsplatz. Die Kinder resignieren mit ihren Eltern, deren Armut vererbt sich auf sie, nicht nur psychisch, auch physisch, Armut schändet, sie raubt den Kindern die Zukunft, klagen Ärzte, die sich um sie kümmern.

Politik für arme Kinder aber entsteht nach wie vor aus dem Moment heraus, hektisch und ineffektiv. Wenn in Hauptschulen wie an der Berliner Rütlischule ein Ausnahmezustand von Gewalt herrscht, wenn ein vernachlässigtes, misshandeltes Kind tot gefunden wird –

eines von mehr als zehntausend vernachlässigten Kindern –, dann werden aufgeregt Konsequenzen verlangt. Umfassende und langfristige Ansätze fehlen, die vereinzelten Hilfen und Netzwerke, die derzeit entstehen, genügen noch nicht.

Arme Familien brauchen finanzielle Grundsicherung, die sie davor schützt, endgültig in Obdachlosigkeit und Elend abzurutschen. Sie brauchen menschliche Begleitung, will man den Kindern langfristig wirksam helfen, ob von Sozialarbeitern oder von Ärzten. Doch Ärzte dürfen bisher nicht an Wohnungstüren klingeln und sich nach den Kindern erkundigen. Und mit Hartz IV wurde nur der Sozialdetektiv geschaffen, der bei den armen Familien nachschaut, ob sie betrügen – nicht aber der Sozialhelfer. Die Ansprechpartner in den Sozialämtern jedoch, mit denen Familien früher schlimme Probleme besprechen konnten, wurden mit Hartz IV abgeschafft. Jedes arme Kind müsste in den Kindergarten geschickt werden – als Pflicht –, es müsste eine Ganztagsschule besuchen, wo es zusätzliche Hilfe bekommt, es müsste in Sportvereinen mitmachen und dort nicht nur auf der Reservebank sitzen.

Es ist falsch, dass über Integration nur in der Ausländerpolitik diskutiert wird. Es geht um Integration von Schwachen generell. Kluge Integrationspolitik muss ressortübergreifend allen Kindern helfen, gleichgültig ob ausländischen oder deutschen. Wenn es in diesem immer noch reichen Land 2,5 Millionen arme Kinder gibt, dann hat die Politik versagt, sie hat das Grundgesetz mit seinem Sozialstaatsgebot missachtet und die UN-Charta für die Rechte der Kinder. Und sollte sich nichts ändern, dann besteht die Gefahr, dass sich diese Kinder ohne Perspektiven später einfach das nehmen, was ihnen die Gesellschaft vorenthalten hat. Die Kinderarmut von heute ist der soziale Sprengstoff von morgen.

Aus: Süddeutsche Zeitung vom 28. Juli 2006 (für Prüfungszwecke überarbeitet)

Lösungsvorschlag

Aufgabe a: Textvorstellung

Hinweis: *Bei diesem Teil der Aufgabenstellung wird von Ihnen erwartet, dass Sie den Text formal und inhaltlich* ***kurz*** *vorstellen. Auch wenn es in der Aufgabenformulierung nicht ausdrücklich verlangt wird, ist es sinnvoll, dies in Form einer* ***Überblicksinformation*** *(formal) und einem* ***Thesenpapier*** *vorzunehmen. Beide Darstellungsformen haben den Vorteil, dass Sie sich intensiv mit dem Text, seinem Inhalt und seinem argumentativen Aufbau auseinandersetzen, was zu einem fundierten Textverständnis führt, das für den zweiten Teil der Aufgabe (Argumentation) unabdingbar ist.*

Überblicksinformation:

Hinweis: *Dieser Teil der Aufgabe soll den Text in erster Linie formal vorstellen. Grundlage hierfür ist ein stereotypes Regest, das folgende Teilaspekte berücksichtigen sollte, wobei deren Reihenfolge keine Rolle spielt:*

Thema:	Kinderarmut
Titel:	Geraubte Zukunft
Autor:	Heidrun Graupner
Quelle:	SZ vom 28. 07. 2006
Intention:	Protest gegen die Behandlung der Kinderarmut durch die offizielle Politik
Kontext:	Die mit der Einführung von Hartz IV sich verschärfende Form sozialer Missstände, deren Opfer zunehmend die Kinder der Betroffenen sind.

Anlass:	Die Veröffentlichung von aktuellen Zahlen des Deutschen Kinderschutzbundes
Textsorte:	gesellschaftskritischer Kommentar
Hauptaussage:	Die Politik hat in der Vergangenheit beim Thema Kinderarmut kläglich versagt.

Heidrun Graupner veröffentlichte in der Süddeutschen Zeitung vom 28. 07. 2006 einen gesellschaftskritischen Kommentar mit dem Titel „Geraubte Zukunft", in dem sie sich über die Situation der Kinder und deren Zukunftsaussichten in Deutschland Gedanken macht. Anlass für diesen Text waren die Veröffentlichungen des Deutschen Kinderschutzbundes, die ein erschreckendes Bild von der Armut der Kinder in unserem Land zeichnen. Vor dem Hintergrund der Diskussion um Hartz IV prangert Graupner eine Politik an, die sich populistisch mit Missbrauchsfällen beschäftigt, statt den am schlimmsten von dieser Maßnahme Betroffenen, den Kindern, wirklich zu helfen. Die Autorin stellt fest, dass die Politik in der Vergangenheit im Zusammenhang mit der wachsenden Armut bei Kindern kläglich versagt hat, und ist darüber empört, dass selbst die erschreckend deutlichen Zahlen des aktuellen Kinderschutzbundberichtes lediglich hohle Phrasen, aber keine wirklich helfenden politischen Aktivitäten bei den Verantwortlichen hervorrufen.

Thesenpapier:

Hinweis: *Das Thesenpapier stellt den Textinhalt in knapper Form vor. Anders als bei der Inhaltswiedergabe in strukturierender Form ist hier die Gefahr, dass man den Inhalt ausufernd nacherzählt, nicht gegeben, wenn man sich an folgendes Schema hält:*
Kommentierende Texte weisen in der Regel folgende Grund- oder Makrostruktur auf:
– Der Autor stellt sein Thema vor.
– Er zeigt Probleme auf, die im Zusammenhang mit diesem Thema stehen.
– Der Verfasser bewertet den Sachverhalt.
In der Makrostruktur muss zum Ausdruck kommen, was der Verfasser des Textes argumentativ macht. Dies geschieht durch die Verwendung von geeigneten Strukturwörtern bei der Formulierung des Thesenpapiers. In unserem Beispiel könnte die Makrostruktur folgendermaßen aussehen:

1. Graupner beschreibt den erschreckenden Anstieg der Zahl armer Kinder in Deutschland.
2. Die Autorin prangert die Auswirkungen der Kinderarmut an.
3. Vor dem Hintergrund sich abzeichnender negativer Folgen für unsere Gesellschaft fordert Heidrun Graupner ein rasches und effektives Handeln der Politik.

Hinweis: *Jedem dieser Punkte der Makrostruktur werden nun drei Thesen zugeordnet, die die Argumentationsstruktur des Textes wiedergeben. Hierbei ist darauf zu achten, dass passende Textpassagen nicht nur wörtlich übernommen werden, sondern dass der Inhalt in eigenen Worten formuliert wird. Wichtig ist auch, dass bei der Formulierung dieser Mikrostruktur strikt die Thesenform eingehalten wird (These = einfacher Aussagesatz, ohne Nebensätze!). Für den vorliegenden Text ergibt sich folgendes Thesenpapier:*

1 Graupner beschreibt den erschreckenden Anstieg der Zahl armer Kinder in Deutschland:

1.1 Mit Einführung von Hartz IV ist die Zahl der als arm geltenden Kinder in besorgniserregendem Maße angestiegen.

1.2 Trotz der alarmierenden Zahlen reagiert die Politik nach wie vor verantwortungslos gleichgültig.

1.3 Die Kinder- und Familienpolitik orientiert sich an demografischen Perspektiven und lässt die aktuelle Notsituation der von Hartz IV betroffenen Kinder außer Acht.

2 Die Autorin prangert die Auswirkungen der Kinderarmut an:
2.1 Die Armut wirkt sich massiv auf den Gesundheitszustand der betroffenen Kinder aus.
2.2 Die Kinderarmut führt zu einem Bildungsdefizit, welches sich auf die Zukunftschancen der Kinder negativ auswirkt.
2.3 Die davon betroffenen Kinder haben keine Zukunftsperspektiven und enden in Risiko- und Randgruppen.

3 Vor dem Hintergrund sich abzeichnender negativer Folgen für unsere Gesellschaft fordert Heidrun Graupner ein rasches und effektives Handeln der Politik:
3.1 Die finanzielle Situation der betroffenen Familien muss spürbar verbessert werden.
3.2 Das Bildungs- und Freizeitangebot muss den wirklichen Bedürfnissen der Kinder angepasst werden.
3.3 Die soziale Integration dieser Kinder ist schon aus Gründen des sozialen Friedens unabdingbar.

Aufgabenteil b: Textdiskussion/Stellungnahme

Hinweis: *In diesem Aufgabenteil geht es darum, die Argumentation der Autorin aufzugreifen (= Thesenargumentation), mögliche Einwände dagegen zu formulieren (= Anti-Thesenargumentation) und einen eigenen Standpunkt zur aufgezeigten Problematik einzunehmen (= Synthese). Dabei ist darauf zu achten, dass das Grundschema der Argumentation eingehalten wird:*
1 These
2 Erläuterung
3 Begründung
4 Beleg
5 Fazit
Werden bei der Thesenargumentation Gedanken der Autorin aus dem Text übernommen (direkte bzw. indirekte Zitate), so ist dies durch geeignete Formulierungen zu kennzeichnen. Folgende Teilaspekte bieten sich zur Bearbeitung dieses Aufgabenteils an, wobei hierbei kein Anspruch auf Vollständigkeit erhoben werden soll:

These:
Durch eine deutliche finanzielle Unterstützung betroffener Familien können die Kinderarmut in Deutschland und die damit verbundenen Probleme wie z. B. Defizite in Bildung und Ausbildung oder soziale Ausgrenzung gemildert werden.
- Die Notwendigkeit einer doppelten Berufstätigkeit entfällt, Eltern können sich mehr um ihre Kinder kümmern.
- Eine bessere finanzielle Ausstattung der Familien führt zu mehr Lebensqualität (Ernährung, Wohnverhältnisse usw.).
- Den Kindern wird die Teilnahme an einem breiteren Bildungsangebot ermöglicht (Bücher, Besuch von kulturellen Veranstaltungen, Freizeitangebot usw.).
- Spezifische Randgruppenmerkmale (z. B. ärmliche Kleidung) können vermieden und damit die soziale Stigmatisierung verhindert werden.

Antithese:
Die bessere finanzielle Unterstützung armer Familien in Deutschland allein kann das zugrunde liegende Problem nicht lösen.
- Es gibt keine Garantie dafür, dass das zusätzliche Geld von den Eltern im Sinne der Kinder verwendet wird.
- Defizite im sozialen Umfeld der Kinder (Geborgenheit, Zukunftsorientierung, Lebensfreude usw.) lassen sich durch finanzielle Zuwendungen kaum kompensieren.

- Die staatliche Förderung selbst wird für die Betroffenen zu einem Stigma.
- Die finanzielle Unterstützung führt zu Unselbstständigkeit, Abhängigkeit und schreibt so den Status Quo fest.

Synthese:
Staatliche Maßnahmen zur finanziellen Verbesserung der familiären Situation armer Kinder sind zwar richtig und notwendig, sie können aber nur als Teil eines komplexer angelegten Gesamtkonzepts angesehen werden.
- Die konkrete Betreuung (Sozialarbeit, Ernährungs- und Schuldnerberatung usw.) muss erweitert und den sich veränderten Gegebenheiten angepasst werden.
- Die soziale Kompetenz der betroffenen Eltern muss gefördert werden (enge Zusammenarbeit von Kindergarten und Schule mit dem Elternhaus).
- Durch städtebauliche Maßnahmen muss die Bildung von Ghettos vermieden werden.

***Hinweis:** Im Folgenden soll ein möglicher Argumentationsstrang im Zusammenhang dargestellt werden:*

These:
Arme Kinder leiden häufig darunter, dass sie im Gegensatz zu ihren Altersgenossen bereits in einem frühen Entwicklungsstadium auf sich allein gestellt sind.

Erläuterung:
Dies hängt damit zusammen, dass das Einkommen eines Elternteils nicht ausreicht, um die finanziellen Bedürfnisse der Familie befriedigen zu können.

Begründung:
Die in den letzten Jahren enorm angestiegenen Kosten für Wohnung, Kleidung und Lebensmittel machen in diesen Haushalten ein zweites Einkommen erforderlich.

Beleg:
Wenn beide Elternteile arbeiten, wirkt sich dies zwangsläufig auf die Kinder aus, sie werden in ihrer schulischen Ausbildung weniger gefördert, bekommen tagsüber weniger emotionale Zuwendung und treffen abends oftmals auf Eltern, die physisch und psychisch überfordert sind und einfach nur ihre Ruhe haben möchten. Die Probleme der Kinder wirken in dieser Situation nur störend.

Fazit:
Eine spürbare Erhöhung des Familieneinkommens durch staatliche Mittel könnte hier durchaus Abhilfe schaffen, da sie eventuell dazu führt, dass die Notwendigkeit des Zweiteinkommens entfällt und der Vater oder die Mutter sich zu Hause um die Belange der Kinder kümmern könnte.

Antithese:
So logisch dieser Sachverhalt auch erscheint, bestehen doch Zweifel an der Wirksamkeit dieser Maßnahme. Häufig sind es die Erwachsenen selbst, die mit ihrer Situation nicht zurechtkommen. Auffälliges Merkmal sozial stigmatisierter Familien ist oftmals der Versuch, finanzielle und soziale Defizite durch Ersatzdrogen (Fernsehen, Alkohol, Süßigkeiten usw.) zu kompensieren. Das heißt, dass es in einem solchen Fall nicht gewährleistet werden kann, dass das zusätzliche Geld auch wirklich den Kindern zugutekäme. Der Staat würde damit die Armut lediglich auf einem höheren Niveau stabilisieren.

Synthese:

Es wäre zynisch, würde man aus Angst vor dem Missbrauch die staatlichen Leistungen ganz verweigern. Die finanzielle Absicherung betroffener Familien muss durch die Gesellschaft, die sich als Sozialstaat begreift, gewährleistet werden. Allerdings müssen neben rein finanziellen Hilfen flankierende Maßnahmen geschaffen werden, die sicherstellen, dass diese Mittel auch wirklich den Kindern zugutekommen. Dies könnte zum Beispiel durch Stadtteil- oder Gemeindezentren geschehen, die nah an den Betroffenen Hilfe und Rat im Alltag bieten. Derartige Einrichtungen benötigen jedoch speziell geschultes und kompetentes Personal, das in der Vergangenheit konsequent reduziert wurde. Diese Entwicklung trägt dazu bei, dass, abgesehen von der materiellen Notlage, viele sogenannte sozial schwache Familien heute an den Anforderungen des Alltags scheitern und damit zum Problem der Kinderarmut beitragen.

Fachabiturprüfung an FOS und BOS zum Erwerb der Fachhochschulreife 2007
Deutsch: 2. Analyse eines Sachtextes

Aufgaben:

a) Geben Sie einen Überblick über Textsorte, Thematik und Kernaussage.

b) Untersuchen Sie, welche Intentionen der Autor in den Zeilen 1 bis 30 verfolgt und wie er sie sprachlich umsetzt.

c) Sind Sie der Ansicht, dass in der Dritten Welt das Leben in den großen Städten leichter ist als auf dem Land?

Im Dickicht der Riesenstädte
Es leben mehr Menschen in der Stadt als auf dem Land. Zukunftsforscher warnen vor sozialen Problemen. Aber hat die Verstädterung nicht auch Vorteile?
von Uli Kulke

Ab sofort leben weltweit mehr Menschen in der Stadt als auf dem Land, hören wir von der UNO. Und so scheint das Sinnbild, mit dem der Romancier Émile Zola einst die Stadt umschrieb, heute, 100 Jahre später, noch aktueller: Als gefräßige Monster bezeichnete er die urbanen Zentren, nannte als Beispiel den „Bauch von Paris", der sich täglich vollschaufelt, Nahrungsmassen vom Land hineingestopft bekommt. Gilt dies nicht um so mehr in unseren Tagen, da fast ausschließlich die Megacitys in den armen Ländern unbegrenzt wachsen? Schließlich nehmen die nicht nur zu sich, was ihnen die Umgebung bringt, sie einverleiben sich die Umgebung selbst, wuchern mit ihren Kampungs, Favelas und wie die Slums alle genannt werden, über das ganze Land, „metastasenartig", wie es in dem Zusammenhang oft heißt.

Nicht nur unsere romantische Seele, auch die offizielle Politik, die skeptischen Zukunftsforscher, sie alle waren über viele Jahrzehnte gar nicht angetan von der Vorstellung immer weiter wachsender Städte in den Entwicklungsländern. Die sozialen Probleme, die der Umwelt, der Gesundheit, der Kriminalität – all dies, so meinten die Planungsministerien und die UNO, könne nur eingedämmt werden, indem die weitere Verstädterung durch die Landflucht eingedämmt würde. In den letzten Jahren allerdings hat bei den Verantwortlichen ein Umdenken stattgefunden und sie akzeptieren, daß die Zukunft in den Städten liegt, auch in den 25-Millionen-Metropolen, bei all ihren heutigen Problemen, so oder so. Zu Recht.

Um im Bild zu bleiben, zahlen nämlich die angeblich so gefräßigen Monster ihre Rechnung, doppelt und dreifach. Allein Bangkok trägt mehr als die Hälfte zum Sozialprodukt Thailands bei, trotz unzähliger Touristenzentren im Lande. Metropolen anderer Staaten haben einen noch größeren Anteil. Denken wir Zolas Metaphorik weiter, so können wir ruhig auch sagen, daß der Metabolismus der Städte das Leben an sich ausmacht. Städte sind die Stützen der wirtschaftlichen Entwicklung und keine Krankheit. Wer aus unserer europäischen Distanz heraus den Landflüchtigen in der Dritten Welt immer noch ein irrationales Verhalten unterstellt, sie gar mit Lemmingen[1] vergleicht, die ins Verderben der in diesem Fall lockenden Großstädte ziehen, der ist ein Opfer seiner verklärten Landromantik. Die großen Hungersnöte jedenfalls finden in den abgelegenen Provinzen statt, nicht in den Slums. Und die Arbeitsplätze bietet die Stadt, immer weniger aber das Land.

Gerade die Dynamik der Vorortgesellschaften dürfen wir nicht unterschätzen. Vielfältig ist dort der Einfallsreichtum, über Dienstleistungen aller Art am „informellen Wirtschaftssektor" teilzunehmen. Selbst unsinnige bürokratische Eingriffe zum Beispiel zur Minderung des Verkehrs fördern die Phantasie: Nach der Einführung eigener Sonderspuren für Autos ab drei Insassen auf den Highways in Jakarta erfanden Jugendliche sofort einen neuen Beruf: Mitfahrer, für ein paar Rupien. Der eigentliche Sinn der Maßnahme wurde so verfehlt, aber viele Arbeitsplätze geschaffen.

Ansonsten sind es allerdings gerade solche widersinnigen Hemmnisse der – oft auch korrupten, ja von der Konkurrenz geschmierten – Verwaltung, mit denen diese die Rikschafahrer, die fliegenden Händler, die Besitzer tragbarer Restaurants und andere, die arbeiten wollen, drangsaliert, verjagt, verfolgt; und durch solches Katz-und-Maus-Spiel die Arbeitsplätze der Kleinen vernichtet. Dürften alle, wie sie wollten, so hätten gerade in den Entwicklungsländern viele Millionen mehr Arbeit.

Es sagt allerdings auch mehr über uns aus als über die Schwierigkeiten der Metropolen, wenn wir bei diesem Thema ständig nur auf deren Problemzonen an den Rändern schauen, aber die Chancen, die die Städte bieten, nicht zur Kenntnis nehmen wollen. Sie wachsen, gewiß, einschließlich der Slums, doch die Viertel des wachsenden Mittelstandes eben auch, mit all ihrer neuen Infrastruktur. Dort wo vor einem Jahrzehnt noch Siedlungen aus Waschmaschinenkartons und Hütten aus Holzpaletten standen, finden wir heute Häuser mit Strom- und Wasseranschluß, und alle paar Straßen auch eine Schule.

Ganz so unbedeutend sind die Fortschritte nicht in den Entwicklungsländern. Der Anteil der Hungernden, der Armen, derjenigen ohne Zugang zu Wasser und Sanitäreinrichtungen sowie der Kinder ohne Grundschulbesuch ist weltweit – sogar in Afrika – nach Angabe der UNO gesunken. Trotz des nach wie vor starken Bevölkerungswachstums. Aber nicht trotz der Verstädterung, sondern wegen derselben. Dort sind all diese Probleme offenbar leichter zu lösen als auf dem Land.

Aus: Die Welt vom 22. Juli 2006 (für Prüfungszwecke überarbeitet)

1 *Lemminge:* skandinavische Wühlmäuse. bekannt durch regelmäßig wiederkehrende Massenwanderungen

---

Lösungsvorschlag

Aufgabe a: Überblicksinformation

***Hinweis:** Beim Zitieren der Überschrift sollten Sie die Untertitel **nicht** mit angeben, darunter leidet die Übersichtlichkeit. Außerdem wird zu viel Information vorweggenommen.*

In seinem Zeitungskommentar „Im Dickicht der Riesenstädte“, der am 22. 07. 2006 in der „Welt“ erschienen ist, befasst sich Uli Kulke mit dem Phänomen der Verstädterung in Entwicklungsländern.

Uli Kulke konstatiert einen Meinungsumschwung bei den offiziellen Stellen hinsichtlich der Landflucht, die in Entwicklungsländern mit der Urbanisierung einhergeht. Er befürwortet, dass die UNO, nach deren aktuellen Zahlen inzwischen mehr Menschen in Städten als in den Provinzen wohnen, davon abkommt, diese Entwicklung bremsen zu wollen. Kulke stellt den bisher opportunen Unheilsprognosen die Vorteile der Verstädterung entgegen, räumt allerdings negative Begleiterscheinungen ein. Die Fortschritte im Kampf gegen die Armut aber, so glaubt er, sind auf die Dynamik der Städte zurückzuführen, wo man den Menschen leichter Zugang zu Bildung, Arbeitsplätzen, sauberem Wasser und Nahrung verschaffen kann.

Aufgabe b: Sprachanalyse

Hinweis: Die Sprachanalyse soll die ersten drei Absätze umfassen. Arbeiten Sie zunächst die Intentionen heraus:
Absatz 1 (Zeile 1–10): Bisherige Empfindungen angesichts wachsender Metropolen.
Absatz 2 (Zeile 11–19): Bisherige Bedenken politischer und wissenschaftlicher Stellen und deren Wandel.
Absatz 3 (Zeile 20–30): Verdienste der Städte.

Bündeln Sie Ihre Beobachtungen entweder nach Intention oder aber nach Stilmitteln. Treffen Sie eine Auswahl der wichtigsten sprachlichen Erscheinungen und beachten Sie vor allem auch das Sprachniveau. Gehen Sie nicht Wort für Wort bzw. Satz für Satz vor, das wäre viel zu unstrukturiert. Verknüpfen Sie die sprachlichen Mittel stets mit dem Textinhalt: Ein Leser ohne Textkenntnis muss Ihren Ausführungen folgen können.

Vorschlag für eine Ausarbeitung:
Uli Kulke geht **antithetisch** vor: Nach Wiedergabe einer aktuellen Aussage der UNO zur Stadtentwicklung verwendet er zunächst die **Metaphorik** eingefleischter Gegner großer Städte und bemüht sogar einen hundert Jahre alten Ausspruch des Romanciers Émile Zola („Bauch von Paris“, Z. 4), um zu zeigen, wie **anachronistisch** eine solche Einschätzung ist („heute, 100 Jahre später“, Z. 3). Auffällig ist dabei, dass er immer, wenn es um die negative Sicht auf die Metropolen geht, die bildliche Sprache beibehält und zitiert (vgl. Z. 7 ff.; Z. 9: „metastasenartig“) und, sobald es um seine eigene Meinung geht, sachlich wird und **Zahlen und Fakten** nennt (vgl. Z. 16 ff., Z. 21 ff.).

Der **zweite Absatz** stellt allerdings schon eine Versachlichung und ein **inhaltliches Gelenkstück** dar: Die bisher von offizieller Seite als begründet erscheinende pessimistische Haltung hat sich geändert. Bisherigen Bedenken steht die einfache Feststellung gegenüber, dass man nun „allerdings“ (Z. 16) die Vorteile der Städte erfasst habe. „Zu Recht“ befindet der Autor und wählt für diese prägnante Stellungnahme eine **Ellipse** am Ende dieses Absatzes (Z. 19).

Dies zeigt, dass der Autor irrationalen Gefühlen und Eindrücken **rationale** und durch Belege gestützte **Argumente** entgegenstellt. Darauf weist er bewusst hin, indem er den dritten Absatz mit einem Wortspiel beginnt: „Um im Bild zu bleiben“ (Z. 20) ist wörtlich und im übertragenen Sinne zu verstehen, Kulke greift hier noch einmal auf Zolas „gefräßige[] Monster“ (ebd.) zurück, um diese „Monster“ dann zu rehabilitieren. Er „[denkt] Zolas Metaphorik weiter“ (Z. 23), bleibt bei der **Analogie** Stadt gleich Verdauungsorgan und verkehrt diese Bildlichkeit ins Positive: So behauptet er, „dass der Metabolismus [also der Stoffwechsel] der Städte das Leben an sich ausmacht“ (Z. 24), und dass sie „die Stützen der wirtschaftlichen Entwicklung und keine Krankheit sind“ (Z. 25). Diesen beiden verblassten Metaphern, die zugleich die Stadt personifizieren, folgen weitere, die dem Betrachter aus „europäischer Distanz heraus“ (Z. 26) eine „verklärte Landromantik“ (Z. 28 f.) unterstellen und ihn sogar als „Opfer“ (Z. 28) deklarieren.

Der Absatz schließt dann auch mit einer offenbar unwiderlegbaren Tatsache in Form einer **Antithese**: „Und die Arbeitsplätze bietet die Stadt, immer weniger aber das Land“ (Z. 30). Interessant ist, dass auch die indirekte Herabsetzung der Europäer durch die **Konnotation** „romantische Seele[n]“ (Z. 11) ebenfalls schon einmal verwendet wurde, und zwar als Einleitung des zweiten Abschnitts, wo dann aber eine gewisse Beeinflussung durch „die offizielle Politik“ und „skeptische Zukunftsforscher“ (Z. 11 f.) eingeräumt wird: Die Adjektive „skeptisch“ und „offiziell“ weisen darauf hin, dass die bisherigen Vorstellungen nicht nur auf ‚romantischer Verklärung‘ beruhen, sondern auch an **Autoritäten** orientiert sind. Deren Vorgabe sieht Kulke in gewisser Weise als begründet an, vor allem im Hinblick auf die Akkumulation der „sozialen Probleme, die der Umwelt, der Gesundheit, der Kriminalität“ (Z. 13 f.). Die Eigenschaftswörter „offiziell" und „skeptisch" verstärken die Substantive „Politik" und „Zukunftsforscher", die eigentlich für sich allein schon den **Beiklang** des Offiziellen und Skeptischen haben und damit doppelt verantwortlich bzw. akribisch erscheinen.

Jetzt aber ist mehr Durchblick und Vernunft gefordert: „Allein Bangkok trägt mehr als die Hälfte zum Sozialprodukt Thailands bei, trotz unzähliger Touristenzentren" (Z. 21 f.). Das ist eine **Tatsache** und fällt damit etwas aus dem ‚Bilderrahmen'. Vorab setzt Kulke nach einer verblassten Metapher noch eine Apposition: „[Die Städte] zahlen […] ihre Rechnung, doppelt und dreifach" (Z. 20 f.) und schiebt die **Behauptung**: „Metropolen anderer Staaten haben noch einen größeren Anteil" hinterher (Z. 22 f.).

Der Autor vermittelt den **Eindruck von Fachwissen**. Er verwendet landestypische Ausdrücke für „Slums" („Kampungs, Favelas", Z. 8) und auch wenig geläufige Fremdwörter (besagter „Metabolismus" in Z. 24). Er arbeitet stets mit einer gewissen **Ironie**, also auch mit unterschwelligem Spott, wenn er die Metaphorik der ‚anderen' aufgreift und weiterführt („einverleiben", „wuchern", Z. 8). Ironisch ist auch das „ab sofort", mit dem sein Kommentar beginnt, da nicht von heute auf morgen mehr Menschen in den Städten als auf dem Land leben, auch wenn das die UNO jetzt erst vermeldet (Z. 1). Kulke bildet **vorwiegend komplexe Sätze** (z. B. Z. 7 ff., Z. 25 ff.). Eine Parenthese (vgl. Z. 14: „[…] all dies […]"), die Ellipse (vgl. Z. 19) und mehrere Appositionen (z. B. „so oder so", Z. 18 f.) dienen deshalb als Überraschungseffekt und sollen dem Gesagten Nachdruck verleihen. Gerne arbeitet Kulke mit dem absoluten Numerale „alle" (vgl. z. B. Z. 12, Z. 18).

Das Beispiel Bangkok unterfüttert Kulkes Argumentation, seine **Referenzgröße** ist die UNO, besonders was den Wechsel in der Einstellung gegenüber der Landflucht anbelangt. Die rhetorische Frage im ersten Absatz (Z. 5 ff.) kündigt Zweifel an der bisher behandelten Sichtweise an. Das schon im ersten Satz bemühte **Personalpronomen** „wir" (Z. 1) zeigt, dass er den Leser – und zwar den gebildeten, anspruchsvollen Leser – mit auf seine Seite zieht, wenn er auch Verständnis für die bisher ‚falschen' Eindrücke hat.

Aufgabe c: Stellungnahme

Hinweis: *Die Stellungnahme zählt in der Regel bei einer dreiteiligen Aufgabenstellung 50 Prozent der inhaltlichen Note. Gehen Sie also auch hier strukturiert und inhaltlich richtig vor. Vermeiden Sie das „Ich" bzw. „Wir" und andere Einschränkungen Ihrer Objektivität.*

Sie sollten das Thema sehr differenziert betrachten, da es keine einheitliche Erscheinungsform der sogenannten „Dritten Welt" gibt und die Probleme vielfältig sind. Nutzen Sie den Text, der auch eine antithetische Struktur aufweist, indem sie ihm Belege entnehmen. Bilden Sie Gegensatzpaare. Wenn Sie für bzw. gegen einen Lebensbereich argumentieren, können Sie unmittelbar im Anschluss das Negative oder Positive des anderen dagegenhalten.

Die Entscheidung ist sicher schwierig, es bietet sich am Ende ein Kompromiss an. Achten Sie auch darauf, die These nicht zu absolut zu formulieren, sonst laufen Sie Gefahr direkte Widersprüche zu provozieren. Eine Gliederung bzw. ein Schreibplan ist unbedingt zu empfehlen:
- *Einleitung: Autor ist pro Stadt, räumt aber ein, dass diese nicht problemfrei ist. (Thema ganz korrekt formulieren)*
- *Zustimmung oder Ablehnung?*

Was gegen die Annahme spricht, dass in der Dritten Welt das Leben in den großen Städten leichter ist als auf dem Land:
- *buchstäblicher Freiraum fehlt (Enge)*
- *Umweltschäden (Schmutz, Abgase, industrielle und andere Abfälle …)*
- *soziale Eingebundenheit bzw. soziale Kontrolle fehlt (Anonymität, Kriminalität)*
- *Identität geht mit den Traditionen verloren (Entwurzelung)*

Was für die Annahme spricht, dass in der Dritten Welt das Leben in den großen Städten leichter ist als auf dem Land:
- *Landleben ist entbehrungsreich*
- *bessere Infrastruktur, also bessere ärztliche Versorgung, Wasser, Nahrung, Katastrophenhilfe*
- *Schutz vor Traditionen oft gewünscht*
- *Arbeitsmöglichkeiten /mehr Demokratie/Bildung/Modernität (Emanzipation)*

Synthese (Kompromiss): Land nicht vernachlässigen, Stadtentwicklung in geregelte Bahnen lenken.

Vorschlag für eine Ausarbeitung:
Durch die Medienberichte erhalten die Europäer stets den Eindruck, dass in den Städten der Dritten Welt Schmutz, Elend und Enge vorherrschen. In den ländlichen Gebieten, so der Eindruck des unerfahrenen Betrachters, sind die Menschen frei, trotzdem aber sozial eingebunden und eins mit Natur und Umwelt. Angesichts der Versorgungslage nach dem Erbeben in den Schluchten Pakistans scheint dieses Bild jedoch brüchig. Menschen, abgeschnitten von jeglicher Hilfeleistung, sind verhungert und erfroren. Es stellt sich also die Frage, ob in der Dritten Welt das Leben in den großen Städten nicht tatsächlich leichter ist als auf dem Land.

Zunächst stimmt es natürlich, dass die meisten Menschen in den **Städten** auf engem Raum und so dicht aufeinander wohnen, dass es zu **sozialen Konflikten** kommt. Die Masse der Nachbarn macht es unmöglich, eine Gruppe zu bilden und gemeinsam für eigene Interessen einzustehen, zumindest solange keine demokratischen Grundsätze vorherrschen. In der Enge breiten sich zudem Krankheiten schneller aus und es herrscht großer **Konkurrenzdruck** im Kampf um jeden Arbeitsplatz. Besonders idyllisch ist das Stadtleben gewiss nicht, wenn man in den Slums wohnt.

Außerdem ist nicht nur die **Seuchengefahr** größer, sondern auch die **gesundheitliche Belastung** durch die Umwelt. In Städten wird industriell produziert, es entstehen giftige Abwässer und chemische Dämpfe. In den Slums gibt es keine Kanalisation und auch keine Stadtreinigung. Der Skandal an der Elfenbeinküste hat gezeigt, wie Menschen sterben, weil Müllhalden, von denen sie leben, mit illegalem Abfall aus Europa vergiftet werden. Sogar das Heizen ist gefährlich, weil je nach Brennmaterial ungefiltert schädliche Dämpfe in die Luft entweichen. Gesundheitsfördernd ist das Leben in der Stadt also nicht unbedingt.

Ein gravierendes Problem ist die **Anonymisierung** des Einzelnen. Im Schutz der oben bereits genannten Menschenmassen und in Folge der geballten Armut und Entsozialisierung gedeiht die **Kriminalität**. Die Kontrolle der Gemeinschaft entfällt, der Arme bestiehlt den noch Ärmeren und beide gehen auf Raubzug bei den wohlhabenderen Stadtbewohnern, um sich zu holen, was ihnen vorenthalten wird. Aggressionen und Sozialneid, Konkurrenzkampf und Resignation führen zu Normverstößen und Gesetzesübertretungen. **Traditionen und Bräuche gehen verloren** und damit auch ihre identitätsstiftende Wirkung. Neben den körperlichen nehmen die **psychischen Belastungen** zu.

Auf dem **Land** sind die **Menschen in ihre Dorfgemeinschaft eingebunden** und unterliegen einer sozialen Kontrolle. Man kennt sich und weiß, was erlaubt und was verpönt ist. Die Welt ist geordnet, Wissen wird von Generation zu Generation weitergegeben und hat neben einem praktischen auch einen verbindenden Charakter. Dorfbewohner kümmern sich umeinander, helfen aus, wenn Not am Mann ist, hüten gemeinsam die Kinder und legen weite Wege in der Gruppe zurück, um sich zu schützen und in Gesellschaft zu sein. Man **lebt** vielleicht in Abgeschiedenheit, ist dafür aber **relativ frei**.

Auf der anderen Seite ist das Landleben nicht wirklich so romantisch. Wenn Katastrophen über eine Region oder ein ganzes Land hereinbrechen, läuft die Entwicklungshilfe über die Städte, Flughäfen, Häfen, Züge, befestigte Straßen. Hier ist das Land klar im Nachteil. Die **Wege sind weit**, gerade auch, was die Wasserversorgung betrifft. Ärzte gibt es nicht oder nur in weiter Entfernung. Die **medizinische Versorgung ist nicht gewährleistet**, Medikamente kommen nicht an. Konflikte und **kriegerische Auseinandersetzungen** bedrohen friedliche Menschen in ihrer Existenz, Räuber und Wilderer entziehen sich der staatlichen Kontrolle. Eine Polizeistation ist weit entfernt oder unterbesetzt. Aufgrund der infrastrukturellen Gegebenheiten ist das Stadtleben oft lebensrettend, hier wird zudem am meisten investiert, auch vom Ausland.

Auch auf die Naturverbundenheit legen die Eingeborenen nicht in jeder Hinsicht Wert. Man muss mit „**Nahrungskonkurrenten**" kämpfen, wie mit anderen Stämmen und sogar mit wilden Tieren. So reichen vielleicht die Weidegründe nicht für alle, Nomaden und Sesshafte, oder aber die Felder sind extrem schwierig zu bebauen und man weicht auf die des Nachbardorfes aus. Fällt eine Ernte aus, ist die Existenz aller gefährdet. Heuschrecken und Dürre tun ein Übriges. **Wilde Tiere**, im Fernsehen, auf Safari und im Zoo recht nett zu bestaunen, haben hier einen anderen Stellenwert. Sie bedrohen das Vieh oder gar die Menschen selbst, wehren sich gegen die Verkleinerung ihres Lebensraumes. So sind zum Beispiel Schimpansen zum Teil schon zu Menschenfressern geworden. Das Leben auf dem Land ist hart und gefährlich.

Zudem sind die stete **Sozialkontrolle** und das Pflegen von **Sitten** und Gebräuchen der persönlichen Entwicklung des Einzelnen nicht unbedingt zuträglich. Man denke dabei z. B. an die eingeschränkten Bildungsmöglichkeiten oder auch an die z. T. noch immer praktizierten Genitalverstümmelungen bei afrikanischen Frauen. Wenn die Vorgabe von traditionellen Arbeitstechniken, inhumanen Praktiken und eine zu harte Rechtsprechung die Menschen zu sehr einschränken oder gar bedrohen, wünscht man sich eher die Anonymität und relative Freiheit der Städte. Hier besteht die Hoffnung, dass solche Bräuche und Traditionen **einer modernen Entwicklung** weichen.

So bietet die **Stadt** mehr **Chancen, sich zu bilden und zu ernähren**. Es gibt Schulen und eine Vielfalt von Möglichkeiten, sich, wenn nicht durch einen regulären Arbeitsplatz, so doch durch „Jobs" das Existenzminimum zu sichern. Hier zeigt sich ein unerschöpflicher Ideenreichtum. Das Bildungsangebot, und ist es noch so schlicht, birgt wenigstens eine gewisse Hoffnung auf Fortschritt und Startchancen in sich. Demokratie und Humanität sind nicht nur Angelegenheiten reicher Bürger oder reicher Nationen. Auch die Menschen der sogenannten „Dritten Welt" wollen mehr als die reine Existenzsicherung, auch wenn diese im Vordergrund steht. Vielleicht nicht für sich selbst, aber für die eigenen Kinder möchte man etwas **mehr Lebensqualität** oder gar einen Aufstieg erarbeiten.

Im Ganzen muss man sich wohl von dem Gedanken verabschieden, dass es ein sorgenfreies Leben in der Stadt oder auf dem Land gibt. Allerdings spricht viel dafür, dass die **Entwicklungsmöglichkeiten in der Stadt wesentlich größer** sind, gerade auch wegen der wirtschaftlichen Interessenlage. Es ist aber auch nicht wünschenswert, dass sich die Provinzen völlig selbst überlassen werden. Nicht alle Bräuche sind zweckfrei, die soziale Kontrolle hat in vielen Ländern einen positiven Effekt. Solange in vielen Staaten Korruption herrscht, stellt die Kriminalität in den Städten ein bedrohliches Szenario des „Failing State" dar. Nichtsdestoweniger ist es unrealistisch zu glauben, dass die Landflucht eingedämmt und die Verstädterung aufzuhalten sei. Man muss die Vorteile der Stadt nutzen, dann kann von da auch „dem Land" geholfen werden.

Fachabiturprüfung an FOS und BOS zum Erwerb der Fachhochschulreife 2007
Deutsch: 3. Epik

Aufgaben:

a) Fassen Sie den Inhalt des Romanauszuges zusammen.

b) Charakterisieren Sie Professor Gauß.

c) Wie beurteilen Sie das duldsame Verhalten des Sohnes seinem Vater gegenüber?

Vorbemerkung:
Der vorliegende Auszug ist dem Roman „Die Vermessung der Welt" von Daniel Kehlmann entnommen. Im Mittelpunkt des Werkes stehen die beiden äußerst gegensätzlichen Wissenschaftler Carl Friedrich Gauß[1] und Alexander von Humboldt[2].

Daniel Kehlmann: Die Vermessung der Welt

Im September 1828 verließ der größte Mathematiker des Landes zum ersten Mal seit Jahren seine Heimatstadt, um am Deutschen Naturforscherkongreß in Berlin teilzunehmen. Selbstverständlich wollte er nicht dorthin. Monatelang hatte er sich geweigert, aber Alexander von Humboldt war hartnäckig geblieben, bis er in einem schwachen Moment und in der Hoffnung, der Tag käme nie, zugesagt hatte.

Nun also versteckte sich Professor Gauß im Bett. Als Minna ihn aufforderte aufzustehen, die Kutsche warte und der Weg sei weit, klammerte er sich ans Kissen und versuchte seine Frau zum Verschwinden zu bringen, indem er die Augen schloß. Als er sie wieder öffnete und Minna noch immer da war, nannte er sie lästig, beschränkt und das Unglück seiner späten Jahre. Da auch das nicht half, streifte er die Decke ab und setzte die Füße auf den Boden.

Grimmig und notdürftig gewaschen ging er die Treppe hinunter, im Wohnzimmer wartete sein Sohn Eugen mit gepackter Reisetasche. Als Gauß ihn sah, bekam er einen Wutanfall. Er zerbrach einen auf dem Fensterbrett stehenden Krug, stampfte mit dem Fuß und schlug um sich. Er beruhigte sich nicht einmal, als Eugen von der einen und Minna von der anderen Seite ihre Hände auf seine Schultern legten und beteuerten, man werde gut für ihn sorgen, er werde bald wieder daheim sein, es werde so schnell vorbeigehen wie ein böser Traum. Erst als seine uralte Mutter, aufgestört vom Lärm, aus ihrem Zimmer kam, ihn in die Wange kniff und fragte, wo denn ihr tapferer Junge sei, faßte er sich. Ohne Herzlichkeit verabschiedete er sich von Minna; seiner Tochter und dem jüngsten Sohn strich er geistesabwesend über den Kopf. Dann ließ er sich in die Kutsche helfen. Die Fahrt war qualvoll. Er nannte Eugen einen Versager, nahm ihm den Knotenstock[3] ab und stieß mit aller Kraft nach seinem Fuß. Eine Weile sah er mit gerunzelten Brauen aus dem Fenster, dann fragte er, wann seine Tochter endlich heiraten werde. Warum wolle die denn keiner, wo sei das Problem? Eugen strich sich die langen Haare zurück, knetete mit beiden Händen seine rote Mütze und wollte nicht antworten.

Raus mit der Sprache, sagte Gauß.

Um ehrlich zu sein, sagte Eugen, die Schwester sei nicht eben hübsch.

Gauß nickte, die Antwort kam ihm plausibel vor. Er verlangte ein Buch.

Eugen gab ihm das, welches er gerade aufgeschlagen hatte: Friedrich Jahns *Deutsche Turnkunst.*[4] Es war eines seiner Lieblingsbücher.

Gauß versuchte zu lesen, sah jedoch schon Sekunden später auf und beklagte sich über die neumodische Lederfederung der Kutsche; da werde einem ja noch übler, als man es gewohnt sei. Bald, erklärte er, würden Maschinen die Menschen mit der Geschwindigkeit eines abgeschossenen Projektils von Stadt zu Stadt tragen. Dann komme man von Göttingen in einer halben Stunde nach Berlin.

Eugen wiegte zweifelnd den Kopf.

Seltsam sei es und ungerecht, sagte Gauß, so recht ein Beispiel für die erbärmliche Zufälligkeit der Existenz, daß man in einer bestimmten Zeit geboren und ihr verhaftet sei, ob man wolle oder nicht. Es verschaffe einem einen unziemlichen Vorteil vor der Vergangenheit und mache einen zum Clown der Zukunft.

Eugen nickte schläfrig.

Sogar ein Verstand wie der seine, sagte Gauß, hätte in frühen Menschheitsaltern oder an den Ufern des Orinoko nichts zu leisten vermocht, wohingegen jeder Dummkopf in zweihundert Jahren sich über ihn lustig machen und absurden Unsinn über seine Person erfinden könne. Er überlegte, nannte Eugen noch einmal einen Versager und widmete sich dem Buch. Während er las, starrte Eugen angestrengt aus dem Kutschenfenster, um sein vor Kränkung und Wut verzerrtes Gesicht zu verbergen.

In der *Deutschen Turnkunst* ging es um Gymnastikgeräte. Ausführlich beschrieb der Autor Vorrichtungen, die er sich ausgedacht hatte, damit man auf ihnen herumklimmen könne. Eine nannte er Pferd, eine andere den Balken, wieder eine andere den Bock. Der Kerl sei von Sinnen, sagte Gauß, öffnete das Fenster und warf das Buch hinaus. Das sei seines gewesen, rief Eugen.

Genau so sei es ihm vorgekommen, sagte Gauß, schlief ein und wachte bis zum abendlichen Pferdewechsel an der Grenzstation nicht mehr auf.

Während die alten Pferde ab- und neue angeschirrt wurden, aßen sie Kartoffelsuppe in einer Gastwirtschaft. Ein dünner Mann mit langem Bart und hohlen Wangen, der einzige Gast außer ihnen, musterte sie verstohlen vom Nebentisch aus. Das Körperliche, sagte Gauß, der zu seinem Ärger von Turngeräten geträumt hatte, sei wahrhaftig die Quelle aller Erniedrigung. Er habe es immer bezeichnend für Gottes bösen Humor gefunden, daß ein Geist wie seiner in einen kränklichen Körper eingesperrt sei, während ein Durchschnittskopf wie Eugen praktisch nie krank werde. Als Kind habe er schwere Pocken gehabt, sagte Eugen. Er habe es fast nicht überlebt. Hier sehe man noch die Narben!

Ja richtig, sagte Gauß, das habe er vergessen. Er wies auf die Postpferde vor dem Fenster. Eigentlich sei es nicht ohne Witz, daß reiche Leute für eine Reise doppelt so lange brauchten wie arme. Wer Tiere der Post verwende, könne sie nach jeder Etappe austauschen. Wer seine eigenen habe, müsse warten, bis sie sich erholt hätten.

Na und, fragte Eugen.

Natürlich, sagte Gauß, komme das einem, der nicht ans Denken gewohnt sei, selbstverständlich vor. Ebenso wie der Umstand, daß man als junger Mann einen Stock trage und als alter keinen.

Ein Student führe einen Knotenstock mit, sagte Eugen. Das sei immer so gewesen, und das werde so bleiben.

Vermutlich, sagte Gauß und lächelte.

[…]

Eugen schlug vor, sofort weiterzufahren. Gauß nickte […].

Gauß war nun aufgeräumt, fast heiter. Er sprach über Differentialgeometrie. Man könne kaum ahnen, wohin der Weg in die gekrümmten Räume noch führen werde. Er selbst begreife erst in groben Zügen. Eugen solle froh sein über seine Mittelmäßigkeit, manchmal werde einem angst und bange. Dann erzählte er von der Bitternis seiner Jugend. Er habe einen harten, abweisenden Vater gehabt, Eugen könne sich glücklich schätzen.

Gerechnet habe er noch vor seinem ersten Wort. Einmal habe der Vater beim Abzählen des Monatslohns einen Fehler gemacht, darauf habe er zu weinen begonnen. Als der Vater den Fehler korrigiert habe, sei er sofort verstummt. Eugen tat beeindruckt, obgleich er wußte, daß die Geschichte nicht stimmte. Sein Bruder Joseph hatte sie erfunden und verbreitet. Inzwischen mußte sie dem Vater so oft zu Ohren gekommen sein, daß er angefangen hatte, sie zu glauben. [...]

Sie erreichten Berlin am Spätnachmittag des nächsten Tages. Tausende kleine Häuser ohne Mittelpunkt und Anordnung, eine ausufernde Siedlung an Europas sumpfigster Stelle. Eben erst hatte man angefangen, prunkvolle Gebäude zu errichten, einen Dom, einige Paläste, ein Museum für die Funde von Humboldts großer Expedition.

In ein paar Jahren, sagte Eugen, werde das hier eine Metropole sein wie Rom, Paris oder Sankt Petersburg.

Niemals, sagte Gauß. Widerliche Stadt!

Aus: Kehlmann, Daniel: Die Vermessung der Welt, Reinbek bei Hamburg: Rowohlt 2005, S. 7–14.

1 *Carl Friedrich Gauß* (1777–1855) war Mathematiker, Astronom und Physiker. Er wurde bereits zu Lebzeiten als „Fürst der Mathematiker" bezeichnet und gilt als einer der bedeutendsten Wissenschaftler auf seinem Gebiet.

2 *Alexander von Humboldt* (1769–1859) war ein Naturforscher von Weltgeltung und Mitbegründer der Geographie als empirischer Wissenschaft. Er leistete durch seine Reisen (unter anderem nach Amerika und Zentralasien) und Berichte wesentliche Beiträge zur Meeres-, Wetter-, Klima- und Landschaftskunde.

3 *Knotenstock:* knotiger derber Wanderstock aus hartem Holz als Statuszeichen bei Studenten im 19. Jahrhundert sehr beliebt

4 *„Turnvater" Friedrich Ludwig Jahn* (1778–1852): Initiator der Turnbewegung in Deutschland. Er war ein deutscher Nationalist, der die körperliche Ertüchtigung der jungen Generation für den Freiheitskampf gegen die Napoleonische Fremdherrschaft mit einer nationalstaatlichen Erziehung verband.

Lösungsvorschlag

Aufgabe a: Zusammenfassung des Romanauszugs

Hinweis: *Die Reise von Carl Friedrich Gauß soll in groben Zügen wiedergegeben werden. Achten Sie darauf, innere und äußere Handlung zu verbinden.*

Vorschlag für eine Ausarbeitung:
Basissatz: Der Auszug aus Daniel Kehlmanns Roman „Die Vermessung der Welt" handelt von Carl Friedrich Gauß' zweitägiger Kutschfahrt von Göttingen nach Berlin und zeigt, wie sich der Mathematiker aufgrund seiner Unlust zu reisen ausgesprochen unsozial verhält. Die Szene spielt im Jahre 1828.

Hauptteil: Gauß hat sich von Alexander von Humboldt zur Teilnahme am Deutschen Naturforscherkongress in Berlin überreden lassen. Am Tag seiner Abreise versucht er auf höchst kindische Art, der Fahrt zu entgehen. Erst seine alte Mutter bringt ihn dazu, schließlich doch noch abzufahren. Begeleitet wird er von seinem ältesten Sohn Eugen.

Eugen ist es auch, der die schlechte Laune seines Vaters auszuhalten hat. Gauß demütigt ihn, wirft sein (Eugens) Lieblingsbuch aus dem Fenster, lamentiert unentwegt und wird sogar tätlich. Erst nach einer Pause bessert sich die Laune des Wissenschaftlers und er doziert über mathematische Theorien und die eigene Kindheit. Bei der Ankunft in Berlin kehrt er allerdings zu seiner pessimistischen Sicht der Dinge zurück.

Aufgabe b: Charakteristik von Professor Gauß

Hinweis: Gliedern Sie Ihre Ausführungen nach Oberbegriffen. Stellen Sie den zentralen Charakterzug ans Ende, gehen Sie von den allgemeinen Angaben aus und entwickeln Sie die Charakteristik nicht nach dem Handlungsablauf! Möglichkeiten zum Bündeln (Denken Sie an regelmäßige Absätze, der Text sollte auch optisch strukturiert wirken):
- *Verhältnis zur Familie (besonders zu Eugen, da dieser im Weiteren den Widerpart spielt, aber auch die Hörigkeit Gauß' gegenüber seiner Mutter)*
- *Verhalten: geprägt durch Stimmung/Laune (Anlass: Reise)*
- *Widersprüchlichkeit, Spaß an Ironie, Widerspruchsgeist: Eitelkeit, Arroganz (geistiges Potenzial kontra Körperfeindlichkeit, Zukunftsprognosen)*
- *Resümee: Genialität kontra kindisches Verhalten → Egozentrik, Schrulligkeit*

Gauß ist ein 51-jähriger, „kränkliche[r]" (Z. 61) **Wissenschaftler**, verheiratet und hat mindestens drei Kinder (vgl. Z. 1–21). Seine Tochter befindet sich im heiratsfähigen Alter, ist aber „nicht eben hübsch" und daher noch ledig (vgl. Z. 24–29). Einer seiner Söhne, Eugen, ist Student (vgl. Z. 72). Gauß' „uralte" Mutter lebt mit im Haus (Z. 18). Zu ihr scheint Gauß eine sehr enge Beziehung zu haben, sie ist die Einzige, die ihn beruhigen kann, als er einen Wutanfall bekommt. Er ist offensichtlich immer noch ihr artiger kleiner „Junge", während der Rest der Familie seinen **Launen** ausgesetzt ist (vgl. Z. 18 ff.). Gegenüber Eugen wird er sogar regelrecht handgreiflich und stößt ihn „mit aller Kraft" mit dem „Knotenstock", den er ihm zu diesem Zwecke entreißt (Z. 22 f.). Seine Frau Minna nennt er „beschränkt" und das „Unglück seiner späten Jahre", nur, weil sie ihn zur Erfüllung seines Versprechens bewegen und aus dem Bett holen will (Z. 8 ff.). Von seinen Angehörigen verabschiedet er sich „ohne Herzlichkeit" (Z. 19 f.), seinem Jüngsten streicht er nur „geistesabwesend" (Z. 21) übers Haar, vermutlich hat er wenig übrig für Zärtlichkeiten oder zärtliche Gedanken.

Gauß hat offensichtlich nicht die geringste Lust, seine Heimatstadt oder auch nur das Haus zu verlassen (vgl. Z. 1–15). Er führt sich auf **wie ein verwöhntes Kind**, trotzt, „klammert[e] [...] sich ans Kissen" (Z. 7) und zertrümmert später sogar die Einrichtung (vgl. Z. 14). Seine Abneigung gegen das Reisen wird auch in der Kutsche deutlich: Er beschwert sich über die Federung, es geht ihm nicht schnell genug, ihm ist langweilig (vgl. Z. 29, Z. 32 f., Z. 34 ff.). Lediglich die Tatsache, dass er als weniger reicher Mann Vermögenden gegenüber den Vorteil besitzt, nicht warten zu müssen, bis die Pferde sich ausgeruht haben, stimmt ihn fröhlicher (vgl. Z. 64–67). Er philosophiert schon zuvor über zukünftige Reisemöglichkeiten, gibt sich also **fortschrittsgläubig, äußert sich vorher aber eher negativ über das, was modern ist** (vgl. Z. 34 ff.).

Gauß scheint die Menschen der Zukunft gleichzeitig zu beneiden und zu fürchten, vermutlich ist er schlichtweg **eitel**. Er meint wohl, dass er, wäre er in einer späteren Zeit geboren, mehr Bedeutung erlangen könnte als in der Gegenwart. Da er sich jedoch in seiner Zeit gefangen sieht, ärgert er sich schon jetzt darüber, keinen Einfluss auf eventuelle Spötter in der Zukunft zu haben (vgl. Z. 38–41).

Seine Eitelkeit zeigt sich auch in seiner **arroganten Haltung gegenüber Eugen**. Er beschimpft diesen als „Versager" (Z. 22), provoziert ihn und wirft sogar sein Buch aus dem Fenster (vgl. Z. 52, Z. 69 f.). Den Protest kontert er wiederum mit einer Beleidigung: Indem er den Autor vorher als „verrückt" titulierte, bewertet er auch Eugens geistige Fähigkeiten als niedrig. Als er auf Eugens Ausruf, das Buch sei seines gewesen, erwidert, „so sei es ihm vorgekommen", verrät er seine Geringschätzung seinem Sohn gegenüber (Z. 52 ff.).

Hier wird Gauß' Einstellung gegenüber Menschen deutlich, die die körperliche Leistungsfähigkeit der geistigen vorziehen oder zumindest beide gleichsetzen. **Gauß** doziert über den gottgegebenen Gegensatz von Geist und Körper und **sieht sich** in Folge dessen **als Genie unausweichlich in einem „kränklichen" Körper gefangen** (Z. 58–62). Gauß gefällt die „Ironie“, hier gibt er auch seine Beobachtung über die Paradoxie von Reichtum im Verhältnis zur Reisegeschwindigkeit wieder (vgl. Z. 64–67).

Richtig wohl fühlt sich Gauß, als er über sein Fachgebiet dozieren kann (vgl. Z. 77 ff.), was erneut nicht ohne Seitenhiebe auf Eugen abgeht (ebd.). Dass dessen Lage mit der seiner (Gauß') eigenen Kindheit vergleichbar ist, fällt ihm nicht auf (vgl. Z. 80 ff.). Auch Eugens lebensbedrohliche Erkrankung hat er vergessen. Sie ist ihm auch egal, zumal sie seine oben erwähnte Theorie (vgl. Z. 62 ff.) stört. Gauß scheint sich sowieso **nur das zu merken oder das für richtig zu halten, was ihm taugt:** Die erfundene Geschichte aus seiner Kindheit, die sein anderer Sohn verbreitet hat, ist für ihn wahr, weil sie sein Genie darstellt (vgl. Z. 82–87).

Lediglich einmal wirkt Gauß sympathisch, als er „lächelt[e]“ (Z. 74), ansonsten eher skurril. Er wird **wie ein leibhaftiges Klischee** dargestellt: genial, aber schrullig, ignorant und egozentrisch, „grimmig und notdürftig gewaschen“ (Z. 12). Sein leibliches Wohl und die Anerkennung seines geistigen Potenzials sind ihm wichtiger als familiäre Harmonie und die Förderung sozialer Kontakte. Sein **kindisches und eitles Verhalten** ist ihm augenscheinlich nicht bewusst (vgl. Z. 14 f.). Vielleicht meint er auch, er habe Höflichkeit nicht nötig. Dass er es nötig hat, sich auf Eugens Kosten wichtig zu machen und ihn als Sündenbock auszunutzen, sich aber dann als 51-Jähriger von der eigenen Mutter „in die Wange [kneifen]“ lässt (Z. 19), vermittelt den **Eindruck eines eher lebensfeindlichen, unreifen Menschen**.

Aufgabe c: Beurteilung von Eugens Verhalten

Hinweis: *Achten Sie darauf, zu beurteilen, nicht zu beschreiben und zu interpretieren. Es wird eine dialektische Stellungnahme erwartet.*

Eugens Demut gegenüber dem Vater ist aus dessen Dominanz und dessen Rigorosität zu erklären. Nicht nur, dass es zu der Zeit noch üblich war, dem **Vater die absolute Autorität** zuzugestehen, auch Gauß' Egozentrik und wohl auch das Hätscheln durch die Familie haben Eugens Verhalten geprägt.

Es ist verständlich, dass Eugen seinem Vater Respekt und Achtung zollt, ihm also auch kaum widerspricht. Er befindet sich als Sohn und Student nicht in der Stellung, seinem Vater und Professor das Wort abzuschneiden oder ihn gar zu maßregeln. Gauß' Leistungen sind anerkannt und seine Autorität unangefochten. **Eugen** befindet sich also in einer recht **schwachen Position**.

Zudem scheint es so, als helfe tatsächlich nur Geduld und **Aussitzen** bei Gauß' Anfällen. Vermutlich kennt Eugen seinen Vater und versucht, ihn nicht noch weiter aufzuregen. Damit hat er auch einen gewissen Erfolg. Er weiß, dass es wohl nichts helfen würde, Kränkung und Wut durch mehr als nur die Mimik zum Ausdruck zu bringen. Er hat sich wohl damit abgefunden, dass der Vater ihn demütigt und sich eigentlich nur in seinem (Gauß') Fachgebiet wohlfühlt.

Auf der anderen Seite wäre es auch damals möglich gewesen, Stellung zu beziehen und sich den Respekt des Vaters zu erzwingen. Man hat auch das Gefühl, als würde **Gauß seinen Sohn provozieren**, als wolle er eine Gegenwehr herausfordern. Als Eugen seinen Knotenstock verteidigt, lächelt Gauß, als freue ihn Eugens Entgegnung. Vermutlich hätte der Vater mehr Achtung vor seinem Sohn, wenn dieser sich als würdiger Gegner zeigte.

Eugen wirkt tatsächlich etwas **naiv und mittelmäßig**. Er hat einen Knotenstock, weil es so üblich ist. Theorien über die Turnkunst sind nichts, was ein Genie wirklich fesselt. Vielleicht sollte er mehr Interesse für die Kunst seines Vaters aufbringen, sodass dieser nicht das Gefühl hätte, er müsse sich ständig selbst hervorheben. Das kindische Verhalten seines Vaters zu ertragen, ist zudem nicht der Weg, diesen zu beeindrucken.

Alles in allem wirkt Eugen zu duldsam. **Er sollte mehr rebellieren**, wie es durchaus auch damals nicht unüblich war. Er ist seines Vaters Begleiter und fast schon eher dessen Aufpasser. Hier ließe sich mehr Selbstbewusstsein erwarten. Allerdings sind wahrscheinlich die Erziehung Eugens, das Vorbild seiner Mutter und die Tatsache, dass sein **Vater ein verwöhntes Genie** ist, prägend für seine Haltung geworden.

Fachabiturprüfung an FOS und BOS zum Erwerb der Fachhochschulreife 2007
Deutsch: 4. Dramatik

Aufgaben:

a) Fassen Sie den Inhalt des vorliegenden Textauszuges zusammen.

b) Analysieren Sie das Verhalten der beiden Personen im Verlauf des Gesprächs. Berücksichtigen Sie dabei sowohl verbale als auch nonverbale Handlungsweisen.

c) Wie beurteilen Sie Lukas' Reaktionen angesichts seiner Lebensumstände?

Moritz Rinke: Café Umberto

Ort der Handlung ist das Foyer einer Agentur für Arbeit. Lukas Friedländer ist seit Monaten arbeitslos. Sonja Berger, seine Frau, ist eine bekannte und erfolgreiche Moderatorin mit einer eigenen Sendung im Fernsehen. Mit ihrer Stimme wurde ein Computer gespeist, der den Arbeitslosen, sobald sie ihre Registriernummer angeben, Stellenangebote mitteilt. Nach einem Pressegespräch sucht sie abends ihren Mann.

SONIA: – Lukas?

Schweigen

SONIA: Es ist zehn. Haben die jetzt rund um die Uhr auf?

Schweigen

SONIA: Lukas?

LUKAS: Ja?

SONIA: Gut. Dann geh ich wieder.

LUKAS: Hast du noch einen Termin?

SONIA: Nein.

LUKAS: Wenn man einen Menschen langsam töten will, so wie du, dann muss man jetzt nur noch rausgehen zu einem Termin … Welttermin. Dann wird er schon sterben.

SONIA: Jetzt geht das wieder los. Soll ich mich auch die ganze Zeit hier hinhocken, damit du nicht stirbst?

Schweigen

LUKAS: Du hast also ein bisschen Zeit?

SONIA: Lass uns was essen gehen.

LUKAS: Ich hab keinen Hunger. – Komm mal mit. *(Führt sie zum Automaten)* Setz dich mal so davor.

SONIA: Lukas, ich weiß, das war nicht richtig …

LUKAS: Bitte.

Sie sitzt auf dem Boden, mit dem Rücken am Automaten. Lukas nimmt die Verlängerungsschnur vom Diaprojektor und bindet Sonia widerstandslos am Automaten fest.

SONIA: – – Ich hab's verstanden, ich bin gefesselt, okay? – Hör jetzt bitte auf. Hier kommt doch gleich der Pförtner …

LUKAS: Hier kommt kein Pförtner mehr. Hier kommt niemand mehr.

Schweigen

SONIA: Und nun?

LUKAS: Schau mal. Dies ist der Ausweis mit der Registriernummer, die haben wir hier alle. Und dann tippt man die da ein. *(Gibt seine Nummer ein)*

Es ertönt sofort Sonias Stimme.

DER AUTOMAT: Herr Friedländer, 13 957 13 05 64 – vorübergehend keine Stellenangebote im angegebenen Bereich. Für Informationen Umschulungen/Frühpension drücken

Sie bitte 0. *(Männliche Stimme)* Die Ansage wurde Ihnen präsentiert von Ihrer Agentur für Arbeit und der bekannten Moderatorin Sonia Berger. Drücken Sie A für den Druckvorgang.

SONIA: – Es tut mit leid, ich wusste nicht, dass die das gleich im ganzen Land machen. Ich dachte, das wäre irgendwas für die Homepage, bei irgendeiner Präsentation, was weiß ich … Das hat meine Agentur verhandelt, die haben das mit denen vereinbart, bevor ich überhaupt … Ich hätte es nicht machen sollen.

LUKAS: Stop! Jetzt rede ich! – – Kannst du dir ungefähr vorstellen, wie das war? – Als ich das erste Mal hier … *(Bricht ab. – Trinkt)*

SONIA: Lukas, ich konnte nicht ahnen, dass es ausgerechnet ein Automat sein würde, an dem du mal …

LUKAS: *(außer sich)* Dann warne mich! Sag mir, dass es eines Tages sein könnte, dass du mir draußen aus irgendeiner Richtung ein Messer in den Bauch rammst!

SONIA: Ich ramme dir kein Messer in den Bauch, lass diese Sprache!

LUKAS: Wart nur ab, wart nur ab. Und lügst! Dass du hier ein Vorbereitungsgespräch hattest! Mit Herzberg, diesem zynischen Arschloch sich austauschen! So einem Mann haut man eins in die Fresse oder lädt ihn ein in die Sendung und haut ihm dann eins in die Fresse!

SONIA: Du guckst doch sowieso nicht meine Sendung!

LUKAS: Oh. das ist jetzt aber ganz schwer zu verstehen. Nein, aus existenziellen Gründen sehe ich deine Sendung nicht! Manchmal, aus Versehen, in der Wiederholung, aber dann denke ich sofort, die Sendung, die geht am Leben vorbei. Du weißt NICHTS. Ihr geht gedankenlos und grausam durch die Welt, weil ihr gar nicht wisst, wie man Platz nimmt in einem anderen Leben.

[…]

SONIA: Lukas. das geht nicht mehr. Ich kann nicht mal mehr den Fuß morgens aus dem Bett setzen, ohne dass du … Wenn ich gleichzeitig telefoniere und Tee koche, knallst du mit den Türen oder schreist mich an, ich soll das gefälligst nacheinander machen. Wenn ich Post mit nach Hause bringe, gehst du demonstrativ aus der Wohnung, kommst nachts wieder. Lukas, ich möchte dir nah sein, aber sag mir, woher ich die … die Handschuhe kriege, um dich zu mir … Wie denn?

LUKAS: Um mich zu dir hochzuheben?

Schweigen

SONIA: Ich kann das nicht mehr hören. Ist dir eigentlich klar, dass ich für das hier Geld bekomme? Und was mach ich dann wohl damit? – Lukas, wir wissen doch gar nicht, wie lange ich noch solche Angebote … mein Gott, da kann man doch mal diesen Automaten aushalten, irgendwas musst du ja auch tun!

[…]

Schweigen

SONIA: Kannst du mich bitte losbinden. Lass uns was trinken gehen.

LUKAS: Nein, wir können hier was trinken. Ich wohn jetzt hier.

Schweigen

LUKAS: Morgen zieh ich aus. Ich verlasse dich.

SONIA: So ein Quatsch.

LUKAS: Ich hab hier alles. Wenn ich deine Stimme hören will und will, dass du dich sogar mit mir beschäftigst, gebe ich einfach die Nummer ein.

SONIA: Lukas, das bin nicht ich, das sind nur meine Stimmbänder, die Sprache generiert irgend so ein Computer auf Chips.

LUKAS: Hier hab ich dich auf jeden Fall mehr als zu Hause – Ich kann mir ja vorstellen, ich bin hier mit dir auf einer Party, jetzt mal bei meinen Leuten. Und du sprichst mit jedem von ihnen. Nicht über dich, nein, über sie. Du beschäftigst dich mit ihrer Situation. Dies ist der Ort einer sozialen Party …

SONIA: Das läuft sowieso bald aus, ich hab den Vertrag gekündigt. Das macht jetzt in Zukunft Otto Sander.

Schweigen

SONIA: Bind mich los.

Er schaltet den Diaprojektor an mit seinen selbsttherapeutischen Aufnahmen.

LUKAS: Schau mal, was ich während der Aids-Gala gemacht habe. Selbstauslöser.

Sonia starrt auf das Bild 1, während sie versucht, die Fesseln zu lösen. Lukas mit einem Glas allein unter Menschen

LUKAS: – Hier das zweite Bild, ich nenne es: „Der Kreisverkehr, fotografiert von einem Ausländer". Versteht man das? Also, meist weiß man ja im Ausland gar nicht, wie rein kommen in den Verkehr. – Da. Von dir unbemerkt, stehe ich neben dir. Dieser Blick! Einerseits täuscht er vor, dass ich mich auch ohne dich da hingestellt hätte, dass ich eigene Wege gehe. Andererseits suche ich wie ein Adler eine Lücke für mich. Lücken für mich sind Momente, in denen einer einen anderen für die Begrüßung eines weiteren stehen lässt und dann vergisst. Konzentrier dich bitte. – Man hat nur drei Sekunden Zeit. Weil der, der jetzt vergessen wurde, auf gar keinen Fall länger als drei Sekunden gesehen werden will, wie er in der Gesellschaft unbeschäftigt dasteht. Wenn es mir gelänge, diesen komplexen Vorgang festzuhalten … Foto des Jahres! Aber ich habe nur drei Sekunden Zeit. Und dann muss ich ja auch noch seine Lücke schließen. Das ist hart.

Schweigen

LUKAS: Manchmal denke ich, du bist nur noch mit mir zusammen, weil es dich sympathisch macht. Nach außen.

[…]

Aus: Rinke, Moritz: Café Umberto, Reinbek bei Hamburg: Rowohlt 2005, S. 93–103.

Lösungsvorschlag

Aufgabe a: Zusammenfassung des Inhalts

***Hinweis:** Die Aufgabenstellung verlangt eine Zusammenfassung des Inhalts. Damit ist eine deutlich komprimierte Inhaltsangabe gemeint. Allerdings ist nicht, wie in früheren Prüfungsjahrgängen, von einer **knappen** Zusammenfassung die Rede. Eine solche würde sich üblicherweise auf ca. fünf bis sieben Sätze beschränken. Eine derart enge Eingrenzung ist im vorliegenden Fall nicht verlangt. Natürlich dürfen Sie die Äußerungen der Figuren nicht im Einzelnen wiedergeben. Sie sollten sich auf ihren wesentlichen Gehalt, ihre Zielrichtung, den Ton, mit dem sie vorgetragen werden, beschränken.*
Es empfiehlt sich, auf einem Konzeptblatt diejenigen Inhaltselemente, die auf keinen Fall fehlen dürfen, stichwortartig zu notieren.
Einleitend sollte die Quelle angegeben, aber auch mit einem Satz zum Ausdruck gebracht werden, worum es in dem Auszug geht.

Vorschlag für eine Ausarbeitung:
Der vorliegende Auszug stammt aus dem Drama „Café Umberto" von Moritz Rinke, erschienen 2005 in Reinbeck bei Hamburg. In der Szene wirft der arbeitslose Lukas seiner im Medienbereich tätigen Ehefrau Sonia vor, ihn durch ihre beruflichen Erfolge zu erniedrigen.

Sonia findet Lukas, offenbar nach längerer Suche, spät abends im Foyer einer Arbeitsagentur. Sie bittet Lukas mitzukommen, was dieser ablehnt. Er bindet sie vielmehr an den im Foyer befindlichen Sprechautomaten, um sie zu zwingen, sich seine Klagen anzuhören, die er mit deutlicher Aggressivität vorbringt. Diese bestehen im Vorwurf, er werde durch Sonias effizientes Arbeiten, ihre beruflichen Erfolge und ihr damit zusammenhängendes öffentliches Ansehen erniedrigt und führe neben ihr nur eine Randexistenz. Insbesondere fühlt er sich durch die Tatsache provoziert, dass Sonia dem Sprachcomputer ihre Stimme geliehen hat. Dieser informiert die Arbeitslosen über ihre Verwendungsmöglichkeit. Sonia reagiert z. T. mit Verständnis, z. T. ratlos, z. T. aber auch verärgert auf Lukas' verbale Ausfälle. Im Verlauf der Auseinandersetzung verkündet Lukas, er werde sich von Sonia trennen, was diese aber nicht wirklich ernst zu nehmen scheint. Die Szene endet offen.

Aufgabe b: Analyse des Verhaltens der beiden Figuren

Hinweis: *Die Aufgabenstellung verlangt die Analyse des Verhaltens der Figuren im Verlauf des Gesprächs. Als Lösung genügt dabei nicht ein bloßes erklärendes Nachzeichnen dessen, was die Figuren äußern oder tun. Bei der Bearbeitung müssen Sie sich vielmehr von der Oberfläche der Handlungen lösen und die dahinterliegenden Merkmale des Verhaltens beschreiben. Dies lässt sich durch Abstraktionen (d. h. Zurückführung verschiedener Einzelhandlungen auf ihren gemeinsamen Kern) und – falls möglich – durch das Einteilen des Figurenhandelns in Phasen und die Benennung der Besonderheit einer jeder dieser Phasen bewerkstelligen. Hinzu kommt die Deutung, die in der Regel darin besteht, dass man die Ursachen des Verhaltens bzw. einer Verhaltensänderung erklärt. Sie können im Charakter der Figur selbst, in der Situation, in der sie sich befindet, in ihren Absichten oder im Verhalten des Gegenübers liegen.*
Im vorliegenden Fall ist das Verhalten ***zweier*** *Figuren zu beschreiben, die* ***interagieren****. Trotzdem empfiehlt sich, das Verhalten der beiden Figuren getrennt zu behandeln. So entgehen Sie der Gefahr einer unübersichtlichen Darstellung. Im Vergleich zu dieser Gefahr ist das Risiko, dass es bei getrennter Behandlung zu Wiederholungen kommt, von erheblich geringerer Bedeutung. Die fett gedruckten Stellen dienen dazu, wesentliche Merkmale des Verhaltens hervorzuheben. Darauf folgen eine Erklärung des Verhaltens und Belege in Form von Hinweisen auf konkrete Handlungselemente. Die Abfolge von Belegen und Erklärungen kann variieren.*

Vorschlag für eine Ausarbeitung:
Das Verhalten von Lukas verändert sich zu Beginn der Szene, es lässt sich mithin in Phasen einteilen, von denen die ersten beiden sehr kurz sind und rasch von einer dritten abgelöst werden, die den großen Rest der Szene ausmacht.

Als Sonia ihn findet, **äußert er sich zunächst kaum**. Trotz seines tiefen Grolls gibt er nach zweimaligem Schweigen nur eine kurze Antwort (Z. 6) und stellt dann eine Frage. Seine anfängliche Wortkargheit lässt sich wohl damit erklären, dass er noch keine Möglichkeit sieht, seinen Emotionen Ausdruck zu verleihen. Diese **Verkrampfung löst sich**, als er mit dem Stichwort „Termin" (Z. 8) den nötigen Ansatzpunkt findet. Nun bricht sich seine aufgestaute Aggression zum ersten Mal Bahn (Z. 10 f.). Sein Verhalten im weiteren Verlauf ist vom **Versuch geprägt, Sonia dazu zu zwingen, sich mit seiner Situation und seiner inneren Befindlichkeit zu befassen**. Offenbar befürchtet er, dass sie sich seine Beschwerden, die er ja schon öfters vorgebracht hat, freiwillig nicht bis zum Ende anhören wird, und dass sie sich ohne die Veranschaulichung, der sie sich aussetzen muss, nicht intensiv genug in seine Situation versetzen kann (vgl. z. B. Z. 54–56). Der Zwang wird durch das Festbinden ausgeübt, die Veranschaulichung erfolgt dadurch, dass er den Sprachcomputer in Gang setzt und Dias an die Wand projiziert (Z. 89).

Lukas' Verhalten lässt sich dabei über die ganze Szene hinweg als **aggressiv** bezeichnen. Die Aggression ist dadurch ausgelöst worden, dass er angesichts seiner eigenen Arbeitslosigkeit die beruflichen Erfolge Sonias nicht verwindet. Diese Aggression zeigt sich in seinem – schon erwähnten – nonverbalen Handeln, indem er Sonia festbindet und sie zwingt, sich seine Klagen anzuhören und seine Belege zur Kenntnis zu nehmen. Seine Aggression zeigt sich aber auch in seinem verbalen Handeln. Auffällig ist zunächst die übersteigerte Wortwahl bei der Beschreibung von Sonias Verhalten: „Wenn man einen Menschen langsam töten will […] wird er schon sterben" (Z. 10 f.). Er behauptet, sie ramme ihm „ein Messer in den Bauch" (Z. 45). In seinen Äußerungen finden sich auch Vulgärausdrücke. Er bezeichnet einen Verhandlungspartner Sonias als „zynische[s] Arschloch" (Z. 48) und fordert sie auf, diesem „eins in die Fresse" zu hauen (Z. 49). Zudem unterbricht er Sonia wiederholt, z. B. Z. 40: „Stop! Jetzt rede ich!" Seine Aggressivität zeigt sich auch in Beschuldigungen („Und lügst", Z. 47), Vorwürfen (vgl. Z. 106 f.), in seinem Sarkasmus (Z. 64 und 81 ff.) und in der sprachlichen Zuspitzung seines gestörten Verhältnisses zu Sonia durch das kollektivierend antithetische „Ihr" für Sonias Umfeld und „Wir" für sein eigenes.

Sonias Verhalten zeigt unterschiedliche Elemente, lässt sich aber nicht in Phasen einteilen. Einmal reagiert sie immer dann **ungehalten und verärgert**, wenn Lukas pauschale Anschuldigungen vorbringt. So äußert sie sich wegwerfend sarkastisch über seinen Vorwurf, sie töte ihn durch die Wahrnehmung ihrer beruflichen Termine (Z. 12 f.). Ihr Ärger drückt sich auch in Imperativen aus (Z. 46: „… lass diese Sprache!", Z. 88: „Bind mich los."). Eine Anapher (Z. 59–62) und rhetorische Fragen (Z. 66 f.) zeigen ihre Erregung. Ihre Verärgerung ist darauf zurückzuführen, dass sie Lukas' Klagen schon oft zu hören bekommen hat (Z. 12: „Jetzt geht das wieder los.", Z. 66: „Ich kann das nicht mehr hören."), aber vermutlich auch darauf, dass Lukas' heftige Vorwürfe reichlich haltlos erscheinen.

Darüber hinaus aber ist Sonia **um Ausgleich und Verständnis bemüht**, indem sie ihr Verhalten im Fall des Sprachcomputers zu erklären sucht (Z. 36–39), es bedauert und sich dabei auch mehrfach entschuldigt (Z. 19, 36, 39, 42 f.). Sie bemüht sich um Rechtfertigungen für ihre berufliche Tätigkeit (Z. 66–68) und will Lukas beschwichtigen (Z. 79 f.). Sie macht auch deutlich, dass sie an einer Fortsetzung und Verbesserung der Beziehung interessiert ist, wobei sie Lukas um Hilfe anfleht (Z. 62 f.: „Lukas, ich möchte dir nah sein, aber sag mir, woher ich die … die Handschuhe kriege, um dich zu mir … Wie denn?"). Sprachlich bringt sie dieses versöhnliche Element ihres Verhaltens durch die häufige direkte Anrede ihres Partners zu Beginn ihrer Äußerungen zum Ausdruck, die einen intensiveren emotionalen Kontakt herstellt (Z. 42, 62, 67, 79). Abtönungspartikel mildern ihre Aussagen ab (Z. 67 und 68 jeweils: „doch", Z. 69: „ja"), und die kurzen, teilweise elliptischen Sätze in Z. 36–39 lassen eine gewisse Hilfsbedürftigkeit spüren und sollen dadurch Lukas' Aggression dämpfen. Bemerkenswert ist auch die Zurückhaltung, mit der sie auf Lukas' Handgreiflichkeit reagiert. So lässt sie sich zunächst widerstandslos festbinden, bittet dann zweimal darum, wieder losgebunden zu werden (Z. 23, 72), im zweiten Fall nicht einmal in Form eines Imperativs, sondern einer höflichen Frage mit dem modalen Hilfsverb „können".

Ein weiteres Element ihres Verhaltens besteht darin, dass sie etwas **leichtfertig mit Lukas' Problemen umgeht**. Diese erscheinen zwar nur z. T. nachvollziehbar, sind aber deswegen nicht weniger real und gravierend. Sonia allerdings tut Lukas' Klagen verschiedentlich als lästig, ja unbedeutend ab, weil sie ihr schon des Öfteren zu Ohren gekommen sind (z. B.: „Jetzt geht das wieder los.", Z. 12), versucht davon abzulenken, indem sie vorschlägt, etwas essen (Z. 16) oder etwas trinken (Z. 72) zu gehen, reagiert ungläubig wegwerfend auf seine Ankündigung, die Beziehung zu beenden („So ein Quatsch.", Z. 76) und ignoriert die tiefe Verletztheit von Lukas, indem sie vorwiegend mit Vernunftargumenten reagiert (z. B. Z. 66–69), die den tieferen Ursachen seiner Schwierigkeiten nicht gerecht werden können.

Aufgabe c: Stellungnahme

Hinweis: *Verlangt ist die Beurteilung eines Verhaltens. Ein solcher Auftrag zielt immer auf eine dialektische Bearbeitung ab. These und Antithese lassen sich im vorliegenden Fall, in dem es um ein Verhalten geht, natürlich nicht mit den klassischen Etiketten Vorteile/Nachteile bzw. Chancen/Gefahren oder Gründe für .../Gründe gegen ... versehen. Hier wird es darum gehen zu untersuchen, inwieweit die Reaktionen Lukas' verständlich bzw. nachvollziehbar und inwieweit sie überzogen sind. Als Einleitung empfiehlt sich eine knappe Charakterisierung seiner Reaktionen, da diese ja den Ausgangspunkt der Argumentation bilden.*

Schreibplan:

Einleitende Erwähnung der wesentlichen Reaktionen:
- *Aggressives Verhalten gegenüber Sonia*
- *Aufkündigung der Beziehung*

Was lässt die Reaktionen zumindest verständlich erscheinen?
- *Arbeitslosigkeit stellt eine große seelische Belastung dar.*
- *Männer haben aufgrund ihrer Sozialisation grundsätzlich Schwierigkeiten, sich in einer Beziehung mit einer überlegenen Frau wohlzufühlen.*
- *Eine Trennung von Sonia könnte Lukas helfen, da er sich dann nicht ständig mit ihren Erfolgen und umgekehrt mit seinem eigenen Scheitern konfrontiert sehen würde.*

Was lässt die Reaktionen als überzogen erscheinen?
- *Sonia liefert keinen vernünftigen Anlass zu Lukas' Feindseligkeit.*
- *Lukas zieht eine andere, ihn erfüllende und sein Selbstwertgefühl wiederherstellende Betätigung überhaupt nicht in Betracht.*
- *Die beabsichtigte Trennung von Sonia beseitigt nicht die tieferen Ursachen von Lukas' Krise.*

Resümee
Psychische Probleme im Fall von Arbeitslosigkeit sind verständlich, aber ihre übertriebene Ausprägung im Verhalten von Lukas verweist auf eine tiefer liegende Persönlichkeitsstörung.

Vorschlag für eine Ausarbeitung:
Lukas leidet unter seiner Arbeitslosigkeit, während seine Frau Sonia große berufliche Erfolge zu verzeichnen hat. Darauf reagiert Lukas unverhohlen aggressiv, indem er Sonia unspezifische Vorwürfe macht, die sich bis zur Ankündigung steigern, die Beziehung beenden zu wollen.

Diese Reaktion ist einerseits durchaus verständlich. Schließlich definieren sich die meisten Menschen in erster Linie über ihre Arbeit. Infolgedessen **führt der Verlust des Arbeitsplatzes zu schweren inneren Krisen**. Nicht ohne Grund leiden Arbeitslose viel häufiger unter Depressionen und sind eher suchtgefährdet als die übrige Bevölkerung. Welche Katastrophe der Verlust des Arbeitsplatzes für die meisten Menschen bedeutet, zeigt sich in den heftigen und verzweifelten Protesten von Belegschaftsmitgliedern, deren Firma vor der Schließung steht, wie man sie z. B. vor einem Jahr vor den Werkstoren von AEG in Nürnberg beobachten konnte. Vor diesem Hintergrund ist auch Lukas' Erregung durchaus nichts Unübliches.

Hinzu kommt die besondere persönliche Situation, in der er seine offenbar schon eine ganze Weile andauernde Arbeitslosigkeit erleben muss. Dabei ist zu beachten, dass Männer es aufgrund ihrer Sozialisation viel schwerer verkraften, wenn ihre berufliche Stellung niedriger als die ihrer Ehepartnerin ist. **Männer** sind immer noch **daran gewöhnt, der „Ernährer" der Familie zu sein** und beziehen einen beachtlichen Teil ihres Selbstverständnisses aus dieser Funktion. Im vorliegenden Fall ist die Position des Ehemanns Lukas auf ganz dramatische Weise niedriger als die seiner Frau: Während er überhaupt keiner geregelten Tätigkeit nachgehen kann, feiert Sonia beachtliche berufliche Erfolge. Sie ist eine bekannte Medienpersönlichkeit mit einem vollen Terminkalender. Die ungewohnte und ungewöhnliche Rolle des bloßen Begleiters einer beachteten Partnerin ist für Lukas schier unerträglich (vgl. Z. 90–104). Insofern ist es nicht gänzlich verwunderlich, dass er Aversionen gegen das Umfeld Sonias entwickelt und sich schließlich auch von Sonia in seiner erlernten Rolle bedroht sieht.

Damit erklärt sich auch sein Wunsch, sich von Sonia zu trennen. Ihre Anwesenheit stellt eine ständige Kränkung dar, da sie ihm sein eigenes Scheitern – so jedenfalls sieht er seine Situation – unablässig vor Augen führt. Im Fall einer Trennung würde der Bezugspunkt beseitigt, der ihm seine eigene Lage so bedrückend macht. Da ihn der **fast zwanghaft eingegangene Wettbewerb mit Sonia** zu blockieren scheint, wäre zu erwarten, dass er nach einer Beendigung der Beziehung wieder mehr Zuversicht gewinnt.

Auf der anderen Seite gibt es **nichts in Sonias Verhalten, das Lukas' feindselige Haltung rechtfertigen würde**. Das zeigt sich schon darin, dass dieser nicht in der Lage ist, ihr ernst zu nehmende Vorhaltungen zu machen. Die bloße Tatsache, dass Sonia erfolgreich ist und im Rahmen ihrer Berufstätigkeit mit Menschen zusammentrifft, die Lukas unsympathisch sind, kann ja wahrlich nicht als Fehlverhalten gewertet werden. Der Eindruck, ihre Stimme im Sprachcomputer verhöhne seine missliche Lage, mag für sich genommen zwar zutreffen, aber er ist als Vorwurf gegen Sonia kaum geeignet, da sie offenbar nicht mit diesem Effekt rechnen konnte und sich auch mehrfach dafür entschuldigt. Insofern ist seine heftige Reaktion, die ja in der Beschuldigung gipfelt, Sonia vernichte ihn förmlich, kaum nachvollziehbar.

Darüber hinaus erscheint es gänzlich unverständlich, dass Lukas zwar wortreich sein Schicksal beklagt, aber offensichtlich **untätig darauf wartet, endlich ein Jobangebot zu bekommen**. Denn er hätte gute Voraussetzungen, etwas gegen das Gefühl der Nutzlosigkeit, das häufig mit der Arbeitslosigkeit einhergeht, zu unternehmen. Durch Sonias Einkünfte ist er nämlich in einer finanziell gesicherten Position, sodass er an den unterschiedlichsten Fortbildungsmaßnahmen teilnehmen könnte, auch solchen, die nicht von der Arbeitsagentur finanziert werden. Diese Möglichkeit erscheint vor allem auch deshalb Erfolg versprechend, weil er, wie sein Sprachverhalten zeigt, ganz offenbar nicht zu der großen Gruppe mangelhaft gebildeter oder unqualifizierter Arbeitsloser gehört. Durch solche Weiterbildungsmaßnahmen könnte er sein Selbstbewusstsein wiederherstellen und seine Vermittlungschancen entscheidend verbessern. Die finanzielle Sicherheit würde es ihm außerdem ermöglichen, einer ehrenamtlichen Tätigkeit nachzugehen und damit Selbstvertrauen zu gewinnen. Von solchen Versuchen ist nirgends im Text die Rede.

Auch der Wunsch, sich von Sonia zu trennen, erscheint in diesem Zusammenhang wenig zweckmäßig. Seine überzogene Reaktion zeigt, dass nicht Sonia oder die Beziehung zu ihr das Problem darstellt, sondern **sein Rollenverständnis und seine eigene Persönlichkeit der tiefere Grund seiner Schwierigkeiten** sind. Eine Trennung beseitigt also die wahren Ursachen seiner Verzweiflung nicht. Sie ist eher geeignet, seine Situation zu verschärfen, da die günstigen Voraussetzungen, die Sonia ihm bieten kann, entfallen und er Gefahr läuft, den Halt zu verlieren.

Einerseits stellt Arbeitslosigkeit eine große Belastung dar, und insofern ist es durchaus verständlich, wenn Lukas mit dieser Situation nicht ohne Weiteres zurechtkommt. Andererseits sind die Heftigkeit seiner Reaktion und seine ausgeprägte Feindseligkeit gegenüber der geduldigen und vergleichsweise verständnisvollen Sonia nicht nachvollziehbar, zumal man von ihm angesichts seines Hintergrundes durchaus eine gewisse Fähigkeit zur Selbstreflexion und Beherrschung und mithin einen etwas rationaleren Umgang mit seiner Lage erwarten könnte, die sich durchaus nicht als so aussichtslos darstellt, wie sie ihm erscheint. Sein fast schon pathologisches Verhalten verweist auf eine **gestörte Persönlichkeit**, sodass man ihm dringend empfehlen müsste, professionelle Hilfe in Anspruch zu nehmen.

Bayern – FOS · BOS 12: Fachabiturprüfung 2008 – Deutsch
1. Analyse eines Sachtextes

Aufgaben:

a) Geben Sie Inhalt und Aufbau des Textes wieder.

b) Teilen Sie die kritische Einstellung des Autors gegenüber dem Massentourismus? Stellen Sie Ihrer Argumentation eine Definition des Begriffs Massentourismus voran.

Reisen neu lernen

von Matthias Drobinski

Der erste Sommerferientag war immer ein besonderer Tag. Unsereins stand noch früher auf als zur Schulzeit, jede Minute dieser sechs Wochen war kostbar. Der Himmel war weit und blau, es roch nach Heu und Wiese, und der Magen zog sich zusammen vor Fernweh. Es ging dann meist ins Zeltlager in den Odenwald oder den Pfälzer Wald; einmal fuhr die ganze Familie mit dem Ford Transit über den Brenner an die Adria, wo die Eiskugeln unendlich groß waren und die Sonne den ganzen Körper durchwärmte; abends zirpten die Grillen und zischten die Mücken in den elektrischen Insektenfallen, das Meer rauschte, und Camper und All wurden eins.

Friedrich Schlegel, der Dichter der Romantik, hat gesagt, dass im Reisen die „Sehnsucht nach dem Unendlichen" wohne. Als er 1803 durch Frankreich nach Paris kutschierte, waren solche Fahrten die Angelegenheit einer kleinen Oberschicht, deren Angehörige auf den Kavalierstouren sich bilden und vervollkommnen sollten – manche sammelten allerdings wüste Frauen- und Saufgeschichten. Eine Generation später, 1845, eröffnete der Brite Thomas Cook in Leicester das erste Reisebüro der Welt, wieder eine Generation später wurden die Sommerfrische und der Skilauf populär. Die Nazis verordneten den Deutschen den ersten Haufentourismus, und nach dem Krieg demokratisierte sich für die Westeuropäer das Reisen: Meerblick incl. Frühstück für alle.

Die Entwicklung des Tourismus ist eine Erfolgsgeschichte, die nur mit dem Triumphzug des Autos in die Garagen und Herzen zu vergleichen ist. Die Branche hat weltweit die meisten Angestellten und liegt auch beim Umsatz ganz weit vorne; zwei von drei Deutschen werden dieses Jahr verreisen. Nichts hat das Bewusstsein für die Globalisierungsprozesse so sehr vorangebracht wie die Flugreise. Im vergangenen Jahr hat Peer Steinbrück, der Bundesfinanzminister, unvorsichtigerweise die Deutschen ermahnt, beim Urlaub zu sparen und dafür mehr Geld in die Altersversorgung zu stecken – die allgemeine Empörung prasselte auf den Mann hernieder wie ein Sommergewitter über Palma de Mallorca. Gerichtsverfahren über missglückte Reisen werden mit gleicher Verbissenheit geführt wie über Nachbarschaftsstreitigkeiten: Die Sehnsucht nach Ferne erfüllt zu bekommen, gilt Früh- wie Spontanbuchern als Menschenrecht.

Der Jedermannstourismus wiederum hat das Reisen von Grund auf geändert. Er hat die Strände und Berge zubetoniert, die Pfade zu Straßen ausgebaut, er vergrößert das Ozonloch und verbraucht Wasser in obszöner Menge, er verändert unwiederbringlich Kulturen wie Ökosysteme und hat an seinen Rändern Elemente des Kolonialismus. Und: Reisen ist nicht mehr Sehnsucht nach dem Unendlichen. Reisen bedeutet, viele Menschen in einer kurzen Zeit auf begrenztem Raum zu konzentrieren, sie tagsüber mit dem Lärm der eigenen Kinder und nachts mit den Bässen der Diskothek zu beschallen. Das ist allgemein kein böser Wille der Urlaubsveranstalter, sondern der Ökonomie geschuldet: Wer möglichst lange möglichst billig reisen will, darf sich über Mitreisende nicht wundern. Reisen bedeutet auch nicht mehr, Fremdes zu erfahren, seit Türken, Spanier und Italiener investieren, damit der Gast sich heimisch fühlt: Urlaub ist Fortsetzung des Alltags bei besserem Wetter und schlechteren Wohnverhältnissen.

Es spricht viel dafür, dass dieser Massentourismus seinen Zenit überschritten hat. Es wird ihn weiterhin geben, solange es Menschen gibt, die wenig Geld haben und die sich, statt zu Hause zu wandern, lieber in eine umgebaute Besenkammer am Mittelmeer setzen. Doch zunehmend wollen die Reisenden nicht mehr Touristen sein. Sie wollen etwas für sich tun, mit sich, ihren Freunden, ihrer Familie unterwegs sein; sie wollen verändert wiederkommen. Dass seit einigen Jahren der Urlaub in Deutschland boomt, ist nicht einfach der Terrorangst geschuldet – die Leute kapieren den Unterschied zwischen einem Fernflug mit anschließender Vollverpflegung und einer Reise.

Deshalb ist es an der Zeit, dem Tourismus wieder das Reisen abzutrotzen. Ein Reisender wird zum Fremden auf Zeit, an der Mecklenburger Seenplatte wie in Vietnam – und das ist das Faszinierende am Unterwegssein. Wer sich fremd macht, indem er die Koffer packt, muss offen sein für die anderen, für Einheimische und Mitreisende; er wechselt Standorte und Standpunkte, lässt sich befremden, irritieren, verunsichern.

Hape Kerkelings Buch über seine Pilgerfahrt nach Santiago de Compostela konzentriert den Unterschied vom Touristen zum Reisenden im Titel: Ich bin dann mal weg. Wer reist, ist weg. Der schafft sich eine eigene Wirklichkeit auf Zeit, einen Freiraum. Ob er ihn nutzt, um Kirchen zu besichtigen oder keuchend mit dem Mountainbike Bergpässe zu bezwingen, um zu lesen, sich Gurkenscheiben auf die Augen legen zu lassen oder einfach sich der Kunst des Müßiggangs hinzugeben – das ist zweitrangig. Friedrich Schlegels Sehnsucht nach dem Unendlichen ist an keinen Ort und an keine Handlung gebunden; sie kann es überall geben. Auch dreißig Kilometer von zu Hause entfernt, mit einem Rucksack auf dem Rücken.

Aus: Süddeutsche Zeitung vom 18. 07. 2007.

Lösungsvorschlag

Aufgabe a: Inhalt und Aufbau des Textes

Hinweis: *Achten Sie darauf, eigene Worte zu verwenden und einen nüchternen Stil zu pflegen. Der Kommentar ist sehr appellativ, also polemisch und ironisch. Vermeiden Sie es, diesen Tonfall zu übernehmen.*

Basissatz:
Der Kommentar *Reisen neu lernen* von Matthias Drobinski ist am 18. 7. 2007 in der *Süddeutschen Zeitung* erschienen. Der Autor äußert sich also kurz vor den großen Sommerferien darüber, wie sehr sich die Vorstellung und das Erleben von Erholung geändert haben. Er bedauert, dass sich die Erschwinglichkeit eines Urlaubs ausgesprochen negativ auf den Charakter des Verreisens ausgewirkt hat und erst jetzt, nach Jahrzehnten des Massentourismus, wieder eine Tendenz zum wahren Genuss, dem Fremdsein, festzustellen ist.

Strukturierte Textwiedergabe:
Der Autor erinnert sich an das Urlaubgefühl in seiner eigenen Jugend, als der Ferienbeginn noch voller Verheißung war. Er schwärmt von schlichten, aber ganz besonderen Erlebnissen. Anschließend rekapituliert er, ausgehend von einem Zitat Friedrich Schlegels, die Geschichte des Reisens, das 1803 nur den Privilegierten vorbehalten war, ab 1845 mit dem ersten Reisebüro von Thomas Cook jedoch breiteren Schichten zugänglich geworden ist. Später forcierten die Nationalsozialisten und das Wirtschaftswunder den Massentourismus.

Der Urlaub, so der Autor, sei – wie auch das Auto – für die Mehrheit der deutschen Bürger von zentraler Bedeutung. Die Reisebranche ermögliche als weltweiter wirtschaftlicher Faktor mittlerweile die Fernreise für jedermann, befördert durch die Möglichkeit des Fliegens. Die Reaktion auf die Ermahnung des Finanzministers, doch besser für das Alter vorzusorgen statt in teure Reisen zu investieren, zeige unter anderem, wie verbissen die Menschen um ihr „Recht auf Urlaub" kämpften.
Drobinski zeichnet im Folgenden ein negatives Bild von dieser Art des jährlichen Urlaubs, der durch Andrang und Lärm gekennzeichnet sei. Der Massentourismus verursache immense ökologische Schäden und sei am Verlust des ursprünglichen Sinns des Reisens schuld. Nicht mehr das Verlangen nach Neuem und das Anderssein sei wichtig, so betont der Autor, sondern das Versorgungs- und Unterhaltungsangebot, das sich eigentlich nicht von dem zu Hause unterscheide. Nur das Klima sei besser und die Unterbringung schlechter.
Im Weiteren konstatiert der Verfasser jedoch, dass es Anzeichen gebe, die auf ein Umdenken der Bürger hoffen ließen. Man wolle wieder etwas Besonderes erleben und sich auf das Beisammensein mit Freunden und der Familie konzentrieren. Drobinski schließt aus, dass die Deutschen nur aus Angst vor Terroranschlägen verstärkt im eigenen Land Urlaub machten.
Reisen bedeutet für den Autor, sich auf Fremdes einzulassen, deshalb plädiert er am Ende seines Kommentars dafür, die Philosophie Schlegels über das Verlangen nach dem Grenzenlosen anzunehmen. Wie in Hape Kerkelings populärer Reisebeschreibung gehe es darum, den Alltag hinter sich zu lassen, egal, mit welcher Art von Feriengestaltung – Hauptsache, man habe sie selbst in der Hand.

Aufgabe b: Stellungnahme zum Massentourismus

Hinweis: *Achten Sie bei der Wahl dieses Themas darauf, dass Sie es nicht nur deshalb nehmen, weil es Ihnen am leichtesten erscheint oder weil Sie die Sprachanalyse vermeiden wollen. Auch diese Materie setzt fundierte Kenntnisse und eine differenzierte Sichtweise voraus. Unterscheiden Sie zwischen Wünschenswertem und Durchsetzbarem. Verwenden Sie Sorgfalt auf die Definition, von der Ihre Argumentationskette abhängt. Vermeiden Sie die erste Person Singular (Ausgrenzung des Lesers) und Plural (Vereinnahmung des Lesers), um einen sachlichen Ton zu pflegen. Suchen Sie die wichtigsten Argumente aus – eine Masse von Gründen ersetzt nicht die Feindifferenzierung.*

„Du hast es dir verdient", behauptet eines der größten Reiseunternehmen des Landes, „TUI", und lässt ein Flugzeug in den blauen Himmel starten, hübsche Mädchen in den Pool tauchen oder den Alltagsstress bei einem Cocktail an der Strandbar vergessen. Die Vorstellungen vieler Bürger von Urlaub sind mit diesem Slogan und diesen Bildern gut getroffen. Mindestes einmal im Jahr und in ein sonniges Land mit viel Küste, denn: Wer arbeitet, darf auch wegfahren, um sich zu erholen. Dabei wird aber auch durchaus auf den Preis geachtet. Massentourismus, also Ferienreisen für alle, heißt, „viele Menschen in einer kurzen Zeit auf begrenztem Raum zu konzentrieren" (Drobinski, Z. 33 f.) und sie für scheinbar wenig Geld mit einem dem Preis angemessenen Programm zu beschäftigen und sie entsprechend zu verpflegen. Diese Praxis verurteilt der Autor des Kommentars *Reisen neu lernen*. Seine kritische Einstellung soll im Folgenden erörtert werden.

Seiner Behauptung, der Massentourismus verändere wie der Kolonialismus Ökosysteme und Kulturen, ist entgegen zu halten, dass der Massentourismus einigen Ländern zu einem **wirtschaftlichen Boom** verholfen hat; vor allem bis dato arme Staaten leben zum Teil fast ausschließlich von den Einnahmen durch den Tourismus: Hotels müssen gebaut, Straßen asphaltiert, Personal eingestellt und Zulieferer gefunden werden. Dafür nimmt man auch die Zerstörung ganzer Landstriche in Kauf, denn nur wer viele Betten anbietet, kann konkurrenzfähig bleiben. Den Menschen, die vorher arbeitslos oder schlecht bezahlt waren, wird so ein Auskommen gewährt, das sie nicht missen wollen.

Zudem erscheint es eher vertretbar, einige wenige Regionen durch touristische Infrastruktur massiv zu verändern und dafür Bereiche unberührter Natur oder Kulturdenkmäler zu verschonen. So **konzentriert sich die Masse der Urlauber** z. B. an der Costa Brava, Ausflugsangebote, beispielsweise zu den Vulkanen auf Lanzerote, werden von Pauschaltouristen dagegen kaum genutzt. Es zeigt sich, dass sowohl wirtschaftlicher Vorteil als auch Naturschutz und Bewahrung des kulturellen Erbes möglich sind.

Hinzu kommt, dass der Billigurlaub, den Drobinski abwertend mit nationalsozialistischem „Haufentourismus" in Verbindung bringt (Z. 15 ff.), für ein **Gefühl größerer sozialer Gerechtigkeit** sorgt. Geringverdiener können für sich und ihre Familie eine Reise buchen, die früher selbst für den Mittelstand undenkbar war. Zu fliegen, das Land oder gar den Kontinent zu verlassen, um zum Beispiel in die Türkei zu gelangen und dort Sonne, Strand und Meer zu genießen, ist für viele der Höhepunkt des Jahres. Lieber spart man an Kleidung, Lebensmittelqualität und Freizeitaktivitäten unterm Jahr, als auf den Urlaub zu verzichten – und der soll mehr bieten als Bauernhof und Bergwandern. **Oft ist eine Flugreise sogar günstiger** als Ferien im Allgäu oder an der Ostsee. Durch Frühbucher-Rabatte und Billigflüge werden Ziele erschwinglich, die nach Exotik und Luxus klingen.

Daneben legen viele Touristen Wert auf „all inclusive"-Angebote, weil es für sie den Urlaub erheblich unkomplizierter gestaltet. Man steht so nicht vor dem Problem, die Speisekarte aufgrund fehlender Sprachkenntnisse nicht zu verstehen. An beliebten Urlaubsorten lernt man neue Leute aus dem eigenen Land kennen, sodass man Gesellschaft hat, **ohne** eine **Fremdsprache** beherrschen zu müssen. An Orten, die sich an den Tourismus angepasst haben, besteht keine so große Gefahr kultureller Missverständnisse. Immerhin wollen viele Urlauber mit Vorfreude und nicht nervös in eine fremde Gegend kommen.

Auf der anderen Seite erweist sich genau diese Erwartung, einen luxuriösen Urlaub zu verbringen, als Trugschluss: „Wer möglichst lange möglichst billig reisen will, darf sich über Mitreisende nicht wundern" (Drobinski, Z. 36 f.). Die Auslastung der Bettenkapazität führt zu **Enge**, die **sozialen Stress** verursacht; am Pool streitet man sich um die in begrenzter Anzahl zur Verfügung gestellten Liegen, Animateure sorgen nicht selten für ein ununterbrochenes Beschäftigungsprogramm und lassen kaum Ruhe aufkommen. Das Leitungswasser ist aus Hygienegründen stark gechlort und kann zu Ausschlag führen. Renovierte Zimmer dampfen Giftstoffe aus. Der **Service** ist sowohl im Hinblick auf die Zubereitung der Speisen als auch in Bezug auf die Reinlichkeit oft **von eher minderer Qualität**. Besichtigungsangebote enden häufig in Verkaufsveranstaltungen. **Oft kehren die Urlauber enttäuscht und übermüdet zurück** und führen, wie Drobinski es in seinem Kommentar erwähnt, erbitterte Prozesse gegen Veranstalter, die ihnen Ruhe und Erholung versprochen haben.

Zudem **lernen** die Reisenden **weder ferne Kulturen noch das „Fremdsein" kennen**. Sie erfahren nicht, wie es ist, etwas Neuem zu begegnen, Gast zu sein und wie ein solcher behandelt zu werden, aber auch sich wie ein solcher zu verhalten. Sie versagen es sich, sich zu bilden, sich selbst zu hinterfragen und durch das Meistern von schwierigen Situationen weiterzuentwickeln. Man schaut oft auf die Einheimischen herab und fühlt sich überlegen, nur, weil man für ihre Dienste bezahlt hat und ihnen Devisen bringt. Der jeweilige kulturgeschichtliche Hintergrund gerät dabei in den Hintergrund. Besichtigungen unterbrechen das „Relaxen" und werden eher aus dem Gedanken heraus angetreten, dass man als „Globetrotter" etwas gesehen, also ein Foto geknipst haben muss, das beweist, dass man da war. Auf Mallorca fährt man zum Beispiel zu den Teufelshöhlen, weil die jeder kennt, aber auch, weil man auf der Busfahrt dorthin Kunstperlen von einem marktbeherrschenden Unternehmen billiger erwerben kann als im Geschäft.

Am leichtesten zu entkräften ist das ökonomische Argument. Wenn „die Strände und Berge zubetoniert, die Pfade zu Straßen ausgebaut, [...] Wasser in obszöner Menge" verbraucht

(Z. 29 f.) und Kulturen und Natur zerstört sind, hat eine Region möglicherweise ihr Kapital verspielt. Urlaubsorte steigen und fallen in der Touristengunst. Ist ein Land aus der Mode, das seine Wirtschaft völlig an die Bedürfnisse des Massentourismus angepasst hat, hat es im Vergleich zu vorher zur Armut auch noch die **ökologischen Schäden** zu bewältigen. Und selbst Mallorca, das sich an die Bedürfnisse des Massentourismus angepasst hat, leidet erheblich unter Wasserknappheit. Ein Grund liegt in der zunehmenden Beliebtheit des Golfsports. Und das Grün verlangt nach Wasser. So trocknen Regionen in Spanien aus, um den widernatürlichen Rasenflächen im Süden eine satte Farbe zu geben. In Thailand werden vom Aussterben bedrohte Tierarten wie Seepferdchen getrocknet an Heerscharen von Touristen verkauft. Jahrzehntelang zerfrisst schon der Schweiß der Touristen die Grabmäler Ägyptens, uralte Bauten werden Stein für Stein abgetragen. Die Einheimischen der Malediven opfern unwiederbringliche Korallen den rücksichtlosen Souvenirjägern. Den Schaden, den die Reisenden anrichten oder der für sie angerichtet wird, den Abfall, den sie hinterlassen und das selbstherrliche Benehmen, das sie an den Tag legen, weil sie ja bezahlt haben, kann kein Geld der Welt wiedergutmachen.

Alles in allem muss man dem Autor wohl weitestgehend zustimmen. Es ist aber einzuräumen, dass es letztendlich die **persönliche Freiheit** ist, die über die **Urlaubsgestaltung** entscheiden muss. Viele erwarten von einem Urlaub gar nicht anderes als das, was Drobinski als „Fortsetzung des Alltags bei besserem Wetter und schlechteren Wohnverhältnissen" (Z. 39 f.) bezeichnet. Somit wird es, wie Drobinski anführt, den Massentourismus auch weiterhin geben (Z. 41 f.). Und so ist es klüger, all seine Vor- und Nachteile aufzurechnen und **nach Lösungen** für die genannten Probleme **zu suchen** statt ihn zu verachten. Mallorca beispielsweise hat angesichts der Dürre dazugelernt und verlangt Gebühren, welche den Wasserverbrauch eindämmen sollen. Die EU wird vielleicht doch endlich die **Öko-Steuer auf Billigflüge** einführen. Auf Dauer wird man sich sicher arrangieren. Auf einen Pauschaltouristen herabzusehen und ihn für den Klimawandel verantwortlich zu machen, ist zu leicht. Die Einheimischen der mangelnden Kulturbewahrung zu bezichtigen, ebenfalls. Schwerer ist es, die Leute zu Hause so zu bilden, dass sie eine andere Art von Reisen vorziehen und diese, weil teurer, nur jedes zweite oder dritte Jahr antreten.

Drobinski hat unbedingt Recht, dass das eigentliche Reisen nicht unbedingt in die Ferne führen muss. Allerdings mag sich der angeführte gebildete Rucksacktourist im eignen Land (Z. 61 f.) als ein Individualist fühlen, er ist aber oft ein Zeitgenosse, der auf die Einheimischen herabsieht und deshalb in seiner Intoleranz noch weniger willkommen als ein Pauschalreisender.

Bayern – FOS · BOS 12: Fachabiturprüfung 2008 – Deutsch
2. Analyse eines Sachtextes

Aufgaben:

a) Stellen Sie den Text kurz vor. Gehen Sie dabei auch auf Textsorte, Thematik und Kernaussage ein.

b) Untersuchen Sie die Aussageabsichten des Textes in den Zeilen 22 bis 62, und zeigen Sie, wie sie sprachlich umgesetzt werden.

c) Wie beurteilen Sie die Informations- und Angebotsfülle, mit der die Menschen heute konfrontiert sind?

Wohin des Weges?
Vom elektronischen Knoblauchröster bis zum Internetanschluss auf dem Mount Everest – alles ist verfügbar. Unser inneres Navigationssystem spielt verrückt. Ein Hilferuf.
von Jürgen Bräunlein

Kürzlich fuhr eine junge Autofahrerin aus Kaiserslautern zu ihrem größten Schrecken mitten hinein in ein abgelegenes Birkenwäldchen, kam nicht mehr vor und nicht mehr zurück und war so verzweifelt, dass sie die Polizei um Hilfe rief. Was war geschehen? Die Fahrerin vertraute der Stimme ihres neu eingebauten Navigationssystems, welche autoritär die Richtung vorgab. […]

[Derlei neuzeitliche] Unfallepisoden sind wie Sinnbilder für das Dilemma, in dem wir Bürger des 21. Jahrhunderts stecken. Wir sind ausgestattet mit einer Vielzahl an hochkomplizierten, unendlich leistungsfähigen technischen Apparaten, die uns Beruf und Alltag leichter machen sollen, damit wir uns auf die wichtigen Dinge des Lebens konzentrieren können. Doch merkwürdigerweise tritt das Gegenteil ein. Ständig landen wir in Sackgassen schlimmster Desorientierung und verlieren den Überblick. Und das nicht nur an der Straßenkreuzung.

Früher war das besser. Da passte das Menschheitswissen noch locker zwischen zwei Buchdeckel, und an manche Information kam man als Normalsterblicher gar nicht heran oder es gab sie noch gar nicht, und das war vielleicht auch gut so. […]

Es war schön und beruhigend, sich nicht um alles kümmern zu müssen. Weder um das Ozonloch in der Welt noch um das Lohnniveau in China.

Davon kann im Zeitalter von Internet und Globalisierung nicht mehr die Rede sein. Für fast alle Lebensbereiche können wir Informationen in Hülle und Fülle und in rasanter Geschwindigkeit einholen. Schon fühlt man sich schlecht und minderwertig, wenn man nicht tapfer versucht, per Mausklick auf dem Laufenden zu bleiben.

[…]

Heute werden uns Nachrichten sogar frei Haus geliefert, gerne ungefragt und massenhaft. Dank unserer E-Mail-Adresse, die wie ein alles verschlingender Briefkasten im Netz steht, wo nun Hinz und Kunz alles Mögliche hineinstopfen können. Darunter viele Angebote, die vorgeben, unsere Lebensqualität zu verbessern: Viagra-Pillen, ein ergonomischer Bürostuhl, ein elektrischer Knoblauchröster, Deutschland-Flaggen, Nebenverdienste im „first level support“. Das Aussortieren solcher nicht bestellten Mitteilungen ist fast zum Fulltimejob geworden, der nur Verdruss bringt, aber nicht pauschal mit der Löschtaste erledigt werden kann. Der Zeitgenosse ist wachsam, aber eben auch verunsichert und will nichts versäumen; es könnte ja eine wichtige Nachricht im Spam-Ordner sein.

Wer heute mit beiden Beinen im Leben steht, der kann nur in Deckung gehen. Während er von allen Seiten mit Informationen und Dienstleistungsangeboten bombardiert wird, werden ihm gleichzeitig auf Schritt und Tritt Entscheidungen abverlangt, die stets von Tragweite und schnell zu treffen sind.

Es beginnt vor dem Kühlfach im Supermarkt: Welche Fettstufe? Becher oder Glas? Mit Früchten oder Natur pur? No-Name- oder Markenprodukt? Welcher Joghurt macht mich also glücklich? Glücklicher als die Dutzend anderen, die danebenstehen. Und ökologisch verträglich soll der Einkauf auch sein. Oder der benötigte Internet-Provider – ein Anbieter hat einen schlechten Service, der andere jahrelange Vertragsbindungen und der dritte ist so neu auf dem Markt, dass man nicht weiß, ob das Unternehmen in sechs Monaten noch existiert.

Unsere Lebenszeit rast dahin und auch die Produkt- und Angebotspaletten von Herstellern und Dienstleistern wechseln mit einer Dynamik, die noch den gutmütigsten Konsumenten schwindelig macht. Da gibt es neuerdings ein iPod-Jacket, mit dem man telefonieren kann, oder Bettwäsche mit Klimaregulierung. Ständig schießen neue Entscheidungsfragen wie Pilze aus dem Boden. Werden wir im Alter nur noch Suppen und Püriertes löffeln können? Angebote für Zahnzusatzversicherungen flattern ins Haus. Versäumen wir etwas, wenn wir sie ignorieren? Auch der Handy-Vertrag läuft aus. Doch welchen neuen sollen wir schließen? Und haben wir überhaupt die Kraft, uns durch den Dschungel an klein gedruckten Fußnoten zu arbeiten? Der Vergleich mit Konkurrenzangeboten ist ohnehin für die Katz. Wo man beim einen spart, zahlt man beim anderen drauf und umgekehrt. Das ist die raffinierte Heimtücke postkapitalistischer Wirtschaftsunternehmen. Und die Tarife und Konditionen wechseln ohnehin ständig.

Wie will man sich heute noch „richtig" entscheiden? In der philosophischen Alltagspraxis ergeben sich nur Alternativen, die keine sind. Entweder der Kunde entscheidet sich sofort und bereut fast ebenso schnell, oder er nimmt angesichts der Größe des Angebots die Qual der Wahl ernst. Der Konsument ergeht sich in reiflichen Überlegungen, die am Ende dazu führen, dass er jede Entscheidung verweigert. Er bleibt dann beim alten Anbieter, so lange, bis der einen nicht mehr haben will oder eben pleitegeht.

Aus Bequemlichkeit und Entscheidungsschwäche verharren so Millionen von Deutschen bei dem womöglich überteuerten Dienstleister, von dem schon Eltern und Großeltern Strom, Heizung oder Telefonleitungen bezogen haben.

Leider sind wir weder Madonna noch Michael Schumacher. Die haben so viel Geld, dass sie für sämtliche Lebensbereiche Berater einstellen, die überall die optimale Entscheidung für sie fällen: die beste Immobilie, der beste Internist, der beste Bioladen und die beste Religion. Wem all diese Entscheidungen abgenommen wurden, der gewinnt Zeit für die wesentlichen Dinge des Lebens. Alle anderen, die sich keine Selektionsprofis leisten können, brechen eben manchmal unter der Last der zu treffenden Entscheidungen zusammen.

Aber sie stehen wieder auf und genießen dann die seltenen Momente, in denen auch sie Verantwortung abgeben dürfen, weil andere für sie entscheiden. Etwa dann, wenn sie in ihr Auto mit Navigationssystem steigen.

Aus: Rheinischer Merkur vom 23. 08. 2007 (für Prüfungszwecke überarbeitet)

Lösungsvorschlag

Aufgabe a: Überblicksinformation

*Hinweis: Bei der Analyse von Sachtexten ist es sinnvoll – auch wenn dies in der Aufgabenstellung nicht explizit verlangt wird – zu Beginn der Arbeit den Text in Form einer Überblicksinformation vorzustellen. Grundlage hierfür ist ein sogenanntes **stereotypes Regest,** das die formalen und inhaltlichen Hauptaspekte benennt:*
– Autor
– Quelle
– Textart
– Thema
– (Anlass) → wenn möglich, aus dem Textzusammenhang erschließen
– Kontext
– Intention
– Hauptaussage

Mit diesen Stichpunkten lässt sich dann in zwei bis drei Sätzen der Text kurz, aber prägnant vorstellen.

Am 23. 8. 2007 erschien im Rheinischen Merkur ein Kommentar mit dem Titel *Wohin des Weges?* von Jürgen Bräunlein. In ironischer Weise setzt sich der Autor darin mit der Überforderung des Konsumenten in einer durch Kommunikationstechnik und Informationsflut geprägten Gesellschaft auseinander. Bräunlein kritisiert das Überangebot an Daten und Produkten und zeigt, dass der Normalverbraucher in diesem Wirrwarr aus Angebot und Information chancenlos ist, eine rationale Entscheidung zu treffen.

Aufgabe b: Sprachanalyse

*Hinweis: Die **Intention** des Autors, seine Aussageabsicht, lässt sich anhand der von ihm verwendeten sprachlichen und stilistischen Mittel belegen. Hierbei ist es **wichtig**, dass nicht nur die Rhetorik beschrieben, sondern auch deren Wirkung im Hinblick auf die Textaussage analysiert wird:*
*Autor → Intention → **Wirkung** → Leser*
↑
Sprache
– Syntax
– Wortwahl
– Rhetorische Mittel

Für die zu leistende Analyse erweist es sich als günstig, zunächst die Intention generell zu umreißen und dann Teilabsichten zu formulieren, die anhand konkreter Textstellen belegt werden. Dabei ist besonders auf die sprachlich korrekte Formulierung der Textzitate zu achten!

Hauptintention
In dem bezeichneten Textauszug geht es Bräunlein darum, dem Leser die These vom alltäglich erfahrbaren Überangebot an allen möglichen Formen von Information möglichst drastisch nahezubringen. Dies versucht er dem Leser durch **Kumulationen**, **Metaphern und Ellipsen** zu vermitteln, die das Überangebot an nicht gewünschter Information transparent machen sollen. Der daraus resultierende Sprachstil spiegelt so den Inhalt der These wider: Die Aussagen wirken in ihrer Fülle überwältigend, zeigen das ganze Spektrum vom Wichtigen zum Überflüssigen auf und machen die Ohnmacht des Konsumenten im Angebots-„Dschungel“ (Z. 50) deutlich. Die dabei zum Ausdruck gebrachte Kritik ist durch **Ironie** geprägt, die durch das Stilmittel der Übertreibung erzeugt wird.

Um dem Leser diese Kritik nahezubringen stellt der Autor das Phänomen der Überforderung des Einzelnen durch ein Überangebot an Information und einer wahren Produktflut unter dem Aspekt von drei **Teil-Intentionen** dar:
- Darstellung der Angebotsfülle
- Überforderung des Einzelnen als Konsument
- Einbeziehung des Lesers in das Kollektiv der Überforderten

Durch eine Reihe von **Kumulationen** führt Bräunlein dem Leser den Konsum-„Dschungel" bildlich vor Augen: Der täglich anfallende **Angebotsmüll** wird in den Zeilen 26–28 ironisch durch die Aufzählung einer Produktpalette umrissen, die von der „Viagra-Pille" bis zum „first level support" reicht. Bräunlein relativiert dabei deren Bedeutung mit dem ironischen Hinweis, dass diese Angebote angeblich „unsere Lebensqualität [...] verbessern" (Z. 26), was im Falle des Großteils der Leser mit Sicherheit nicht der Fall sein dürfte. Dem Adressaten wird dadurch verdeutlicht, dass eine Vielzahl sogenannter Informationen schlichtweg Unsinn sind und letztlich genau das Gegenteil des Versprechens bewirken. Sie bringen nämlich eine Verschlechterung der Lebensqualität durch unnötig anfallende Zeit, die der Sichtung und Tilgung der nicht gewünschten, als Lebenshilfen deklarierten Nonsensangebote gewidmet werden muss. Ab Zeile 36 verstärkt der Autor seine Aussage durch die Aufzählung von Produkten des täglichen Gebrauchs und erweitert seine Kritik um den Aspekt der **Überforderung des Konsumenten**; er formuliert **Entscheidungsfragen**, die einerseits die Angebotsfülle dokumentieren, andererseits aber auch die Überforderung des Einzelnen im Alltag illustrieren. Verstärkt wird das postulierte Gefühl des Überfordertseins durch **elliptische Satzkonstruktionen**, die den Stress und die Hektik des täglichen Konsummarathons reflektieren. **Metaphern und Vergleiche** verwendet der Autor, um die Wirkung seiner Aussage zu intensivieren und gleichzeitig das Informationsangebot als bloße Luftnummer zu entlarven. Die E-Mail-Adresse wird als „alles verschlingender Briefkasten" (Z. 24) personifizierend beschrieben, in den die Anbieter „alles Mögliche hineinstopfen können" (Z. 25), dessen wahre Bedeutung sich aber erst aus dem (mühsamen) Kampf „durch den Dschungel an klein gedruckten Fußnoten" (Z. 50 f.) ergibt. Mit dieser Metaphorik soll dem Leser das Chaotische, Allgegenwärtige und letztlich nicht mehr Handhabbare der modernen Konsum- und Informationswelt verdeutlicht werden.

Neben der Beschreibung einer immer unübersichtlicher werdenden Konsumlandschaft prangert Bräunlein die zunehmenden Anforderungen an den Bürger an, selbst in banalsten Situationen angeblich weitreichende Entscheidungen treffen zu müssen. Dazu bedient er sich des Stilmittels der **Hyperbel**, das auf illustrierende Weise die Belastung des Konsumenten umreißt, der „auf Schritt und Tritt" (Z. 34) Entscheidungen treffen muss. Dies mutiert zu einem „Fulltimejob" (Z. 29) und lässt ihn angesichts der Tatsache, dass „er von allen Seiten mit Informationen und Dienstleistungsangeboten bombardiert wird" (Z. 33) „schwindelig" (Z. 45) werden. Der Autor entwirft hier ein Szenario, das an einen Kampf ums Überleben erinnert. Verstärkt wird dies durch eine Metaphorik, die sich der **Floskeln der Kriegsberichterstattung** bedient. In Anbetracht der Angebotsfülle kann der Einzelne nur noch „in Deckung gehen" (Z. 32) um dem Bombardement (vgl. Z. 33) der Anbieter zu entgehen. Die allgegenwärtige Präsenz des Entscheidungen fordernden Angebots dokumentiert er anhand einer dem Leser geläufigen Situation – nämlich „vor dem Kühlfach im Supermarkt" (Z. 36), wo „Entscheidungsfragen wie Pilze aus dem Boden [schießen]" (Z. 46 f.). Diesen Vergleich belegt er mit einer Reihung **elliptisch** konstruierter **rhetorischer Fragen** (Z. 36 ff.), die durch den Einsatz der **Ironie**, wie in der Frage „Welcher Joghurt macht mich also glücklich?" (Z. 37 f.), dem Leser die **Absurdität seines Alltags** vor Augen führen soll. Ihm werden Entscheidungen aufgrund sinnleerer Fragen abverlangt, die in einer vom Konsum dominierten Gesellschaft den Rang existenzieller Notwendigkeiten erhalten.

Bräulein geht es in seiner Rhetorik auch darum, das von ihm kritisierte Phänomen des Überangebots an Information und der daraus resultierenden Überforderung des Einzelnen – also des Lesers – so darzustellen, dass dieser sich als Betroffener identifiziert. Dazu bedient er sich des

Öfteren der Kollektivierungsfloskel „wir" (vgl. Z. 43–54), die den Adressaten in den Kreis der Betroffenen einbezieht. Dem Leser soll klar werden, dass das, was ihn bei der Lektüre verblüfft und amüsiert, Teil seines Alltags ist. Verstärkt wird dies durch den Gebrauch umgangssprachlicher Floskeln wie „Hinz und Kunz" (Z. 25), „mit beiden Beinen im Leben steh[en]" (Z. 32) oder dem Diktum, dass alles Vergleichen letztlich „ohnehin für die Katz" (Z. 52) sei.

Im Ganzen betrachtet gelingt es dem Autor in der bezeichneten Textstelle recht gut, das von ihm ausgemachte Angebots- und Informationschaos kritisch zu dokumentieren und durch Ironie als Scheinproblem zu demaskieren.

Aufgabe c: Stellungnahme

Hinweis: *Diese Teilaufgabe verlangt vom Bearbeiter eine kritische, d. h.* ***dialektisch*** *angelegte Stellungnahme:*

These	↔	*Antithese*
= Meinung des Autors		*= Widerspruch*
= Hauptaussage		*= Vorbehalte*
	↓	
	Synthese	
	= eigene Meinung	

These, Antithese und Synthese sind dabei entsprechend dem Grundmuster einer Argumentation zu formulieren:
- *Behauptung*
- *Erläuterung und Begründung*
- *Beispiel*
- *Fazit*

Aspekte der Thesenargumentation
- Das Überangebot an Information führt zur Verwirrung und Überforderung des Verbrauchers.
- Die Flut an Waren- und Informationsangeboten entmündigt den Einzelnen.
- Den permanenten Entscheidungszwang erleben die Betroffenen als Stress.
- Es herrscht ein Informationschaos.

Aspekte der Antihesenargumentation
- Ein großes Informations- und Warenangebot fördert die Konkurrenz und führt zu mehr Wettbewerb, der letztlich dem Kunden zugute kommt.
- Die große Auswahl birgt für den kritischen Kunden die Chance einer individuelleren Befriedigung seiner Bedürfnisse.
- Die Möglichkeiten der modernen Kommunikationstechniken befreien den Menschen von unnötigem Ballast bei alltäglichen Verrichtungen.
- Der Zugriff auf Informationen wird einfacher, schneller und auch kostengünstiger.

Synthese
- Der kritische Umgang mit der Informations- und Angebotsfülle muss den Menschen vermittelt werden (z. B. Schule).
- Das Mehr an Informationsangeboten kann eine Chance für die Emanzipation des Einzelnen sein.
- Bestehende Orientierungshilfen (Verbraucherschutz) müssen genutzt und erweitert werden.
- Die Informations- und Angebotsflut stellt eine Herausforderung dar, der sich jeder Einzelne bewusst stellen muss.

Hinweis: *Im Folgenden soll ein Argumentationsstrang im Zusammenhang dargestellt werden.*

These:
Das Überangebot an Information führt zur Verwirrung und Überforderung des Einzelnen.

Erläuterung:
Medien jeder Art, dies betrifft sowohl die traditionellen Printmedien wie auch die digitalen, bestimmen mit ihrem Informationsangebot mehr und mehr unseren Alltag, wobei Wichtiges und Unwichtiges scheinbar wahllos miteinander vermischt wird.

Begründung:
Dem Zweck des Wahrgenommenwerdens werden dabei die Inhalte untergeordnet. Gut ist, was auffällt und Aufmerksamkeit erregt. Die Verpackung dominiert über den Inhalt. Die Information wird dem Spektakel geopfert.

Beispiel:
Um diese Aussage zu erhärten, genügt ein Blick auf das tägliche Fernsehprogramm. Waren früher Information, Meinungsbeiträge und Werbeeinspielungen strikt getrennt, ist in den letzten Jahren eine neue Form der Berichterstattung entstanden, die diese Elemente bunt vermischt, das sogenannte „Infotainment". Personen treten in ihrer Rolle als Schauspieler in einem Film auf, während in der Werbeunterbrechung die gleiche Person für ein Produkt Werbung macht und anschließend in einer Talkshow Aussagen zur Tagespolitik macht.

Fazit:
Dem unkritischen Zuschauer wird so das Bild einer Welt vermittelt, in der alles irgendwie zusammengehört. Die Kompetenz eines Sportlers, Schauspielers oder auch Politikers in der ihm eigenen Rolle wird übertragen auf Produkte und Meinungen, nach dem Motto: Der gute Fußballer trägt auch das richtige Hemd und kennt sich auch im politischen Alltag am besten aus.

Antithese:
Zwar ist die Fülle an Informationen jeglicher Art enorm, doch stellt sie weniger eine Gefahr denn die Chance auf eine Bereicherung im Leben des Einzelnen dar.

Erläuterung:
Egal, ob es sich um die Vermittlung von politischen Inhalten oder von kommerziellen Produkten handelt, der Verbraucher besitzt ein riesiges Angebot, aus dem er das für ihn jeweils Richtige wählen kann.

Begründung:
Die Vielzahl an unterschiedlichen Informationsquellen erleichtert die Vergleichsmöglichkeiten, fördert dadurch die Kritikfähigkeit und führt zu einer in allen Bereichen möglichen individuelleren Lebensgestaltung.

Beispiel:
Gab es vor Einführung des Privatfernsehens nur zwei Sendeanstalten, eine davon mit beigeschaltetem Dritten Programm, kann der Zuschauer heute, besitzt er Kabelanschluss, aus dreißig Angeboten auswählen, die nahezu jedes Bedürfnis bedienen: Angefangen von politischen Informationen über reine Sportsendungen, Unterhaltung in allen Facetten bis hin zu reinen Werbe- und Verkaufsendungen steht es dem Einzelnen frei, seine Wahl zu treffen.

Fazit:
Wie das Beispiel Fernsehen zeigt, birgt die Angebotserweiterung die Möglichkeit, eine weitestgehend freie Entscheidung zu treffen, die den individuellen Ansprüchen genügt.

Synthese:
Wie Hans Jonas[1] in seinem Buch *Prinzip Verantwortung* feststellt, sind alle Innovationen von ambivalentem Charakter. Dies trifft auch auf die Möglichkeiten der modernen Kommunikations- und Informationstechniken zu. Der Konsument muss sich dieser Tatsache stellen und entsprechende Konsequenzen ziehen. Mehr als je zuvor verlangt die Angebotsfülle heute nach einer kritischen Haltung, geht es darum, den Überblick und damit auch die individuelle Souveränität im Informations-„Dschungel" zu behalten.

---

1 **Hans Jonas** (1903–1993) war ein jüdischer Philosoph deutscher Herkunft.

Aufgaben:

a) Fassen Sie den Inhalt des Romanauszugs zusammen.

b) Untersuchen Sie Ingrids Verhältnis zu Richard unter Berücksichtigung ihres Gesprächsverhaltens.

c) Wie beurteilen Sie das Verhalten, das Richard im Zusammenhang mit der Partnerwahl seiner Tochter zeigt? Berücksichtigen Sie dabei auch die Zeit, in der die Handlung spielt.

Arno Geiger (geb. 1968): **Es geht uns gut** (2005)

Vorbemerkung:
Arno Geigers Roman erzählt aus dem Leben mehrerer Generationen einer österreichischen Familie und umfasst dabei den Zeitraum von 1938 bis 2001. Der vorliegende Ausschnitt beginnt mit der morgendlichen Begegnung Richards, eines hohen österreichischen Regierungsbeamten, mit seiner neunzehnjährigen und nach der damaligen Rechtslage noch nicht volljährigen Tochter Ingrid im Badezimmer. Am Abend vorher hat es eine Auseinandersetzung zwischen Vater und Tochter über deren Freund Peter gegeben.

Dienstag, 12. Mai 1955

– Ich muß mich sehr über dich wundern. Einer Fünfzehnjährigen würde dein Verhalten besser anstehen als einer Neunzehnjährigen. Daß du dich nicht schämst.

Ingrid nimmt auch dies kommentarlos zur Kenntnis. Sie verkündet Unwohlsein, das fühlt sich wie vorgeschützt an, obwohl ihr wirklich und wahrhaftig (sind das die Nerven?) im Magen flau ist.

– Mir ist nicht gut, sagt sie.

Daraufhin zieht sie sich zurück in ihr Zimmer. Während sie sich dort ankleidet, setzt sie sich mit der Tatsache auseinander, daß sie von niemandem außer Peter für voll genommen wird. Allein beim Gedanken an den vergangenen Fasching steigt eine solche Bitterkeit in ihr auf, daß sie sich am liebsten wieder ins Bett legen würde. Nicht, daß sie ihrem Vater einen Vorwurf macht, weil er von Peter wenig begeistert ist oder weil die Woche am Arlberg an seinem Njet gescheitert ist. Das ist Geschmackssache. Aber daß er sie in ihrer Liebe, die bestimmt nicht nur Oberfläche ist, in keiner Weise ernst nimmt und ihre Gefühle als Getue bezeichnet, dagegen lehnt sie sich auf. Ihr Vater behandelt sie wie ein Kind, dem man sein Spielzeug wegnehmen will, und jetzt, wo die Nachricht von der Verlobung durchgesickert ist, legt er eine Schaufel drauf, weil ihm *diese Dummheit* als ausreichender Beweis erscheint, zu welchen Unüberlegtheiten seine Tochter fähig ist. Präziser: daß sie in ihrer *Vernarrtheit* so weit *überschnappt,* daß sie mit Peter ins Bett geht. Etwas, was natürlich längst geschehen ist, für ihren Vater bislang aber nicht im Bereich des Vorstellbaren lag. Für ihn ist das sechste Gebot das erste Gebot. Es gibt nichts anderes, was eine ähnlich starke Bedrohung seiner Wertvorstellungen darstellt und eine ähnliche Beleidigung seines sozialen Ordnungssinns.

[...]

Sie sitzen zu dritt beim Frühstück, Richard in einem seiner offiziellen Anzüge, er trinkt den Kaffee, indem er jeden Schluck mit einer ruckartigen Kopfbewegung nach hinten wirft. Als ihm Alma eine Semmel anbietet, lehnt er mit Rücksicht auf seinen Zahn ab. Reden hingegen scheint seine Schmerzen zu lindern; kann auch sein, es ist das Gesagte, was die Linderung herbeiführt, während die Schmerztabletten, die er im Bad eingeworfen hat, noch eine Viertelstunde brauchen, bis sie wirken.

– Denn eins will ich nicht unerwähnt lassen: Ich verhandle nicht jahrelang mit den Sowjets[1], damit meine Tochter in der Zwischenzeit den Verstand verliert. Siebzehn Jahre lang haben jetzt andere über uns bestimmt. [...] Und jetzt, wo sich die Verhältnisse ein wenig klären und man endlich wieder Herr im eigenen Haus wird, lasse ich mir den Unfrieden nicht von der eigenen Tochter hereintragen.

Er führt die Kaffeetasse zum Mund und nimmt mit bitterer Grimasse einen weiteren Schluck.

– Haben wir uns verstanden?

Nein. [...]

Sie greift sich an den Bauch, eine fast schon reflexartige Bewegung. Das sind jetzt mehr als fünf Wochen. Dann streicht sie Honig auf ihre Semmel, und während ihr Vater weiterredet, über *Flegel* und *Rotzlöffel* (gemeint ist Peter) und über *Strafe muß sein* (das gilt ihr), stellt sie sich die Gewissensfrage, ob sie ihren Vater liebt. Und wenn ja, wie sehr? Gute Frage. Aber wie soll sie jemanden lieben, der sich ihrem Glück in den Weg stellt? Jemanden, der kein Argument gelten läßt, das mit Empfindungen zu tun hat? Weil Empfindungen unzuverlässig sind. Weil die Liebe eine Landplage ist. Einen Analphabeten des Gefühls? (Das hat sie in einem Roman gelesen.) Nichts als Vernunftgründe. Grauenhaft. Grauenhaft. Also Antwort: Nein. Respektieren: Ja. Aber lieben: Nein. Und weiter: Ob dann wenigstens ihre Mutter ihn liebt? Nicht weniger gute Frage. Antwort: Vielleicht. (Es ist also nicht unbedingt auszuschließen.) [...]

Richard läßt sich gerade über die *Ungeklärtheit von Peters wirtschaftlichen Verhältnissen* aus, und daß es viele junge Männer gebe, die durch die Kriegs- und Nachkriegsverhältnisse in ihrer Berufsentwicklung zurückgeworfen wurden. Für um so unverantwortlicher halte er es, einem Mädchen, das sechs Jahre jünger ist, mit Heiratsgedanken das Herz schwer zu machen, wenn man sein Studium seit Jahren nicht weiterbringe und auch sonst nichts vorzuweisen habe außer Schulden.

Ingrid würde gerne dahinterkommen, woher ihrem Vater diese Informationen zufliegen, und weil ihr Vater nicht aufhört, auf Peters geschäftlicher Malaise herumzuhacken, stellt sie sich schützend vor ihren Liebsten (der und kein anderer, sie wird ihn immer):

– Papa, ich weiß wie niemand, daß Peter rackert und sich plagt, um vorwärtszukommen. Es ist ehrliche Arbeit.

– Aber daß ehrliche Arbeit erst dort anfängt, wo sie auch etwas einbringt und nicht nur das Geld anderer kostet, hat sich nicht bis zu euch durchgesprochen, was? Da geht auch dir deine rasche Auffassungsgabe plötzlich ab. Solange diese Spiele[2] nichts einbringen, sind sie windige Unternehmungen, nichts weiter.

– Ja, weil für dich einer geerbt haben muß, damit er etwas anfangen darf. Alle anderen sind Gauner und Nullen.

Alma sagt erinnernd:

– Ingrid –.

– Mama, es ist so ungerecht, daß er sich zwischen zwei Menschen stellt, die sich lieben. [...] Papas Abneigung ist total mutwillig. Und dann erwartet er auch noch meinen Beifall.

– Ich bin mit Sicherheit nicht mutwilliger als du, nur daß bei dir hinzukommt, daß du in keiner Sekunde dein Gehirn einschaltest.

Man hört von draußen den Dienstwagen ihres Vaters in die Einfahrt biegen, und weil Ingrid jetzt sicher ist, daß das Gespräch nicht mehr lange dauern kann, sagt sie, was ihr als erstes in den Sinn kommt:

– So kannst du Mama in die Tasche stecken. Bei mir funktioniert der Trick nicht.

Richards Hals hinauf schwillt eine Ader und pumpt Blut in seinen schmerzenden Zahn. Er blickt vom Tisch auf, während Ingrids Augen den umgekehrten Weg nehmen, hinunter zu der bestrichenen Honigsemmel; als würde sie sich unter den donnernden Worten ihres Vaters ducken.

– Das ist der Gipfel! So lasse ich nicht mit mir reden! Ich erwarte von dir, daß du dich ins familiäre Regelwerk einfügst, sonst setzt es Konsequenzen! Ist das klar? [...] Ich stelle mich nicht länger zur Verfügung, damit du deine Launen befriedigen kannst. Solange du die Beine unter meinem Tisch hast, tust du gefälligst, was ich sage. Haben wir uns verstanden?

Ingrid starrt ihn an, die Zähne fest aufeinandergebissen. Viel fehlt nicht, und sie würde die Blumenvase an die Wand werfen oder vom Tisch aufstehen und einfach weggehen: Fliehkräfte, vergleichbar mit denen am Kettenkarussell im Prater, wirken auf sie ein. Aber noch für mindestens zwei Jahre wird Ingrid von ihrem Vater abhängig sein, den Trumpf kann ihm keiner nehmen, sie weiß, sie sollte es nicht auf die Spitze treiben.

Doch ob ihr Vater besser dran ist als sie? Ob er jemals so geliebt hat wie sie? Sie kann es sich nicht vorstellen, obwohl ihr das leid tut für ihre Mutter.

– Ob wir uns verstanden haben?

– Ja, sagt sie kleinlaut, nicht, weil sie eingeschüchtert ist, sondern in der Erkenntnis, daß ihr Vater alles andere nicht hören würde und daß sie es erst recht nicht zuwege bringt, ihn zu einer anderen Meinung zu bekehren. Somit sieht sie auch keine Möglichkeit, ehrlich und glücklich zugleich zu sein.

– Dann kann ich mich darauf verlassen, daß du mir keine weiteren Dummheiten machst?
Sie findet, daß es Ansichtssache ist, was man unter Dummheiten versteht, und so nickt sie, betrachtet dabei das Fensterglas und die dahinter aufragenden Obstbäume, in denen sie in ihrer Kindheit geklettert ist. [...] *Dummheiten, Dummheiten.*

– Nun, das ist ja beruhigend.

Richard, gedunsen, rot (seine Backe ist seit gestern noch dicker geworden), zugleich auch erleichtert, daß Ingrid schweigend aus dem Fenster sieht, als wäre da draußen etwas, von dem sie sich ablenken läßt.

– Es ist nur zu deinem Besten.

Versöhnlich, vielleicht in der Hoffnung, er könnte verstanden werden.

– Ich halte es genauso.

Und obwohl sich nicht mit Bestimmtheit sagen läßt, was Ingrid damit meint, ist es Antwort genug.

Richard steht auf, murmelt etwas von *Verhandlungen bis zur Verblödung* und *Kompromisse erzielen*. Alma drückt ihren Mund auf die gesunde Wange, die ihr Richard hinhält. Ingrid folgt dem Beispiel ihrer Mutter. Die gute Tat für heute. Richard holt sich seinen Hut, vergewissert sich vor dem Spiegel, daß der Hut gerade sitzt. Er schreitet zügig, ein wenig ächzend, erschöpft bereits in der Früh, aus dem Haus. Die Wagentür schlägt zu. Als der Wagen abfährt, sagt Alma ohne Zorn und Vorwurf:
– Ingrid. Ingrid. [...]

Ingrid stellt das Geschirr in die Abwasch, dabei verspricht sie dem lieben Gott, daß sie sich bessern wird, wenn sie nur bald ihre Tage bekommt […].

Aus: Geiger, Arno: Es geht uns gut. Roman, München und Wien: Hanser 2005, S. 142–152 (für Prüfungszwecke überarbeitet).

1 Der „Staatsvertrag betreffend die Wiederherstellung eines unabhängigen und demokratischen Österreich" wurde am 15. Mai 1955 von Vertretern der USA, der UdSSR, Frankreichs und Großbritanniens und der österreichischen Regierung unterzeichnet.

2 Peter produziert und vertreibt Spiele.

Lösungsvorschlag

Aufgabe a: Zusammenfassung des Inhalts

Vorschlag für eine Ausarbeitung:
Der vorliegende Text ist ein Auszug aus Arno Geigers 2005 erschienenem Roman *Uns geht es gut*. Die Handlung spielt im Österreich des Jahres 1955 und behandelt das Verhältnis der neunzehnjährigen Ingrid zu ihrem Vater Richard, einem hohen Regierungsbeamten, das sich infolge von Ingrids Verlobung mit Peter in einer Krise befindet.

Bei der morgendlichen Begegnung im Badezimmer macht der Vater Ingrid Vorwürfe wegen ihres Verhaltens, wohl im Zusammenhang mit ihrer erst kurz zuvor bekannt gewordenen Verlobung. Ingrid zieht sich mit dem Hinweis auf Magenschmerzen in ihr Zimmer zurück. Während sie sich anzieht, denkt sie an die Ablehnung, auf die ihr Verhältnis zu Peter bei ihrem Vater stößt, wobei es sie besonders trifft, dass sie sich von ihrem Vater nicht ernst genommen, sondern wie ein Kind behandelt sieht.
Beim anschließenden gemeinsamen Frühstück – auch die Mutter ist anwesend – setzt der Vater seine Vorwürfe fort. Dabei führt er insbesondere die unsichere materielle und berufliche Situation Peters an. Die Gedanken Ingrids befassen sich währenddessen mit der Person ihres Vaters, den sie für gefühllos hält, und ihrer Beziehung zu ihm, die ihr durch Respekt, aber nicht durch Liebe gekennzeichnet scheint. Sie hält sich im Gespräch längere Zeit zurück, verteidigt zaghaft Peter und greift schließlich ihren Vater an, worauf dieser mit Drohungen reagiert und Gehorsam fordert. Eingeschüchtert geht Ingrid scheinbar und in recht allgemeiner Form auf diese Forderungen ein. Die Mutter beteiligt sich so gut wie gar nicht an der Auseinandersetzung. Schließlich wird der Vater von einem Dienstwagen abgeholt.
Die Szene endet mit einer sachten Aufforderung der Mutter zur Mäßigung und sorgenvollen Gedanken Ingrids wegen ihrer ausbleibenden Regel.

Aufgabe b: Untersuchung von Ingrids Verhältnis zu Richard

***Hinweis:** Wichtig ist, dass Sie nicht Ingrids Verhalten ihrem Vater gegenüber beschreiben, sondern ihr Verhältnis zu ihm. Hinweise auf das Verhalten (das natürlich auch das Gesprächsverhalten einschließt) haben die Aufgabe, Feststellungen, die über das Verhältnis getroffen werden, zu begründen. Die Darstellungsweise ähnelt also der bei einer Charakterisierung: Man stellt Behauptungen auf, begründet sie durch Hinweise auf Handlungs- bzw. Inhaltselemente und belegt sie – wo erforderlich und zweckdienlich – mit Textzitaten.*

Vorschlag für eine Ausarbeitung:
Ingrids Verhältnis zu ihrem Vater ist in einer **Krise**. Das ergibt sich allein schon aus der Tatsache, dass ihr Vater in einer für sie ganz entscheidenden Frage mit Vehemenz eine konträre Position vertritt und diese auch durchzusetzen gedenkt. Immerhin hat sie den Eindruck, dass

sich ihr Vater daran macht, ihr Lebensglück zu zerstören. Ingrid müsste schon ein Engel sein, um in einer solchen Situation gleichmütig zu bleiben. Dass dies nicht der Fall ist, machen sowohl ihre Gedanken als auch ihr Verhalten deutlich. So zeigt der Umstand, dass sie das Verhältnis zu ihrem Vater nicht mehr für gegeben nimmt, sondern problematisiert (Z. 43–48), dass es gestört ist. Dabei kommt sie dann auch zu dem Ergebnis, dass sie ihren Vater nicht liebt. Sie sieht sich von ihm außerdem „behandelt [...] wie ein Kind, dem man sein Spielzeug wegnehmen will“ (Z. 15 f.). Die Art, wie sie sich immer wieder Wendungen, die ihr Vater benutzt, durch den Kopf gehen lässt, zeigt, wie sehr sie sein Verhalten stört (vgl. die kursiv gedruckten Worte in den Z. 17, 19, 42, 51). Nur mit Mühe gelingt es ihr, sich im Gespräch mit ihm noch soweit zu beherrschen, dass sie nicht eine Blumenvase an die Wand wirft oder einfach weggeht (vgl. Z. 87 f.), was einen Eklat bedeuten würde. Dass ihr Verhältnis zum Vater schlecht ist, zeigt sich auch darin, dass sie ihn schließlich so sehr provoziert, dass er die Beherrschung verliert und ihr mit Konsequenzen droht (vgl. Z. 82–86).

Ein weiteres Kennzeichen dieses Verhältnisses ist, dass sich die beiden Figuren nicht auf gleicher Ebene begegnen, sondern Ingrid die überlegene Position des Vaters anerkennt. **Ihre Unterlegenheit** ergibt sich rein äußerlich aus ihrer rechtlichen und wirtschaftlichen Abhängigkeit, sie zeigt sich aber auch in ihrem Verhalten dem Vater gegenüber. So verlagert sie einen großen Teil ihres Ärgers in ihr Inneres und bemüht sich lange Zeit darum, sich im Gespräch zurückzuhalten: Aus dem Badezimmer zieht sie sich zurück, anstatt zu widersprechen, in der ersten Phase der Unterhaltung am Frühstückstisch äußert sie sich überhaupt nicht, und erst als ihr Vater abfällig über ihren Verlobten spricht, fühlt sie sich dazu veranlasst, etwas zu sagen. Sie beschränkt sich dabei aber darauf, Peter zu verteidigen (vgl. Z. 60 f.), zunächst ohne den Vater anzugreifen. Nur einmal provoziert sie ihren Vater, wobei sie ihm rücksichtslos autoritäres Gebaren der Mutter gegenüber vorwirft („So kannst du Mama in die Tasche stecken“, Z. 77) schreckt dann aber sofort vor ihrer Keckheit zurück, indem sie in Erwartung der Strafpredigt die Augen niederschlägt (vgl. Z. 79 ff.) und schließlich, wenn auch ohne innere Bereitschaft, auf die Forderungen ihres Vaters eingeht (vgl. Z. 95–98 und Z. 100 f.).

Bei aller Bereitschaft, die Überlegenheit des Vaters nach außen hin anzuerkennen, hat sie sich **innerlich weitgehend unabhängig** von ihm gemacht. Sie hat sich einen Partner gesucht, der nicht den Vorstellungen des Vaters entspricht, hat sich heimlich und im Wissen um den väterlichen Widerstand mit ihm verlobt und auch schon mit Peter geschlafen, obwohl sie davon ausgeht, dass dies die stärkste denkbare „Bedrohung seiner [d. h. von Richards] Wertvorstellungen darstellt und eine ähnliche Beleidigung seines sozialen Ordnungssinns“ (Z. 22 f.). Ihre innere Unabhängigkeit zeigt sich auch darin, dass sie sich im Gespräch mit dem Vater über weite Strecken ausgesprochen diplomatisch verhält, indem sie sich nicht provozieren lässt und einfach schweigt und indem sie dem Vater Recht gibt (vgl. bes. Z. 95–98), wissend, dass sie ihn damit einigermaßen beruhigen kann. Gleichzeitig aber plant sie, sich nicht an ihre Versprechungen zu halten, wobei sie mit sophistischen Deutungen dem Selbstvorwurf der Unaufrichtigkeit zu entkommen sucht: Als sie dem Vater wider besseres Wissen verspricht „keine weiteren Dummheiten“ zu machen, erscheint ihr das deshalb akzeptabel, weil „sie findet, daß es Ansichtssache ist, was man unter Dummheiten versteht“ (Z. 100 f.).

All dies weist auf eine weitere Eigenheit ihres Verhältnisses zum Vater hin, nämlich die **fehlende Offenheit**. Diese ist im Grunde das Ergebnis der faktischen Überlegenheit des Vaters bei gleichzeitiger innerlicher Unabhängigkeit Ingrids. Dass ihr Verhältnis zu Richard nicht offen ist, zeigt sich daran, dass sie die Verlobung verschwiegen hat, dass sie heimlich mit Peter schläft, obwohl sie weiß, in welchem Maß dies den Moralvorstellungen des Vaters zuwiderläuft, und dass sie infolgedessen natürlich auch ihre Befürchtung, schwanger zu sein, unerwähnt lässt. Ihre Unaufrichtigkeit zeigt sich ebenso in ihrem diplomatischen Gesprächsverhalten (s. o.) wie auch darin, dass sie Versprechungen macht, die sie nicht zu halten gedenkt.

Sie ist sich dieser fehlenden Offenheit auch durchaus bewusst. Im Text heißt es dazu, dass „sie auch keine Möglichkeit [sieht], ehrlich und glücklich zugleich zu sein" (Z. 97). Und in dieser Zwangslage entscheidet sie sich fraglos für das, was sie für das Glück hält, und gegen die Ehrlichkeit.

Aufgabe c: Beurteilung von Richards Verhalten

Hinweis: *Wie bei jeder Erörterung, und um eine solche handelt es sich im Grunde auch hier, muss zunächst der Themabegriff geklärt werden. Dieser lautet: „Richards Verhalten im Zusammenhang mit der Partnerwahl seiner Tochter". Mit anderen Worten: Sie müssen einleitend darlegen, worin Richards Verhalten überhaupt besteht. Nur so können Sie im Folgenden gezielt argumentieren.*
Das Thema ist im Übrigen dialektisch zu bearbeiten. Dabei werden aber meist etwas weniger strenge Maßstäbe an den Umfang der Bearbeitung, die ausgewogene Berücksichtigung beider Positionen und die Synthese angelegt, als dies bei der Stellungnahme zu einem Sachtext der Fall ist.

Vorschlag für eine Ausarbeitung:
Richards Verhalten hat zwei Dimensionen: Zum einen macht er die Partnerwahl seiner Tochter auch zu seiner eigenen Angelegenheit, genauer: Er behält sich ein **Vetorecht** vor, wenn er, wie im Fall von Peter, mit dem gewählten Partner nicht einverstanden ist. Zum anderen geht er, als er seinen Anspruch geltend macht, **wenig einfühlsam** vor: Er äußert sich in geringschätzigem Ton gegenüber Ingrid, spricht im Zusammenhang mit ihrer Verlobung von „Dummheit" (Z. 17), nennt ihre Liebe „Vernarrtheit" (Z. 19) und beleidigt insbesondere Peter, den er gegenüber seiner Tochter einen „Flegel" und „Rotzlöffel" (Z. 42) nennt. Zudem setzt er Drohungen (Z. 82 f.) ein.

Der Versuch des Vaters, auf die Partnerwahl Ingrids Einfluss zu nehmen, ist zwar nicht rundheraus zu befürworten, aber doch durchaus **verständlich**. Schließlich macht er ihre Wahl nicht einfach zu der seinigen, sie ist auch die seinige, wenn man seine **Situation und die Zeitumstände** berücksichtigt. In ganz anderem Ausmaß als heute fielen noch in den fünfziger Jahren das Verhalten und der Ruf von Familienmitgliedern auf den Rest der Familie und also in diesem Fall auch und gerade auf Richard zurück. Hinzu kommt, dass er ein **hohes öffentliches Amt** bekleidet und damit sicherlich großes gesellschaftliches Ansehen besitzt. Wenn seine Tochter nun, wie er befürchtet, eine Mesalliance eingeht, ihr Mann beruflich scheitert, evtl. in finanzielle Schwierigkeiten gerät, vielleicht gar bankrottgeht oder sich die Verbindung als nicht haltbar erweist und geschieden wird, so ist auch sein Ruf beschädigt. Insofern muss ihm daran gelegen sein, dass seine Tochter die richtige Wahl trifft.

Zudem trägt er als Vater einer noch **minderjährigen Tochter** eine gewisse Verantwortung für ihr späteres Leben. Anders als heute waren Ehefrauen – zumal in bürgerlichen Kreisen – zu der Zeit, zu der die Handlung spielt, in der Regel nicht berufstätig, sondern auf die Einkünfte des Ehemanns als des Ernährers der Familie angewiesen. Diese **Abhängigkeit der Frauen** machte es erforderlich, dass sich Eltern viel intensiver als heute für die beruflichen Aussichten potenzieller Schwiegersöhne interessierten, um ihren Töchtern eine sorgenfreie Zukunft zu sichern. Die Übernahme dieser Verantwortung wurde von den Eltern auch erwartet, und Richard würde sich wohl in seinem Bekanntenkreis dem Vorwurf der Fahrlässigkeit ausgesetzt sehen, handelte er anders.

Andererseits lässt sich gegen Richards Verbot einwenden, dass es sich bei Ingrid, wenn auch seinerzeit noch nicht um einen volljährigen, so aber doch immerhin um einen erwachsenen Menschen handelt, dessen Erziehung als abgeschlossen betrachtet werden kann. Unserem Verständnis von **Freiheit und Autonomie des Individuums** scheint es zu widersprechen, wenn man über dessen Kopf hinweg und gegen seinen Willen Entscheidungen trifft, die sein ganzes späteres Leben berühren, auch dann, wenn man der Ansicht ist, dass es einen Fehler begeht. Daher ist das Verbot des Vaters negativ zu sehen.

Außerdem ist die Art, wie er seine Haltung zum Ausdruck bringt, nicht zu befürworten. Die erwähnten **Herabsetzungen und Beleidigungen** und die unbestimmte Drohung, die er ausspricht, sind nicht der Umgangston, den man einem anderen Menschen gegenüber anschlagen sollte, da sie persönlich verletzen. Außerdem ist dieser Umgangston wenig zielführend, da er, wie sich zeigt, nur Widerstände in Ingrid weckt und sie daran hindert, mögliche sachliche Erwägungen im Zusammenhang mit ihrer Partnerwahl überhaupt in Betracht zu ziehen.

Alles in allem lässt sich also feststellen, dass Richards Ablehnung der Verbindung bis hin zum Verbot einer Ehe **aus der damaligen Sicht** der Verhältnisse **verständlich** sind. Aus heutiger Sicht wären sie andererseits nicht mehr zu akzeptieren, da wir erwachsenen Kindern eine größere Selbstständigkeit zugestehen und die Gesellschaft ganz allgemein der **Autonomie des Individuums** einen höheren Stellenwert einräumt, sodass die Lebensverhältnisse von erwachsenen Kindern nicht mehr automatisch als Angelegenheit ihrer Eltern betrachtet werden. Die Art, wie Richard mit seiner Tochter umgeht, ist allerdings weder aus der heutigen noch aus der damaligen Sicht vertretbar. Statt Ingrid und Peter herabzusetzen, sollte Richard in ruhigem Ton mit seiner Tochter sprechen und ihr seine Beweggründe sachlich erläutern und dabei auch seine Frau einbeziehen, der er im vorliegenden Fall nur eine Statistenrolle zuzubilligen scheint.

Bayern – FOS · BOS 12: Fachabiturprüfung 2008 – Deutsch
4. Dramatik

Aufgaben:

a) Fassen Sie den Inhalt der Szene knapp zusammen.

b) Charakterisieren Sie den Weltverbesserer. Berücksichtigen Sie dabei dessen Sprach- und Gesprächsverhalten.

c) Analysieren Sie auf Basis des Textes Gründe, weshalb die Frau mit dem Weltverbesserer zusammenlebt. Wie beurteilen Sie diese Gründe?

Thomas Bernhard (1931–1989): **Der Weltverbesserer** (1980)

Fünf Uhr früh
Der glatzköpfige Weltverbesserer mit einem Hörrohr auf einem hohen Sessel
WELTVERBESSERER ruft durch die offene Tür hinaus
Das Ei weich
die Sauce süß
süß die Sauce
streckt beide nackten Beine so weit als möglich aus, während er in einem Buch liest […], klappt das Buch zu und schaut umher
Es ist lächerlich
wenn ich schließlich und endlich doch an der Zugluft sterbe
befiehlt
Fenster zu
Türen zu
Es ist genug gelüftet
draußen werden Türen und Fenster zugemacht […]
ruft hinaus
Die Kragen stärken
aber nicht so hart
daß sie mir bei jeder Bewegung
in den Hals schneiden
betastet seinen Hals von allen Seiten
Ich bin ganz wund
Ein schrecklicher Zustand
Wir brauchen Schonung
und werden gemartert
schlägt das Buch wieder auf und liest
Was für ein unbeschreiblicher Unsinn
wirft das Buch so weit als möglich weg
sinkt in sich zusammen, dann schreiend
Daß mir kein Tintenfisch mehr
auf den Tisch kommt
zu sich
Diese Stelle war doch sehr komisch
Komisch
schreit
Bring mir doch das Buch
Das Buch

hörst du
das Buch
Die Frau tritt ein, hebt das Buch auf und gibt es ihm
Weltverbesserer ganz leise zu ihr
Ich weiß
ich bin ungerecht
Ich bin ein Scheusal
ich bin unverbesserlich
Ich bin gerührt
tatsächlich ich bin gerührt
tätschelt der Frau auf die Brust
In gewissem Sinne
bin ich ungerecht
in gewissem Sinne
Meine Launen
ich weiß
Die Frau geht hinaus […]
[Weltverbesserer] ruft hinaus
Wir sollten einen Spaziergang machen
Alles blüht draußen
zu sich
und ich sitze da
eingesperrt
kein Mensch kümmert sich um mich
plötzlich hinausschreiend
Ich erfriere
zappelt mit den Füßen
Ich erfriere wenn du nicht gleich kommst
In der Schatulle ist meine Kette
sinkt in sich zusammen
Heute will ich sie umhängen
Heute ist ein großer Tag
ruft hinaus
Die Kette
gibt mir mehr Würde
schreit
Was ist denn so kompliziert
daß ich solange warten muß
Ich friere
ich erfriere
zappelt mit den Füßen
Die Frau kommt mit einer Fußbadewanne herein, stellt sie am Sessel ab, kniet vor dem Weltverbesserer mit einem Handtuch nieder
Weltverbesserer steckt langsam die Füße ins heiße Wasser
Ah
Eine Gewohnheit natürlich
Eine Machtbefugnis
Wir bitten um tagtägliche gute Behandlung
Wir sehen zu daß alles in Ordnung kommt
und erbitten beste Behandlung
Hast du auch ein frisches Handtuch
Zeig her
Er entreißt der Frau das Handtuch und riecht am Handtuch

Eine Unverschämtheit
Glaubst du ich erkenne meinen Geruch nicht
Ich liebe es nicht
ein Handtuch zweimal zu benützen
wirft das Handtuch weg
Man belügt mich nicht ungestraft
Aufheben
Heb es auf
Die Frau weigert sich [...], geht hinaus
Weltverbesserer [...] zu sich
Die verlogene Ratte
Zwanzig Jahre
hat sie gehofft
daß ich sie heirate
jetzt erhofft sie sich
die Heirat nicht mehr
aber sie geht auch nicht mehr weg
Sie fühlt sich hier zuhause
Auch mit ihrer Häßlichkeit
bin ich fertig geworden
Wir haben uns gegenseitig hineingelegt
plötzlich hinaus schreiend
Eine Ungeheuerlichkeit
eine Fürchterlichkeit
hörst du [...]
Die Kette
die Kette bitte [...]
Die Frau kommt mit einer großen Kette herein
Weißt du noch
wofür ich diese Kette bekommen habe
von der Stadt Frankfurt
Sag es
auch wenn du es schon hunderttausendmal gesagt hast
Ich will es hören
bitte
bitte sag es
klatscht in die Hände
Ich bitte dich sag es
sag es
sag es
für
für
DIE FRAU hängt ihm die Kette um
Für deinen Traktat
WELTVERBESSERER
Natürlich für meinen Traktat
Für welchen Traktat für welchen
DIE FRAU
Für den Traktat
den du der Stadt Frankfurt gewidmet hast
WELTVERBESSERER
Ja ja
aber wie heißt der Traktat

wie heißt er
DIE FRAU
Traktat zur Verbesserung der Welt
WELTVERBESSERER betastet von oben nach unten die Kette
Du sagst es
du sagst es mein Kind
Du entschädigst mich dadurch
für so viele Schändlichkeiten
Du weißt
ich verzeihe dir
ich habe dir immer verziehen
Meine Natur verzeiht
ich habe immer allen verziehen
insbesondere dir
Was für ein armer Mensch bin ich
Die Kette ist ja nur eine kleine Entschädigung
nur eine ganz kleine Entschädigung
Die Kette bindet mich natürlich
moralisch
moralisch bin ich an diese Kette gebunden
Das Traurige ist
daß kein Mensch meinen Traktat verstanden hat
kein Mensch hat jemals verstanden
was ich in meinem Traktat sage
Solltest du mir nicht jetzt
noch vor dem Frühstück
aus dem Traktat vorlesen
Etwas aus dem Zentrum
Du weißt was ich meine
bitte
tu mir den Gefallen
plötzlich
Bist du noch heiser
Ich kann nicht wissen
ob du noch heiser bist
Du sprichst so leise und so undeutlich
daß ich gar nicht feststellen kann
ob du noch heiser bist [...]
Wenn du mir in dieser Verfassung vorliest
machst du meinen Traktat lächerlich
Ich bin nicht mehr empfänglich
Ich habe plötzlich so ein Ohrensausen
es saust schon wieder in meinen Ohren
herrscht die Frau an
Was sitzt du da
und tust nichts
schreit
Untätige [...]
küßt sie auf die Wange
Du hast eine Reise verdient
das ganze Jahr
mit einem Wüstling
mit einem Ungeheuer

mit einem Berserker
Nun gut
wenn ich nur wüßte wohin
hast du eine Vorstellung wo wir hinfahren könnten
Wenn wir nicht schon überall gewesen wären
plötzlich laut schreiend
Aber nicht in die Schweiz
Ich kann keine Berge mehr sehen
Und das Meer langweilt mich
Keine Großstadt
Nicht auf das Land
Hast du einen Herzenswunsch mein Liebes
einen Herzenswunsch einen Herzenswunsch
Ich weiß du willst nach Interlaken [...]
plötzlich
Die Leute die gehen können
wissen gar nicht wie es ist
jahrelang in einem Sessel sitzen zu müssen
was es mich kostet
von diesem Sessel aufzustehn
sucht etwas, aber es ist nicht da
Wo sind denn meine Krücken
Wo sind denn die Krücken
Die Frau hilft ihm vom Sessel auf und der Weltverbesserer stützt sich auf die Krücken
Ich glaube nicht
daß es gehen wird
ich glaube nicht [...]
versucht drei Schritte zu gehen, geht aber nur zwei [...]
will wieder auf den Sessel zurück, stößt die Frau beiseite
Die Ungeschicklichkeit
macht mich wahnsinnig
setzt sich mühselig wieder auf den Sessel und wirft der Frau die Krückstöcke hin
Daß du immer versagst
Immer ist es das gleiche
Ich habe keine Stütze an dir
Du haßt mich
Ich weiß daß du mich haßt
Was stehst du da und starrst mich an
Die Frau geht mit den Krücken hinaus
Was tun wir nicht alles
um überleben zu können
Die Unfähigkeit umgibt uns
Die Unfähigkeit und der Haß
ruft hinaus
Warum muß sich alles immer wieder
in Komplikationen erschöpfen
Komm herein
komm her
Es war ja nicht so gemeint
Ich wollte dich nicht kränken
komm her
Warum kommst du nicht
Die Frau kommt herein

Ich bin ja kein Menschenfresser [...]
Der Schein muß gewahrt sein
Habe ich dir jemals die Heirat versprochen
Niemals
Es ist nicht notwendig wie du siehst
Die Ehe ist kein Heilmittel
Alle sind mit der Hölle verheiratet [...]
plötzlich
Ich weiß du haßt mich
zuerst hast du mich geliebt
dann hast du spekuliert
dann hast du resigniert
jetzt haßt du mich
Du schleichst immer wie um einen Leichnam
um mich herum
Du kannst lange warten
Da müßte schon ein Verbrechen geschehn
zuzutrauen ist es dir
ich weiß auch welche Verbrechensart
Du bist zu einem intelligenten Verbrechen imstande
Aber es nützt dir nichts
Du mußt mich aushalten [...]

Aus: Bernhard, Thomas: Der Weltverbesserer, in: Bernhard, Thomas: Stücke 3, Frankfurt am Main: Suhrkamp 1988, S. 119–142 (für Prüfungszwecke überarbeitet).

Lösungsvorschlag

Aufgabe a: knappe Zusammenfassung des Inhalts

Hinweis: *In der Aufgabenstellung ist von einer knappen Inhaltsangabe die Rede. Eine solche beschränkt sich üblicherweise auf ca. fünf bis sieben Sätze. In der vorliegenden Szene findet keine nennenswerte Entwicklung statt. Insofern ist es nicht sehr ratsam, ihren Verlauf nachzuzeichnen, sondern günstiger, die charakteristischen Aspekte der Äußerungen und des Verhaltens des Weltverbesserers herauszustellen.*

Vorschlag für eine Ausarbeitung:
Bei dem vorliegenden Text handelt es sich um einen Auszug aus Thomas Bernhards Drama *Der Weltverbesserer* aus dem Jahr 1980. Die Szene gibt einen Einblick in das häusliche Leben des als Weltverbesserer bezeichneten Protagonisten und in diesem Zusammenhang Aufschluss über seine Person und sein Verhalten gegenüber der Frau, mit der er offenbar seit mehr als zwanzig Jahren zusammenlebt.

Zu Beginn gibt der Weltverbesserer in schroffem Ton Anweisungen für das Frühstück. Anschließend beklagt er sich immer wieder über seine körperliche Befindlichkeit und erteilt weitere Befehle in zumeist demütigender Weise, deren sofortige Befolgung er mit scharfen Worten einfordert. Neben der Sorge um seine Bequemlichkeit hat die Frau auch die Aufgabe, ihm seine Lebensleistungen vor Augen zu führen, indem Sie ihm beispielsweise die von der Stadt Frankfurt verliehene Kette umlegt oder aus seinem Hauptwerk vorliest. Unterbrochen werden seine ständigen Forderungen und Schmähungen durch kurze und überraschende Phasen von Selbsterkenntnis und Selbstkritik. Die Szene endet offen mit dem Vorwurf des Weltverbesserers, die Frau trage sich mit Mordgedanken.

Aufgabe b: Charakterisierung des Weltverbesserers

Hinweis: Bei Charakterisierungen ist grundsätzlich darauf zu achten, dass man der Darstellung einen eigenständigen, sachangemessenen Aufbau verleiht und sich nicht einfach am Text entlang bewegt. Außerdem geht es nicht darum, das Verhalten der Figur zu beschreiben, sondern aus ihrem Verhalten auf Persönlichkeitseigenschaften zu schließen. Mithin hat die Darstellung im Wesentlichen argumentierenden Charakter, indem Behauptungen über die Persönlichkeit der Figur aufgestellt werden, die dann durch Hinweise auf ihr Verhalten zu begründen und durch geeignete Zitate zu belegen bzw. zu veranschaulichen sind. In der Regel kann man sich beim Grobaufbau an folgendem Schema orientieren: Beruf und gesellschaftliche Stellung der Figur, ihr äußeres Erscheinungsbild, ihre soziale Einbindung (Familie, Freundes- und Bekanntenkreis), ihre Ansichten, ihre Charaktermerkmale, natürlich nur, soweit der Text über die genannten Gesichtspunkte Aufschluss gibt. Eine gute bis sehr gute Arbeit wird sich zusätzlich darum bemühen, die einzelnen Charaktermerkmale nicht isoliert zu behandeln, sondern Zusammenhänge deutlich zu machen.
Da das Sprach- und Gesprächsverhalten der Figur „dabei", also bei der Charakterisierung zu berücksichtigen ist, sollten Sie es im Zusammenhang mit der Charakterisierung und nicht anschließend an sie behandeln. Sie ziehen es jeweils zur Begründung der Behauptungen heran, die Sie über die Figur formulieren, was ja im Grunde auch ohne die genannte Anweisung erforderlich ist.

Vorschlag für eine Ausarbeitung:
Beim Weltverbesserer handelt es sich offenbar um einen Gelehrten, einen Philosophen oder Wissenschaftler. Schließlich hat er ein wichtiges Werk geschrieben, einen **Traktat**, für den er von der Stadt Frankfurt ausgezeichnet worden ist. Ob er zum Zeitpunkt der Handlung noch einer entsprechenden Tätigkeit nachgeht, ist nicht ersichtlich. Über sein Äußeres ist – mit Ausnahme eines Hinweises auf eine Glatze – nichts bekannt. Er scheint schon älter zu sein, denn er macht einen gesundheitlich fragilen, **pflegebedürftigen Eindruck**. So kann er sich nur mit Hilfe von Krücken fortbewegen und ist auch damit nur zu wenigen Schritten fähig (vgl. Z. 224 f.). Außerdem ist er schwerhörig, worauf die Benutzung eines Hörrohres (vgl. Z. 2) hindeutet. Er lebt seit über zwanzig Jahren mit einer Frau zusammen, die sich um ihn kümmert und die sich nach seinen Angaben anfangs wohl Hoffnungen auf eine Ehe gemacht hat. Über weitere soziale Kontakte ist nichts bekannt, aber das **asoziale Verhalten** und die eingeschränkte Mobilität des Weltverbesserers lassen erwarten, dass er ein ziemlich zurückgezogenes Leben führt.

Seine zentrale Persönlichkeitseigenschaft ist die **Egozentrik**. Er selbst ist das Maß aller Dinge, der Mittelpunkt des Kosmos, andere haben sich ausschließlich um sein Wohlbefinden zu kümmern, in diesem Fall betrifft dies nur die mit ihm zusammenlebende Frau – weitere Personen werden sich längst zurückgezogen haben. Ausdruck seiner Selbstliebe ist zunächst seine **Eitelkeit**: Er verlangt, dass man ihn an seine Erfolge erinnere, indem die Ehrenbezeigung der Stadt Frankfurt im häuslichen Bereich nachgespielt werden muss (vgl. Z. 116 f., 133) und indem die Frau aufgefordert wird, sein Hauptwerk zu erwähnen (Z. 122 ff.) und schließlich aus diesem vorzulesen. Dabei nimmt seine Eitelkeit regelrecht pathologische Züge an: Er duldet nicht, dass der Traktat mit heiserer Stimme vorgelesen wird, was diesen seiner Ansicht nach „lächerlich" erscheinen lässt (vgl. Z. 176–183). Auch ein Anflug von **Größenwahn** ist dabei nicht zu übersehen. Immerhin glaubt er sich zu gedanklichen Leistungen oder Erkenntnissen fähig, die kein anderer nachvollziehen könne: „Das Traurige ist […] kein Mensch hat jemals verstanden was ich in meinem Traktat sage" (Z. 164–167).

Eine Folge seines Egoismus ist im Grunde auch seine **Wehleidigkeit**. Sich selbst bespiegelnd, beobachtet er ständig seine Befindlichkeit, empfindet diese zwangsläufig als mangelhaft und fühlt sich dadurch unwohl, ja unglücklich, und wird aggressiv. So hat er Angst vor Zugluft (vgl. Z. 9 f.), beklagt sich über zu harte Hemdkragen, die ihn „bei jeder Bewegung in den Hals schneiden“ (Z. 19 f.), und leidet unter der Raumtemperatur, die ihm kalte Füße bereitet (vgl. Z. 62 ff., Z. 74 ff.). Selbst ein einmal benutztes Handtuch stört sein Wohlbefinden (vgl. Z. 93 ff.). Diese Wehleidigkeit äußert sich vor allem auch in Ausrufen, Hyperbeln und ausdrucksstarken Worten, mit denen er seinen Zustand jeweils beschreibt: Er fürchtet, an der Zugluft zu „sterbe[n]“ (Z. 10), sieht sich durch die Hemdkragen in einem „schreckliche[n] Zustand“ (Z. 23), fühlt sich „gemartert“ (Z. 25) und meint, er „erfriere“ (Z. 65 und 77), wenn nicht gleich das erhoffte Fußbad kommt. Aufgrund seiner **Ich-Fixiertheit** hält er seine subjektive Befindlichkeit für ein allgemein-menschliches Phänomen, ausgedrückt in der 1. Person Plural, mit der er seinen Zustand beschreibt (Z. 24 f.: „Wir brauchen Schonung und werden gemartert“; Z. 85 ff.: „Wir bitten um tagtägliche gute Behandlung Wir sehen zu daß alles in Ordnung kommt und erbitten beste Behandlung“; Z. 238 f.: „Die Unfähigkeit umgibt uns […] und der Haß“). In diesem Zusammenhang fällt auch seine extreme **Ungeduld** auf. Sie ist eine Folge der Tatsache, dass er sich und seine Bedürfnisse so überaus wichtig nimmt und zeigt sich in den häufigen Wiederholungen, mit denen er seinen Forderungen eine besondere Dringlichkeit verleihen möchte: „Bring mir doch das Buch Das Buch hörst du das Buch“ (Z. 36 ff.) – „Ich erfriere […] Ich erfriere […] Ich friere ich erfriere“ (Z. 63–77) – „Sag es […] bitte sag es […] Ich bitte dich sag es sag es sag es“ (Z. 122–130).

Der Weltverbesserer ist also **ein zutiefst unglücklicher Mensch**. Nicht nur leidet er, wie oben beschrieben, unter den verschiedensten Kleinigkeiten, er kann seinem Leben überhaupt nichts Positives abgewinnen („Wir brauchen Schonung und werden gemartert“, Z. 24 f.). Er fühlt sich trotz der Pflege vernachlässigt und allein gelassen: „[…] und ich sitze da eingesperrt kein Mensch kümmert sich um mich“ (Z. 59–61) – „Immer ist es das gleiche Ich habe keine Stütze an dir Du haßt mich“ (Z. 230 ff.) – „Die Unfähigkeit umgibt uns Die Unfähigkeit und der Haß“ (Z. 238 f.).

Diese Verzweiflung kommt nicht zuletzt aus der für Egozentriker typischen Unfähigkeit, zu anderen Menschen eine befriedigende Beziehung aufzubauen. **Sein Verhältnis zu ihnen ist geprägt von mangelnder Wertschätzung, Argwohn und Misstrauen.** Wie erwähnt, zeigt er sich daher nicht nur unzufrieden mit dem aufopfernden Dienst der Frau (s. o.), sondern er vermutet dahinter Berechnung und Hass: „[…] zuerst hast du mich geliebt dann hast du spekuliert dann hast du resigniert jetzt haßt du mich“ (Z. 259–262) – „Die verlogene Ratte Zwanzig Jahre hat sie gehofft daß ich sie heirate“ (Z. 101–104).

Vor allem aber ist er aufgrund seiner Fixierung auf die eigene Person **nicht bereit oder in der Lage, die Interessen anderer überhaupt wahrzunehmen oder die Wirkung seines Verhaltens auf andere zu erkennen**. Dies zeigt insbesondere die rücksichtslose Art des Umgangs, den er mit der Frau pflegt. Er erteilt in demütigender Weise Befehle, deren sofortige Befolgung er einfordert. Sprachlich äußert sich dies in den häufigen Imperativen, die meist elliptischen Charakter tragen und dadurch zusätzlich schroff wirken: „Das Ei weich die Sauce süß süß die Sauce“ (Z. 4 ff.) – „Fenster zu Türen zu“ (Z. 12 f.) – „Daß mir kein Tintenfisch mehr auf den Tisch kommt“ (Z. 30 f.) – „Die Kette die Kette bitte“ (Z. 116 f.). Diese Geringschätzung seiner Mitmenschen wird erst recht in seinen Vorwürfen und Schmähungen erkennbar. So nennt er die Frau eine „verlogene Ratte“ (Z. 101) und spricht von „ihrer Häßlichkeit“, mit der er fertig geworden sei (Z. 109 f.), wirft ihr vor, ihn zu umschleichen wie „einen Leichnam“ (Z. 263 f.) und Mordpläne zu hegen (Z. 266–269). Auch seine Vorstellung, durch ein wenig Selbstkritik (Z. 41–47) und flüchtige Versprechungen (Z. 192–197) die zuvor zugefügten Verletzungen wieder heilen zu können, zeigt sein fehlendes Einfühlungsvermögen in andere. Ganz abgesehen davon handelt es sich dabei nur um sehr kurze Phasen der Selbstkritik, die zudem rasch wieder abgeschwächt wird: „Ich weiß ich bin ungerecht […] In gewissem Sinne bin ich ungerecht in gewissem Sinne“ (Z. 42–51).

Alles in allem handelt es sich beim Weltverbesserer um eine **gestörte Persönlichkeit**, die zutiefst verunsichert und mit sich selbst nicht im Reinen ist und sich dadurch zu einem selbstsüchtigen **Misanthropen** entwickelt hat.

Aufgabe c: Analyse und Beurteilung der Gründe der Frau für das Zusammenleben

Hinweis: *Da sich die Frau kaum äußert, kann über ihre Gründe nur auf der Basis der in der Szene erkennbaren Umstände und der Bemerkungen des Weltverbesserers – soweit sie als glaubwürdig gelten können – spekuliert werden. Da mehrere Gründe in Frage kommen und Teilaufgabe b eine umfängliche Lösung erfordert, kann hier sicher nicht eine dialektische Beurteilung eines jeden ihrer Motive erwartet werden. Es genügt jeweils eine eigene Einschätzung mit zugehöriger Begründung. Die Beurteilung kann sich unmittelbar an den jeweils genannten Grund anschließen, oder, wie im vorliegenden Fall, geschlossen als eigener Abschnitt auf die Analyse der Gründe folgen.*

Vorschlag einer Ausarbeitung:
Angesichts der Behandlung, die sie erfährt, stellt sich die Frage, warum die Frau überhaupt mit dem Weltverbesserer zusammenlebt.

Ein Grund könnte die **Gewöhnung** sein. Wie aus einer Bemerkung des Weltverbesserers hervorgeht, hat die Frau ihn anfänglich geliebt (vgl. Z. 259). Es ist kaum vorstellbar, dass dies der Fall war, wenn er sich von Anfang an so verhalten hätte wie zur Zeit der Handlung; er muss also früher anders gewesen sein. Im Laufe der Jahre hat dann wohl eine schleichende Veränderung stattgefunden, sodass sich die Frau an die nach und nach entstehende Situation und schließlich an das Ergebnis der Entwicklung gewöhnt hat und es nicht als so drastisch empfindet, wie es einem Außenstehenden erscheinen muss, der – wie der Zuschauer – unvorbereitet damit konfrontiert wird.

Gleichzeitig hat sie sich wohl in dem Leben, das sie mit dem Weltverbesserer führt, eingerichtet – und hier kommt der zweite Grund ins Spiel –, bis ihr **Alternativen aus dem Blick geraten** sind oder zumindest weniger attraktiv erscheinen mussten. Sie kann sich also ein Leben alleine nicht mehr vorstellen, hat auch möglicherweise Angst davor. Außerdem schätzt sie vielleicht auch die Möglichkeiten, die ein Leben mit dem Weltverbesserer bietet, wie die materielle Sicherheit, die gelegentlichen Reisen oder der Abglanz seines Ruhmes als Verfasser des Traktats.

Möglicherweise aber – dies ein weiterer Grund – **gibt es Alternativen schon gar nicht mehr**. Immerhin ist zu vermuten, dass die Frau, ähnlich wie ihr Partner, in vorgerücktem Alter ist. Ältere Menschen haben oft Schwierigkeiten, sich auf eine neue Situation einzustellen und nehmen lieber schwere Beeinträchtigungen in Kauf, solange sie nicht gewärtigen müssen, dass ihre vertraute Welt zusammenstürzt. Hinzu kommt, dass die Frau möglicherweise überhaupt nicht die Mittel hat, um noch eine eigene Existenz zu begründen. Im Drama deutet jedenfalls nichts darauf hin, dass sie über Fähigkeiten verfügt, die über die einer Dienstmagd hinausgehen.

Ein weiterer Grund für ihr Zusammenleben mit dem Weltverbesserer könnte **Berechnung** sein. Diesen Aspekt spricht auch er an. Natürlich hat seine Äußerung aufgrund des Kontextes, in dem er sie tut, und aufgrund seiner Persönlichkeit keine Beweiskraft. Aber es ist immerhin denkbar, dass die Frau erwartet, testamentarisch bedacht zu werden und die Demütigungen in der Hoffnung auf späteren, bescheidenen Wohlstand erträgt. Sehr wahrscheinlich ist dieser Aspekt als Grund für ihr Zusammenleben aber nicht, da der Weltverbesserer selbst – und hier erscheint er eher glaubwürdig – darauf hinweist, die Frau habe inzwischen resigniert. Dies lässt vermuten, dass sie von seiner Seite nichts zu erwarten hat und dies auch weiß.

Schließlich kommen als Motive der Frau noch **Mitleid und Verantwortungsbewusstsein** in Frage. Der Weltverbesserer ist zu einem Pflegefall geworden und kann sich ohne fremde Hilfe nicht mehr fortbewegen. Nachdem sie nun mehr als zwanzig Jahre mit ihm zusammengelebt hat, empfindet die Frau es vielleicht als schäbig und gemein, ihn nun, da er in Schwierigkeiten ist, einfach im Stich zu lassen und kümmert sich deshalb um ihn. Möglicherweise interpretiert sie sein abweisendes Verhalten als eine Folge seiner Hinfälligkeit oder als Hilferuf, vielleicht auch als erstes Anzeichen einer Geistesverwirrung und kann damit umgehen.

Will man die genannten **Gründe** beurteilen, so muss man sicher **differenziert** vorgehen. Wenn die Frau nur deshalb mit dem Mann zusammenlebt und all die Erniedrigungen in Kauf nimmt, weil sie sich an ihre Situation gewöhnt hat, ihre Lage also subjektiv positiver einschätzt, als sie tatsächlich ist, und dadurch die innere Kraft verloren hat, eine Änderung herbeizuführen, so ist dies sicherlich erklärbar, aber doch recht bedauerlich. Der Faktor **Gewöhnung** macht sie unmündig und hilflos. Man würde ihr die Kraft wünschen, sich aus ihrer misslichen Lage zu befreien und ein selbstbestimmtes Leben zu führen.

Etwas anders verhält es sich dann, wenn ihr Verhalten auf das **Fehlen einer Alternative** zurückzuführen ist. Auch diese Situation ist natürlich höchst bedauerlich, auch in diesem Fall ist ihr Verhalten nachvollziehbar, aber hier stimmen ihre objektive und ihre subjektive Lage überein. Ihr Verhalten ist das Ergebnis einer Abwägung und einer bewussten Entscheidung, die angesichts der Umstände vernünftig erscheint. Problematisch ist diese Motivlage allenfalls insofern, als darin auch ein wenig Berechnung liegt, denn die Frau benutzt den Weltverbesserer notgedrungen für ihre Zwecke und macht ihn damit zum Objekt. Darauf bezieht sich dieser wohl, als er meint, man habe sich „gegenseitig hineingelegt“ (Z. 111). Ausschließlich negativ zu bewerten ist das Element der Berechnung aber, wo es auf spätere materielle Vorteile – die erwähnte Erbschaft – abzielt. Hier wird nicht nur der Weltverbesserer – und zwar ohne Not – zu einem Objekt herabgewürdigt, sondern die Frau beraubt sich auch selbst ihrer Würde, indem sie sich aus materiellen Gründen freiwillig in Abhängigkeit begibt und einer ständigen Erniedrigung aussetzt.

Ohne Zweifel positiv zu bewerten ist das Motiv der **Mitmenschlichkeit**. Sich für einen Menschen, der in Not ist, einzusetzen und ihm zu helfen, auch wenn man dadurch selbst mit Schwierigkeiten zu rechnen hat, ist fast uneingeschränkt zu befürworten. An eine Grenze stößt ein solches Motiv allerdings, wo es zur völligen Selbstaufgabe führt. „Liebe deinen Nächsten wie dich selbst“, heißt es in der Bibel, und nicht: „mehr als dich selbst“. Unterstellt man das genannte Motiv, so ist zu hoffen, dass es der Frau gelingt, angesichts der Umstände nicht sich selbst und ihre Bedürfnisse aus dem Blick zu verlieren.

Abschließend ist zu sagen, dass es vielleicht überhaupt ein wenig müßig ist, die Frage nach Gründen zu stellen. Beim vorliegenden Drama handelt es sich schließlich um ein absurdes Stück, dessen Wesen ja gerade darin besteht, Situationen und Verhaltensweisen vorzuführen, die sich jeder Erklärbarkeit entziehen.

Aufgaben:

a) Geben Sie Inhalt und Aufbau des Textes wieder.

b) Nehmen Sie kritisch Stellung zu der in Zeile 11 wiedergegebenen Aussage, wonach elektronische Bildschirmmedien dumm machen.

Verzettelt im Netz

Klicken, googeln, raubkopieren: Die Onlinewelt verändert unsere Sprache und unser Denken. Werden am Ende nicht mehr wir den Computer beherrschen – sondern er uns?

von Evelyn Finger

Alltag an der Alma Mater. Bevor die Vorlesung beginnt, haben die Studenten schon ihre Laptops aufgeklappt, und wenn der Professor zu reden beginnt, sind sie schon über den unieigenen Router[1] ins Netz verschwunden: E-Mails checken, Blogs schreiben, Verabredungen treffen. Schnell ein Buch bei Amazon ordern! Mal sehen, was auf eBay gerade für meine alte Comicsammlung geboten wird! Das leise Klicken der Tastaturen ist wie ein akustischer Vorhang, durch den die Worte des Dozenten nur undeutlich an die Ohren der Studenten dringen, und der leuchtende Bildschirm ist wie eine Firewall, die komplexeren Lehrstoff abblockt. Kann man Hegels Phänomenologie des Geistes begreifen, während man sich auf StudiVZ tummelt? Hilft es, während eines Hegel-Seminars den Hegel-Eintrag in der Wikipedia zu lesen?

„Elektronische Bildschirmmedien machen dumm", hat Deutschlands bekanntester Hirnforscher Manfred Spitzer, Ordinarius für Psychiatrie in Ulm, schon Mitte der neunziger Jahre prophezeit. Er wies nach, dass bei kleinen Kindern die Bildschirmwahrnehmung als Ersatz von Wirklichkeitswahrnehmung eine mangelnde Formung des Geistes bewirkt, dass bei Jugendlichen das dauernde Surfen im Internet das Sozialverhalten beeinflusst und dass bei Computerspielern aller Altersstufen Gewaltszenarien „negative Bahnungseffekte" sowohl auf das Denken als auch auf das Handeln haben.

Den Einflüssen der digitalen Kommunikation unterliegt auch Spitzer selbst. Er reagiert auf unsere elektronisch gesendete Bitte um ein Interview mit dem Hinweis, sein „Alltag mit E-Mails" sei „ziemlich schrecklich", darüber könne man „am WE" mal reden. Er schreibt „WE" statt Wochenende und schickt „beste Grüße vom mediengestressten Professor". Seinen Namen kürzt er ab: „Ihr ms".

„Was heißt mediengestresst?", fragen wir ihn am WE […]. „Morgens im Büro sofort den Computer anzuschalten und erst abends wieder aus", sagt Spitzer. „Automatisch ins Postfach zu schauen und dort hängenzubleiben. Hundert E-Mails täglich zu bekommen." […]

Natürlich schätzt Spitzer die neuen Möglichkeiten der Literatursuche im Netz, des Archivierens auf der Festplatte, des direkten Kontakts zu Kollegen in aller Welt. „Außerdem erlauben Computernetzwerke uns Vorhersagen über das menschliche Hirn, weil sie Verknüpfungen herstellen, an die wir nie gedacht hätten. Und dann schauen wir im Hirn nach und finden sie." […]

Am meisten empört ihn momentan der Niedergang gelehrter Vortragskultur durch die PowerPoint-Seuche. Denn es komme heute auf eine „interaktive Folienpräsentation" mehr an als auf ein gutes Referat. Die Studenten, die schicke Websites und Onlineslogans gewöhnt sind, erwarten auch von Vorlesungen eine bunte Benutzeroberfläche. Also ziehen die Professoren sich aus dem Internet Tabellen, lösen ihre Vorträge in Stichpunkte auf. „Bei Konferenzen sieht man die intelligentesten Kollegen mit dem Laserpointer unter den Wörtern entlangfahren wie Schulanfänger, die noch mit dem Zeigefinger lesen", schimpft Vielschreiber Spitzer.

Auch Julia Semmer, Fachdidaktikerin am Institut für Anglistik der Universität Halle-Wittenberg, beklagt Defizite bei der neuen internetversierten Generation von Studenten. „Die Studenten tun sich immer schwerer mit dem Schreiben zusammenhängender Klausuren", sagt sie. „Konditioniert auf das Herumsurfen im Netz, stoppeln sie sich per Copy-and-paste[2] zwar Texte zusammen, durchdenken aber nur mühsam eine komplexe Aufgabe." Seriöse Internetseiten zur Literaturgeschichte können diese Studenten oft nicht von Fan-Webpages unterscheiden, dafür sind sie Experten im Finden von Onlinedissertationen. Semmer hat für solche Mangelerscheinungen ein englisches Wort, das so ähnlich klingt wie illiterat und den neuen Analphabetismus im Internetzeitalter bezeichnet: „computerliterate".

Doch was ist mit den Vorteilen der Digitalisierung unseres Denkens, die in populärwissenschaftlichen Artikeln gefeiert werden: dass frühes Computerspielen Kinder intelligenter mache oder dass das Internet die Lesefähigkeit trainiere? Um hier zu harten Forschungsergebnissen zu kommen, hat Spitzer 2004 in Ulm das „Transferzentrum für Neurowissenschaften und Lernen" [ZNL] gegründet. Konfrontiert man den Direktor des ZNL mit der These namhafter Medienpädagogen, Computerspiele trainierten die Auge-Hand-Koordination, fällt der sonst so bedachtsam formulierende Forscher einem wütend ins Wort: „Blödsinn! Das trainiert man weitaus besser beim Tischtennis. Gelesen wird im Internet auch nicht wirklich, mehr geklickt, geguckt, raubkopiert." Und was ist mit strategischem Denken, Reaktionsvermögen, Aufmerksamkeit? „Diese sogenannten Medienpädagogen reden fast alle Stuss, weil sie von Softwarekonzernen finanziert werden. Aufmerksamkeit beispielsweise wird vom Computer insofern beeinflusst, als der Nutzer sich auf alle Elemente des Bildschirms gleichzeitig zu konzentrieren lernt. Das führt aber zur Defokussierung. Wer noch keine Aufmerksamkeitsstörung hat, kann sich mit Hilfe eines Ego-Shooters[3] schnell eine antrainieren." [...]

Leider fehlen umfassende Studien zum Einfluss des Internets auf unser Denken, was auch daran liegt, dass das Internet sich schneller als alle Medien zuvor in der gesamten Gesellschaft durchgesetzt hat. Analysten haben vorgerechnet, dass das Radio fast 40 Jahre brauchte, um weltweit 50 Millionen Nutzer zu erreichen, der Fernseher 13 Jahre, der PC sogar 16, das Internet jedoch weniger als fünf. Heute finden Forscher keine repräsentativen internetfernen Bevölkerungsgruppen mehr, die sich mit internetkompetenten vergleichen ließen. Immerhin hat die neuere Hirnforschung bestätigt, was medienkritische Linguisten schon Ende der Achtziger befürchteten: dass unsere Sprache schludriger wird und unsere Denkprozesse sich fragmentieren, dass nicht wir den Computer beherrschen, sondern er uns.

Wissen ist Macht, Information nicht, hat der britische Psychologe David Lewis 1996 gesagt. Zu viel Information führe zu Informationsstress, der das Denken lähme, die Entschlusskraft behindere, ja körperliche Krankheiten hervorrufe. Wird die Universität der Zukunft also von kränklichen, denkschwachen Akademikern bevölkert sein? [...]

Aus: ZEIT Internet spezial, 15. Mai 2008 (für Prüfungszwecke überarbeitet)

1 Router: Geräte, die mehrere Rechnernetze im Bereich Computer/Internet koppeln und trennen

2 Copy-and-paste: kopieren und einfügen

3 Ego-Shooter: Computerspiele, bei denen die Darstellung einer Spielerwelt durch die Augen eines Spielercharakters, also aus der Ich-Perspektive erfolgt und der Spielverlauf geprägt ist durch den Kampf mit Schusswaffen

Lösungsvorschlag

Aufgabe a: Inhalt und Aufbau des Textes

Hinweis: *Alternativ zur hier vorgeführten Inhaltsangabe in Thesenform ist natürlich auch eine Lösung in Form einer strukturierten Inhaltsangabe möglich.*

In dem Kommentar *Verzettelt im Netz*, der am 15. Mai 2008 in der Extrabeilage *ZEIT Internet spezial* erschienen ist, wägt Evelyn Finger das Für und Wider der Computernutzung ab, wobei sich die Autorin der Gegenposition anschließt.

I. Evelyn Finger weist mit einem Beispiel aus dem Hochschulbereich kritisch auf die Ausmaße der gegenwärtigen Computernutzung hin. (Z. 1–10)
   1. Während der Vorlesungen surfen Studenten mit ihren Laptops häufig im Internet.
   2. Die Konzentration auf die Lerninhalte tritt in den Hintergrund.

II. Die Autorin führt Auswirkungen des gesteigerten Computereinsatzes an. (Z. 11–48)
   1. Übermäßige Computernutzung wirkt sich bei Menschen negativ auf die Wahrnehmung und das Verhalten aus.
   2. Die permanente Erreichbarkeit via E-Mail kann zu Stress führen.
   3. Das wissenschaftliche Arbeiten wird durch Computernutzung vereinfacht.
   4. Durch die Untersuchung von Computernetzwerken und deren Vergleich mit Arbeitsweisen des Gehirns können Gehirnfunktionen entschlüsselt werden.
   5. Referenten konzentrieren sich bei wissenschaftlichen Vorträgen inzwischen so sehr auf die effektvolle Nutzung moderner Medien, dass häufig Inhalt und Rhetorik zu kurz kommen.
   6. Die Fähigkeit von Studenten, eigenständig Texte zu verfassen, geht verloren, weil sie häufig Textpassagen aus verschiedenen Seiten lediglich zusammenkopieren.
   7. Die Studierenden gehen unkritisch mit den Informationen aus dem Internet um, da sie diese nicht richtig einordnen beziehungsweise bewerten können.

III. Sie widerlegt die angeblich positiven Einflüsse des Computers auf die Entwicklung von Kindern. (Z. 49–63)
   1. Am förderlichsten sind immer Lernsituationen ohne Computereinsatz.
   2. Intensive Computernutzung kann eher negative Effekte auf die Entwicklung haben.

IV. Die Kommentatorin warnt vor der womöglich verheerenden langfristigen Wechselwirkung zwischen Internetnutzung und menschlichem Denken. (Z. 64–77)
   1. Wirklich gesicherte Vergleichsuntersuchungen zwischen Internetnutzern und internetfernen Personen gibt es zu dem Thema aufgrund der schnellen weltweiten Ausbreitung des Internets nicht, weswegen Prognosen dazu durchaus spekulativ sind.
   2. Viele negative Voraussagen über den Einfluss des Internets auf unser Denken haben sich allerdings erfüllt.

Aufgabe b: Stellungnahme

Hinweis: *Die Fragestellung erfordert ein dialektisches Vorgehen. Dabei müssen Sie darauf achten, dass Sie die konkrete Themafrage nicht aus dem Blick verlieren. So geht es nicht um die Vor- und Nachteile elektronischer Bildschirmmedien, sondern um deren Auswirkungen auf unsere Intelligenz.*

In dem Kommentar *Verzettelt im Netz*, der am 15. Mai 2008 in der Extrabeilage *ZEIT Internet spezial* erschienen ist, zitiert Evelyn Finger Deutschlands berühmtesten Hirnforscher Manfred Spitzer, der vor einigen Jahren behauptet hat, dass elektronische Bildschirmmedien dumm machen. Ob diese Aussage in ihrer Radikalität tatsächlich berechtigt ist und elektronische

Bildschirmmedien wirklich einen negativen Einfluss auf unsere geistige Entwicklung haben, soll im Folgenden erörtert werden.

Auf der einen Seite ist die These Spitzers bestimmt zu hart formuliert: Man kann elektronischen Bildschirmmedien sicher positive Auswirkungen auf das Wissen des Menschen zuschreiben, denkt man nur an die vielfältigen Formen des **computergestützten Lernens**. So kann beispielsweise bei einem Schüler das Lernverhalten durch sogenannte Lernspiele verbessert werden: Es ist immerhin allgemein bekannt, dass der spielerische Umgang mit dem Lernstoff nicht nur die Lust am Lernen steigert, sondern das Gehirn die Informationen besser verarbeitet und langfristig abspeichert. Diese Spiele sind auch längst kein Geheimtipp mehr. Seit Medienpädagogen ihren Wert erkannt haben, erfreuen sie sich wachsender Beliebtheit.

Wenn es um die positiven Effekte der heutigen Informationstechnologie auf unsere Intelligenz geht, ist auf jeden Fall auch auf die Internetbibliothek „Wikipedia" hinzuweisen. Noch nie zuvor ist es in der Geschichte der Menschheit ähnlich **einfach** gewesen, **an Informationen** aus verschiedensten Themenbereichen **zu gelangen**. Viele Schüler und Studenten greifen inzwischen nahezu selbstverständlich für Hausaufgaben oder Referate auf diese Seite zurück und ersparen sich so teils mühsame und langwierige Bibliotheksbesuche. Aber auch bei vielen Fragen, die sich einem im Alltag aufdrängen, bietet das Internet schnelle und passende Antworten.

Folglich kann man also durchaus sagen, dass elektronische Bildschirmmedien – und zwar hier konkret der Computer mittels Lernprogrammen und Internet – nicht dumm machen, sondern helfen können, Wissen im Sinn von Faktenkenntnis zu vermehren. Also ist die These von Spitzer generell sicher nicht haltbar.

Auf der anderen Seite hat der Professor für Psychiatrie aber auch nicht ganz Unrecht, wenn er elektronischen Bildschirmmedien einen negativen Einfluss auf unsere Intelligenz zuschreibt. Immerhin kann die Nutzung des Internets dazu verführen, **sich nicht mehr intensiv genug mit Inhalten auseinanderzusetzen**. Viele Informationen sind schon aufbereitet und mit ein paar Tasten- und Mausklicks präsentationsfähig. So breitet sich unter Schülern der Trend aus, sich etwa bei der Vorbereitung auf ein Referat entsprechende Inhalte aus Wikipedia oder sogar spezialisierten Referatsseiten zusammenzustückeln. Was für gravierende Folgen dieser Hang zum Plagiatismus langfristig für die intellektuelle Entwicklung hat, führt Evelyn Finger in ihrem Kommentar aus: Sie lässt eine Fachdidaktikerin mit ihrer Klage zu Wort kommen, wonach heutige Studierende oftmals kaum noch in der Lage seien, zusammenhängende Texte zu verfassen beziehungsweise mit gesunder Kritik- und Urteilsfähigkeit an zu lösende Probleme heranzugehen. Anhand dieser belegten Defizite lässt sich aufzeigen, dass man Spitzers These durchaus auch zustimmen kann. Elektronische Bildschirmmedien können also tatsächlich dumm machen.

Dass die Aussage des Psychiatrieprofessors nachvollziehbar ist, wird auch mit Blick auf das deutsche **Fernsehprogramm** klar. Jeden Nachmittag kann man unzählige seichte Serien, Talkshows oder Verkaufssendungen verfolgen, die dem Zuschauer die schrägsten und schrillsten Inhalte darbieten. Ob nun bei Oliver Geißen zum wiederholten Mal über sexuelle Vorlieben geplaudert wird, bei Angelika Kallwass sich wieder einmal herausstellt, dass das vermeintlich eigene Kind in Wirklichkeit aus einem Seitensprung stammt, oder aber auf einem der unzähligen Shoppingkanäle gerade die neueste Staubsaugerinnovation zum absoluten Schnäppchenpreis angepriesen wird – all das illustriert, dass zumindest ein Teil des Fernsehprogramms bei vielen nicht zur Bildung beiträgt. Anstelle sich mit Literatur, Politik oder anderen wesentlichen Themen auseinanderzusetzen, wird man aufgrund dieses Programms fast zwangsläufig geistig träge.

Aber auch **Computerspiele** können, wie im Kommentar erwähnt wird, das Sozialverhalten und das Erleben negativ beeinflussen und damit in einem weiteren Sinn tatsächlich dumm machen. Die Problematik der Ego-Shooter ist allgemein bekannt: Die exzessive **Gewalt**, die in der Ich-Perspektive erlebt wird, kann emotional abstumpfen und die Hemmschwelle sinken lassen. Hat man erst einmal in der virtuellen Welt auf bestialische Weise getötet, so kann sich angestaute Aggressivität vielleicht auch im realen Leben auf ähnliche Weise entladen. Aber man muss noch nicht einmal an so extreme Formen von Spielen denken, um sich beispielhaft Schädigungen klarzumachen. Schon die auf den ersten Blick harmloseren Onlinespiele stellen eine nicht zu ignorierende Gefahr dar: Sinn dieser Spiele ist es, sich virtuell mit Gegnern aus aller Welt zu treffen. Macht man sich nun bewusst, wie zeitintensiv diese Zusammenkünfte sind, wird schnell ersichtlich, dass soziale Kontakte leiden werden. Im Extremfall schotten sich Jugendliche von der Außenwelt ab, um sich voll und ganz dem Wettkampf im Cyberspace widmen zu können. Das Leben mit anderen Menschen, der Versuch, mit ihnen zurechtkommen, wird dabei bestimmt nicht trainiert und vorhandene **soziale Fähigkeiten verkümmern** oder bilden sich gar nicht erst aus. Diese beiden Beispiele illustrieren, dass Computerspiele Auswirkungen auf das Sozialverhalten und damit auf die soziale Intelligenz haben. Insofern ist die These Spitzers nicht völlig von der Hand zu weisen.

Wenn man nun **abschließend das Für und Wider** der Auswirkungen elektronischer Bildschirmmedien abwägt, kann man sagen, dass sie sicher nützlich sind, aber eben auch Schattenseiten haben. Um nicht den negativen Einflüssen zu unterliegen, ist es sinnvoll, dass schon **Kinder zu einem verantwortungsvollen Umgang mit diesen Medien erzogen werden**. Sie müssen lernen, welchen Gefahren sie ausgesetzt sein können, aber auch, wie sie diese Medien effektiv für Lernprozesse einsetzen können. Neben dem Elternhaus ist das eine Aufgabe für die Schule. Grundlegend ist zweifelsohne, dass Kinder ein Gespür für das richtige Maß der Nutzungsdauer vermittelt bekommen. Nur so kann ein verantwortungsvoller Medienkonsument heranwachsen, der nicht langsam, aber stetig vor dem Bildschirm verdummt – um die Formulierung von Spitzer noch einmal aufzugreifen – sondern der sich mithilfe der neuen technischen Möglichkeiten tatsächlich bildet und weiterentwickelt.

Aufgaben:

a) Stellen Sie den Text kurz vor. Gehen Sie dabei auch auf Textsorte, Thema und Kernaussage ein.

b) Untersuchen Sie, wie der Autor das Verhalten von Anbietern und Verbrauchern in der Vorweihnachtszeit darstellt und wie er dies sprachlich zum Ausdruck bringt.

c) *Zu bearbeiten ist eine der folgenden Aufgaben:*

Viele Waren und Dienstleistungen, die bisher saisonal angeboten wurden, sind inzwischen ganzjährig verfügbar. Wie bewerten Sie diese Entwicklung?

oder

Diskutieren Sie die Macht des Verbrauchers in der sich wandelnden Konsumwelt.

Auf die Plätzchen, fertig, los!
Der Advent beginnt mit dem Herbstanfang – Verbraucherschützer finden das nicht mehr feierlich
von Titus Arnu

Ja, ist denn heut schon Weihnachten? Kaum ist man aus dem Sommerurlaub zurück, begrüßen einen diese widerlichen winterlichen Konsumterrorzwerge im Supermarkt. Unter der Verkaufsbezeichnung „Hohlfigur“ unterwandert der Weihnachtsmann von September an die Läden und verschanzt sich hinter Wänden aus Dominosteinen und Lebkuchen. Jährlich werden in Deutschland fast 100 Millionen Schoko-Weihnachtsmänner hergestellt. Ein Rekord, der nur vom Osterhasen übertroffen wird. Dessen Saison beginnt kurz nach Neujahr, nachdem die Silvester-Produkte abgeräumt sind.

Die Kuschelrock-Radiosender schalten Ende September vom offiziellen Sommerhit (dieses Jahr: „Hips don't lie“ von Shakira) auf Advent um und gehen dazu über, ihre Hörer systematisch mit „Last Christmas“ von George Michael zu quälen. Mobilfunkanbieter preisen vom Frühherbst an Weihnachts-Sonderpakete an, die sich nur durch die feierliche Umverpackung von Sommerpaketen oder Urlaubspaketen unterscheiden. Irgendwie beschleicht einen im Alltag das Gefühl, dass die ganze Zeit Weihnachten, Ostern und Geburtstag ist, und zwar gleichzeitig.

In der Obst- und Gemüseabteilung eines durchschnittlichen Supermarktes ist überhaupt keine Jahreszeit mehr zu erkennen. Saisonfrüchte sind nicht mehr zu finden. Das ganze Jahr über liegen Trauben, Erdbeeren und Orangen bereit.

Noch vor 20 Jahren gab es frische Tomaten nur im Hochsommer, mittlerweile werden sie selbst im Februar angeboten. Dank ausgefeilter Kühlungsstrategien und aufwendiger Transporte gibt es Sommerfrüchte im Winter und Winterfrüchte im Sommer zu kaufen. „Der Anbau von Gemüse und Obst zum Beispiel in Spanien führt zu einem immensen Wasserverbrauch – das ist ökologisch bedenklich“, sagt Matthias Wolfschmidt, stellvertretender Geschäftsführer der Verbraucherorganisation Foodwatch.

Äpfel aus Neuseeland, Trauben aus Südafrika und Avocados aus Israel – das kommt vielen Verbrauchern unsinnig und unökologisch vor. Wie die Ökobilanz der importierten Früchte tatsächlich ausfällt, ist fraglich. „Der Neuseeland-Apfel ist nicht zwangsläufig schlechter als der Bioapfel aus der Region“, sagt Matthias Wolfschmidt von Foodwatch.

Wenn Obst in großen Mengen importiert werde, könne der Treibstoffverbrauch pro Apfel geringer sein als beim Bioapfel aus der Region.

Andererseits wollen die Verbraucher auch eine möglichst reichhaltige Palette frischer Früchte, möglichst auch im Winter. „Das Angebot wird immer größer, neue Liefergebiete kommen dazu und die Ansprüche der Konsumenten steigen", hat Thomas Mosimann festgestellt, Professor am Geografischen Institut der Universität Hannover, der ein Forschungsprojekt zum Thema „Südfrüchte im Winter" betreut hat.

Die Jahreszeiten verschwimmen nicht nur beim Einkaufen, auch das Freizeitverhalten löst sich von äußeren Einflüssen wie dem Wetter. In Deutschland kann man im Sommer Skifahren und im Winter unter Palmen baden. In der Skihalle Neuss finden Winterfans laut Eigenwerbung „optimale Schneebedingungen bei konstant erfrischenden −4 Grad Celsius". Das überdachte Wintersportgebiet wirbt mit dem Versprechen „365 Tage Piste, Party, Pulverschnee". Wer sich im tiefsten Winter bei −4 Grad Celsius nach schwüler Luft sehnt, kann sich den Sommer einfach kaufen – für 18,50 Euro pro Tag im Spaßbad.

Im Pseudo-Paradies „Tropical Islands" etwa, einer gigantischen Sommersimulation 60 Kilometer südlich von Berlin, herrschen ganzjährig 25 Grad. Die Sehnsucht der Deutschen nach Sonne ist groß, etwa zwölf Millionen Menschen legen sich regelmäßig auf die Brutzelbank. Nach Angaben des Verbandes Solarien und Besonnung lag der Umsatz in den Sonnenstudios im vergangenen Jahr bei einer Milliarde Euro.

Weitaus mehr Geld, so hofft der Einzelhandel, soll der auf September vorgezogene Advent bringen. Aber gegen den Weihnachtswahnsinn regt sich mittlerweile organisierter Protest. Verbraucherschützer kritisieren alle Jahre wieder, dass es neben der letzten Grillkohle schon Spekulatius gibt. Mechthild Winkelmann von der Verbraucherzentrale NRW meint, dass das Angebot erst die Nachfrage erzeugt: „Wenn Kinder beim Einkaufen über Dominosteine stolpern, wollen sie die dann auch haben."

Statt Kaufwut kann sich beim Konsumenten aber eine Art Weihnachtswischiwaschi einstellen, eine Wurstigkeit, die der Konjunktur eher schadet als nützt. Wenn alles immer und überall verfügbar ist, ist einem bald auch alles egal.

Die Mehrheit der Deutschen lehnt einer Umfrage zufolge den Verkauf von Weihnachtsartikeln im September ab. 80 Prozent von 1 004 Befragten wollen nicht zum Herbstbeginn Lebkuchen und Schoko-Nikoläuse in den Regalen sehen, heißt es in einer Emnid-Umfrage. 45 Prozent der Deutschen erwarten Weihnachtsprodukte dann, wenn man sie gebrauchen kann: frühestens am 1. Advent.

Aus: Süddeutsche Zeitung vom 25. September 2006 (für Prüfungszwecke überarbeitet)

Lösungsvorschlag

Aufgabe a: Strukturierte Inhaltsangabe

***Hinweis:** Neben den formalen Angaben mit Kernthema müssen die wesentlichen Aussagen des Kommentars von Ihnen pointiert und mit eigenen Worten zusammengefasst werden.*

In dem Kommentar *Auf die Plätzchen, fertig, los!*, der am 25. September 2006 in der *Süddeutschen Zeitung* erschienen ist, zeigt Titus Arnu kritisch auf, dass das Konsum- und Freizeitverhalten vom Markt und seinen Angeboten beeinflusst wird.

So macht er dem Leser bewusst, wie christliche Feste durch vermeintliche Werbeschnäppchen und eine sehr frühe Umstellung auf das betreffende Supermarkt-Sortiment von Anbietern funktionalisiert werden, um Kunden zum Kauf anzuregen und so die eigenen Gewinne zu erhöhen.

Auch die Tatsache, dass das Angebot von Lebensmitteln wie Obst und Gemüse nicht mehr an deren ursprüngliche Saison gebunden ist, sondern immer zu kaufen ist, führt dazu, dass die Kunden sich an diesen neuen Luxus der ständigen Verfügbarkeit gewöhnt haben und vielfach nicht mehr darauf verzichten wollen.

Die Freizeitgestaltung wird ebenfalls in vielen Fällen durch die moderne Technik saisonal unabhängig, da z. B. künstlich entsprechende Witterungsverhältnisse erzeugt werden können.

Aufgabe b: Untersuchung der sprachlichen Gestaltung

***Hinweis:** Sie müssen nicht alle rhetorischen Mittel benennen. Beschränken Sie sich in Ihrer Untersuchung lieber auf zentrale Stilmittel und erklären Sie diese im Hinblick auf ihre Wirkung gründlich. Achten Sie darauf, korrekt zu zitieren!*

Anbieter verschiedener Waren setzen Weihnachten manipulativ ein, um Kunden zum Kauf anzuregen. Schon der **ironisch** gemeinte Titel „Auf die Plätzchen, fertig, los!" lässt an einen Countdown denken, mit dem der Handel die nächste Verkaufsaktion einläutet.

Die Beeinflussung der Kunden mittels Werbung kennt dabei schier keine Grenzen. So wird durch bloßen Etikettenwechsel aus einem „Weihnachts-Sonderpaket" (Z. 11) ein „Sommerpaket" oder ein „Urlaubspaket" (Z. 12) beziehungsweise umgekehrt. Durch die **Wiederholung** des Wortbestandteils „Paket" in der Kombination mit der **spöttischen Formulierung** „feierliche Umverpackung" (Z. 11 f.) enttarnt Arnu das an sich betrügerische Tun der Händler, die bei gleichem Inhalt lediglich neue klangvolle Werbestrategien einsetzen, um dem Kunden vorzugaukeln, er erwerbe gerade ein saisonales Schnäppchen.

Der Kunde erliegt den Werbestrategien der Händler – „Weihnachten, Ostern und Geburtstag" (Z. 13 f.) werden für ihn „Alltag" (Z. 13). Mit dieser **Akkumulation** wird klar, dass der Käufer quasi keine Gelegenheit hat, sich dem Konsumzwang zu entziehen – schon deswegen nicht, da diese Trias werbetechnisch nahezu „gleichzeitig" (Z. 14) intensiv auf ihn einwirkt: Der Markt suggeriert, dass es ständig etwas zu feiern gibt, und somit steht der Verbraucher auch ständig unter Kaufzwang. Durch den **Nachtrag** „und zwar gleichzeitig" in Zeile 14 ist dieser besonders betont und die Unterlegenheit des Käufers wird angesichts der dreifachen Übermacht syntaktisch unterstrichen.

Diese Unterlegenheit kommt auch in dem **Neologismus** „Konsumterrorzwerge" (Z. 2), mit dem die Schokoladenweihnachtsmänner in den Läden **karikiert** werden, zum Ausdruck. Der Autor entfremdet zum einen das klassische, etwas kitschige Bild von friedlichen Zwergen und zum anderen das des weißbärtigen Weihnachtsmanns, indem er diese „Hohlfigur[en]" (Z. 3) als kleine Monster darstellt, die die Kunden auf aggressive Weise zum Kauf bewegen sollen, dem diese sich dann nur schwer entziehen können. Die Feinde nämlich, die „sich hinter Wänden aus Dominosteinen und Lebkuchen [verschanzt]" (Z. 4 f.) haben und durch diese **Kriegsmetaphorik** noch stärker und unbezwingbarer erscheinen, tragen letztlich den Sieg davon. Um den ursprünglichen Sinn des Festes geht es also nicht mehr, **metaphorisch** gesehen ist Weihnachten mit seiner Botschaft wie die oben genannten Schokoladenweihnachtsmänner inhaltlich hohl geworden und hat sich zum reinen Werbeevent gewandelt.

Die Verbraucher reagieren auf all diese Machenschaften ambivalent: Die einen lassen sich, wie schon ausgeführt, darauf ein, die anderen üben Protest. Auf das Fazit, wonach der Handel letztlich nur auf Gewinnmaximierung zielt (vgl. Z. 47 f.), folgt – **antithetisch** darauf bezogen – der Hinweis auf den „organisierte[n] Protest" (Z. 48 f.) der Verbraucher, der **durch empirisches Datenmaterial legitimiert wird** (vgl. Z. 56 ff.). Abgesehen davon, dass religiöse Bräuche und damit Traditionsbewusstsein schwinden und das Fest der Liebe zum sinnentleerten „Weihnachtswahnsinn" (Z. 48) mutiert, wird in Arnus Kommentar infolge des **negativ konnotierten Neologismus** „Weihnachtswischiwaschi" (Z. 53) auch auf den finanziellen Schaden für den Handel durch die Übersättigung seitens der Verbraucher hingewiesen (vgl. Z. 55).

Aufgabe c: Stellungnahme

***Hinweis:** Bei der „kleinen Stellungnahme", die im Anschluss an die Sprachanalyse und die Überblicksinformation verlangt wird, werden in der Regel drei Argumentationen, nämlich eine für die Antithese und zwei für die These, sowie eine Synthese zur Abrundung gefordert. In diesem Jahrgang werden zwei Aufgaben zur Wahl gestellt, wobei hier die erste beispielhaft zusammenhängend gelöst und die zweite lediglich skizziert wird.*

Viele Waren und Dienstleistungen, die bisher saisonal angeboten wurden, sind inzwischen ganzjährig verfügbar. Wie bewerten Sie diese Entwicklung?
In dem Kommentar *Auf die Plätzchen, fertig, los!*, der am 25. September 2006 in der *Süddeutschen Zeitung* erschienen ist, geht Titus Arnu darauf ein, dass viele Waren und Dienstleistungen, die ursprünglich nur saisonal angeboten werden konnten, inzwischen ganzjährig verfügbar sind. Im Folgenden soll der Frage nachgegangen werden, ob diese Veränderung im Angebot zu begrüßen ist oder nicht.

Auf der einen Seite gibt es sicher viele Kunden, die den Wegfall saisonaler Beschränkungen positiv bewerten, da er doch ganz entschieden **zur heutigen Lebenskonzeption beiträgt:** Niemand will sich in seiner Lebensführung einschränken lassen, sondern jeder möchte immer über alles unmittelbar verfügen und seine Wünsche auch zeitnah erfüllen. Wie schon der oben genannte Kommentar aufzeigt, kann durch künstlich geschaffene Freizeiteinrichtungen wie Skihallen oder tropische Schwimmbadlandschaften unabhängig von den Jahreszeiten dem persönlichen Erlebnisdrang relativ spontan nachgegeben werden (vgl. Z. 35 ff.). Aber auch mit Blick auf den viel näheren unmittelbaren Alltag ist das Argument einsichtig. So findet man zum Beispiel im Supermarkt ein buntes Sortiment an verschiedensten Früchten und Gemüsesorten, wobei die meisten ganzjährig zu haben sind. Arnu weist in diesem Zusammenhang auf die besseren Transportmöglichkeiten hin, die diese Vielfalt erst ermöglichen (vgl. Z. 24 ff.). Inzwischen haben sich viele Kunden und Verbraucher schon so sehr an diesen Freizeit- und Einkaufskomfort gewöhnt, dass sie nicht mehr darauf verzichten wollen und diesen Luxus als selbstverständlich ansehen.

Auf der anderen Seite jedoch muss der Trend, sich immer mehr von den natürlichen jahreszeitlichen Vorgaben zu lösen, aber durchaus kritisch gesehen werden, da die **Umwelt belastet** wird. Wie viel Energie etwa zum Unterhalt einer künstlichen Skihalle im Hochsommer benötigt wird, mag man sich gar nicht vorstellen. Dass viele Obst- und Gemüsearten nun das ganze Jahr hindurch bei uns zu erhalten sind, ist ohne ein gesteigertes Maß an Düngemittel und lange und Energie verbrauchende Transportwege nicht möglich. Es darf daran gezweifelt werden, dass dies angesichts der sich zuspitzenden Klimakatastrophe und der Notwendigkeit, verantwortungsvoll und sparsam mit den Ressourcen der Erde umzugehen, ethisch vertretbar ist.

Wenn man Kritik an der Aufhebung des jahreszeitlichen Angebots übt, muss man unbedingt auch auf den damit verbundenen **Traditionsverlust** hinweisen. Titus Arnu beanstandet in seinem Kommentar beispielsweise, dass für die Händler das Weihnachtsgeschäft immer früher beginnt und dafür typische Produkte schon ab September angeboten werden (vgl. Z. 3 ff.). Ähnlich verfrühte Umstellungen des Sortiments sind auch bei anderen Festen zu beobachten. Damit verlieren diese feierlichen Höhepunkte des Jahres jedoch ihren Zauber und ihre Anziehungskraft. Ob die Vorfreude auf Heiligabend sich wirklich von Anfang September bis zum 24. Dezember aufrechterhalten lässt, ist fraglich. Durch die Übersättigung, die sich in dem viermonatigen Weihnachtstrubel bei vielen einstellt, verwandeln sich die Feiertage zum lang ersehnten Abschluss einer werbemäßigen Dauerberieselung. Es ist klar, dass mit so negativen Gefühlen dem eigentlichen Sinn der Feste nicht hinreichend nachgespürt wird und Traditionen sich auflösen. Also ist die Kritik am gegenwärtigen, saisonal unabhängigen Angebot und Konsumverhalten durchaus berechtigt.

Wägt man nun beide Seiten ab, überwiegen die Argumente, die gegen die momentane Entwicklung sprechen, die jahreszeitlichen Bindungen im Handel aufzuheben beziehungsweise zu umgehen. Zwar wollen viele nicht auf den Luxus verzichten, sich im tiefsten Winter in tropischen Badelandschaften zu vergnügen, oder Tomaten, Bananen und andere jahreszeitliche Produkte ganzjährig zu erwerben, doch werden diese Dinge dann häufig nicht mehr als besonders wertvoll empfunden; die Vorfreude bleibt auf der Strecke. Gerade in der Vorweihnachtszeit wird das besonders bei Kindern offensichtlich.

Da der Handel wohl kaum dazu zu bewegen sein wird, seine Praxis bzw. seine Angebote zu ändern, muss der Käufer selbst an sich halten und mit seinem Konsumverhalten dafür sorgen, dass die Umwelt nicht sinnlos zerstört wird und Traditionen nicht verloren gehen.

Diskutieren Sie die Macht des Verbrauchers in der sich wandelnden Konsumwelt.

Einleitung:
In dem Kommentar *Auf die Plätzchen, fertig, los!*, der am 25. September 2006 in der *Süddeutschen Zeitung* erschienen ist, kritisiert Titus Arnu, dass sich das Angebot seitens der Händler und Dienstleister gewandelt hat. Das Konsum- und Freizeitverhalten löst sich dabei immer mehr von ursprünglichen jahreszeitlichen Vorgaben und führt unter anderem dazu, dass Traditionen nicht mehr gepflegt werden. Im Folgenden soll der Frage nachgegangen werden, ob der Verbraucher positiv auf diese sich wandelnde Konsumwelt Einfluss nehmen kann.

Hauptteil:
- Mögliche Argumente für die Macht des Verbrauchers:
  - Da das Angebot letztlich durch die Nachfrage reguliert wird, kann der Verbraucher mit seinem Kaufverhalten auf die Händler und deren Sortiment Einfluss nehmen, indem er bestimmte Produkte nicht mehr kauft.
  - Der Verbraucher kann sich, um seine Interessen nachhaltiger durchzusetzen, mit Gleichgesinnten zusammenschließen. Durch solche Lobbygruppen wie etwa der Verbraucherschutzverbände kann Einfluss auf die Wirtschaft genommen werden, indem Forderungen an große Unternehmen gestellt oder Presseinitiativen gestartet werden.
- Mögliche Argumente gegen die Macht des Verbrauchers:
  - Der Verbraucher wird von den Händlern geschickt manipuliert und so zum Kauf angereizt. Er kann den trügerischen Werbeversprechen oftmals nur schwer widerstehen.
  - Der einzelne Verbraucher kann mit seinem Widerstand nichts ausrichten. Erst wenn bei vielen Menschen ein Umdenken einsetzt, erscheint ein wirklich effektives Vorgehen gegen den Handel möglich. Ob ein solch generelles Umdenken einsetzt, ist jedoch zu bezweifeln.

Synthese:
Der Verbraucher kann zwar versuchen, auf die Marktentwicklung Einfluss zu nehmen, doch ist er auf die Solidarisierung mit anderen angewiesen, um dabei erfolgreich zu sein.

Aufgaben:

a) Fassen Sie den Inhalt des Romanauszugs zusammen. Achten Sie auf die unterschiedlichen Zeitebenen.

b) Charakterisieren Sie Maria. Gehen Sie auch auf ihre Beziehung zu Richard ein.

c) Welche Gründe für Richards Haltung lassen sich im Text erkennen?

Benno Hurt (geb. 1941): **Eine deutsche Meisterschaft** (2006)

Vorbemerkung:
Benno Hurts Roman erzählt die Geschichte einer westdeutschen Familie. Der folgende Auszug beginnt in der Zeit nach dem Zweiten Weltkrieg und besteht aus den Reflexionen Marias, der Frau Richards und Mutter der gemeinsamen Kinder Dagmar, Dietmar und Christian. Richard ist ein weiteres Mal arbeitslos geworden.

Maria nahm das lindgrüne Gedeck aus dem Büfett, sie stellte es auf den Frühstückstisch, ihrem Gedeck gegenüber. Dagmar, Dietmar und Christian hatten die Wohnung verlassen; die Acht-Uhr-Nachrichten waren gesprochen; aus dem Radio klang Schlagermusik. Ein Montag begann. Ein Montag, an dem Richard nicht mehr zur Arbeit ging. Sie saß in der Küche. Er lag im Schlafzimmer. Sie bräuchte nur über den Flur zu gehen und eine Tür aufzumachen. Vor ihrer eigenen Schlafzimmertür stünde sie, ihre Hand würde sie heben, um anzuklopfen, bevor sie einträte, an das Bett träte, in dem er lag, auf der dem Fenster zugewandten Seite; Schlaf würde er vortäuschen, den er tatsächlich kaum gefunden hatte, diese Nacht von Sonntag auf Montag; was ihr nicht entgangen war. Schlaf hatten sie sich vorgetäuscht, beide.

Mit einer Täuschung hatte die Woche angefangen; mit einer Täuschung würde sich die Woche fortsetzen. Mit einer Täuschung betäubte man sich. Sie könnte keinen Gedanken fassen, der sich auf die Zeit richtete, die nun vor ihr lag, als Ehefrau, als die Mutter von Dagmar, Dietmar und Christ. Getäuscht und betäubt käme sie an die Zukunft ihrer Familie nicht heran. Hatte sie eine Zukunft, ihre Familie?

Was sie erlebte, hatte sie schon einmal erlebt. Alles würde sich wiederholen. Nur die Stimme ihres Bruders, an den sie lange nicht mehr gedacht hatte, würde sich nicht wiederholen. Ihr Bruder, der mit gedämpfter Stimme auf ihre Schwägerin einsprach, seine Frau, am Fenster des Schlafzimmers, er nahe an ihr, ohne sie zu berühren; ein Kochtopf, mit dem die Schwägerin ins Schlafzimmer geeilt war, als sie und Richard gerade die Wohnung betraten – unangemeldet, auf Stippvisite zum Abschluß dieses ersten Kriegsjahres –, der schwarze Kochtopf stand zwischen Schrank und Doppelbett, der Deckel verrutscht, so daß der heiße Silvesterpunsch dampfend aufstieg in die kalte Luft des Schlafzimmers, das nicht geheizt wurde. Richard saß schon in der Küche seines Schwagers; sie selbst war noch im Flur, wo an einem der Kleiderhaken steif die Uniformjacke ihres Bruders hing, als hätte sie die Erstarrung angenommen, die ihr Bruder annahm, sobald er in seine Kriegsgarderobe aus festem Tuch schlüpfte, Haltung nahm er an, sogleich. Ihr Bruder, er nahm alles an, was ihm die Zeit anbot; Richard, der kein Gespür zu haben schien für den Wandel der Zeit, schlug alle Angebote aus, die ihm gemacht wurden in den ersten Jahren dieser gewandelten Zeit, in der er immerhin schon eine Geschäftsstelle leitete, eine kleine Einheit aus drei Personen in einer kleinen Behörde. Sie als Hausfrau zu Hause spürte die Angebote, die der Behördenleiter ihrem jungen Mann machte, der ihn ermuntern wollte, auch außerhalb der Behördenräume sein Wort an Personen zu richten; und sie war sich sicher, daß es am Ende schon sehr bald mehr als drei Personen wären, die auf das Wort ihres Mannes zu hören hätten im Amt.

Rechts von der Uniformjacke befand sich der Garderobenspiegel. Sie legte ihren Hut neben die Dienstmütze ihres Bruders auf die Ablage; im Spiegel durch die halboffene Schlafzimmertür sah sie [...] die Schwägerin am Fenster, den blonden Kranz ihres geflochtenen Haars am Hinterkopf; ihr Bruder, der seine Frau etwas verdeckte, wie er sich zu ihr hinabbeugte, wie er es nicht wagte, sie zu berühren, sie, die sich von ihm abgewandt hatte und abweisend aus einem Fenster hinausblickte, die auf nichts anderes blicken konnte als auf Schnee in dieser Silvesternacht [...], frisch gefallene[n] Schnee vor einem Haus, das ihnen gehörte; auf Heimaturlaub, ihr Bruder [...], der Lehrer. Richard war als Arbeitsloser in diesen Krieg hineingezogen worden, in den es den Lehrer stolz trieb, als einen Teil der „Bewegung", während es Richard herumtrieb in ihrer Zweizimmerwohnung, die zu klein geworden war für Dagmar, Dietmar, für sie und für ihn, ruhelos, ohne Arbeit, ohne Verdienst. Dann wurde er eingezogen und bekam eine Chance, sich verdient zu machen. Beschwichtigend redete ihr Bruder auf die Schwägerin ein, der blonde Kranz am Hinterkopf bewegte sich hin und her, als sie den Kopf schüttelte. [...]

Im Grunde genommen gehörte [Richard] nicht zur Familie. Es war der Tisch ihres Bruders, an dem er saß. An einen fremden Tisch hatte er sich gesetzt, der festlich gedeckt war, auf einem flachen Teller stand der Suppenteller, das silberne Besteck mit dem Augsburger Fadenmuster exakt ausgerichtet zu beiden Seiten der Teller auf der weißen Leinentischdecke, in die grüne Tannenzweige gestickt waren. Ein Tannenzweig zierte auch den braunen Rahmen an der Wand, aus dem Adolf Hitler finster auf die weißen Teller herabsah [...]. Bedrückte sie dieses Bild, weil es aussah wie ein Sterbebild? Oder bedrückte es sie, daß er vor den zwei Gedecken saß und gut gelaunt mit den Fingerknöcheln der rechten Hand den flotten Rhythmus eines Liedes trommelte und dabei erwartungsfroh auf den Küchenherd sah, wo ein anderer Topf stand, aus dem es auch dampfte, Suppendampf? Kartoffelsuppe mit getrockneten Steinpilzen duftete in der Küche, Punsch duftete im Schlafzimmer. Im Flur, wo sie sich aufhielt, kamen die Düfte zusammen. In ihrem Kopf kam alles zusammen. Sie [hörte] auf die Stimme der Schwägerin [...]; nicht in Schlafzimmerlautstärke sprach sie, in Zimmerlautstärke drang es heraus auf den Flur: Für diesen Arbeitslosen koche ich keine Suppe!

Sie wandte sich vom Spiegel ab, eilte zu ihm in die Küche, setzte sich lächelnd zu ihm an den Tisch. Er griff nach ihrer Hand, sie senkte den Blick: Seine Hand, seine starke Hand, die Hand eines arbeitslosen Mannes ruhte auf ihrer Hand; ihre kraftlose Hand ergab sich dem schweren Gewicht seiner Hand; grüne Tannenzweige in der Tischdecke rahmten das Bild übereinanderliegender Hände.

Es blieb bei zwei Tellern. Zwei Ehepaare sahen betreten in zwei leere Suppenteller. Die Schwägerin stand auf und schob den Topf von der heißen Platte, damit die Kartoffelsuppe nicht überkochte. Irgendwann rückte sie den fremden Stuhl, auf dem sie saß, und erhob sich. Richard erhob sich. Ein gutes Neues!

Sie verließen dieses Haus. Wie friedlich, wie freundlich das Haus ihres Bruders in der Kreuzgasse aussah, im Laternenlicht, im Schnee, der in den letzten Stunden des Kriegsjahres 1939 gefallen war. Sie hakte sich bei ihm unter. Sie weinte, als sie seinen starken Arm spürte. Was nicht auffiel in dieser Silvesternacht, die kalt war und windig, so daß es einem die Tränen in die Augen trieb.

Das Bild an der Küchenwand ihres Bruders, die gleiche Photographie war [Richard] zum Verhängnis geworden, im März des zu Ende gegangenen Jahres.

Der Behördenleiter, der einen Narren an seinem jungen Geschäftsstellenleiter gefressen hatte, wünschte, daß er die gerahmte Photographie hinter Glas in seinem Büro aufhängte.

Da stand die Slowakei schon unter dem „Schutz“ des Deutschen Reiches. Da waren die deutschen Truppen schon einmarschiert. Alle Zeichen standen auf Sturm. Ihr Bruder, der Lehrer, sprach zu ihr, seiner Schwester, wie zu seinen Schulkindern, Deutschland ist reich und weit und tief, von unserer Demut sprach er, von der tapferen Erfüllung sich daraus ergebender Pflichten. Eine Bewegung erfaßte alle, die deutsche Blume, den deutschen Baum, in deutscher Erde, in deutschem Boden, die deutsche Heimat. Ob Krieg oder Frieden, der Ruf der Heimat schwieg nie. Nur er schwieg in dieser Heimat, in der die Rufe immer lauter erschallten; nur er bewegte sich nicht von der Stelle, in dieser Heimat, die sich aufgemacht hatte, ihren Lebensraum zu erweitern. 1937 trat er aus dieser Partei aus, der er als aktives Mitglied nie angehört hatte. Er sprach mit ihr nicht darüber. Was ging es sie an? Seine Mitgliedschaft war ihr nicht aufgefallen, hatte sich nicht ausgewirkt auf die Familie, nichts war der Familie zugewachsen, was er sich nicht verdient hätte in seiner Behörde.

Er weigerte sich, in seinem Dienstzimmer das Bild an die Wand zu hängen, das damals schon in der Küche ihres Bruders hing. Als Geschäftsstellenleiter wäre ihm keine Perle aus der Krone gefallen, so ein Bild hängt doch in jedem Büro, sagte sie ihm.

Wir leben in einem freien Land, antwortete er damals; einen Satz, den er wiederholte, noch vor wenigen Wochen.

Sie hängten das Bild in seiner Abwesenheit auf. Als er am Montagmorgen das Führerbild auf den Boden warf, wo es zerbrach, war der erste Arbeitstag dieser Woche sein letzter Arbeitstag in diesem Amt gewesen. Seinen Freund, den Behördenleiter, hatte er sich zum Feind gemacht.

Er stand allein da. Sie stand allein da mit Dagmar, Dietmar, mit ihm. In ihrer Zweizimmerwohnung trieb es ihn umher wie in einem Gefängnis. Die Tür ging auf und zu in der Küche, im Kinderzimmer, im Wohnzimmer, in dem Richard und sie nachts schliefen.

Er hatte keine ausgeprägte politische Überzeugung, wie sie die Redakteure der „Mittelbayerischen Nachrichten“ im „Streiflicht“ zum Ausdruck brachten, das sie gelegentlich las. Er schimpfte auf Hitler, wie er später Erhard lobte. Der dicke Mann mit der Zigarre hatte es ihm angetan. Auch er versprach, daß es vorwärtsgehen würde in Deutschland. Ein Versprechen, das er einlöste, auch für Schimpels und Kliemkes; nur ihrer Familie gegenüber stand er im Wort. Der Mann mit der Zigarre ermöglichte Wohlstand für alle. Und dieser Wohlstand war möglich, weil alle nach vorne blickten. Nur [Richard] sah sich um. Er hielt ihnen den Spiegel vor, wie er das nannte. Und das, was sie im Spiegel sahen, machte ihnen angst. […] Auch wenn es stimmte, daß er damals dagegen gewesen war und sie dafür gewesen waren, was spielte das heute noch für eine Rolle? Er verstellte sich mit seinem Blick zurück die Sicht nach vorne. Er stand sich und seiner Familie im Weg. […] Keiner sprach über Hitler, nur er, der dem Führer nicht gefolgt war, kam nicht von ihm los; nur er nahm den Namen des Führers noch in den Mund. Er brachte seine Familie in Gefahr. […]

Sie hatte die Schwägerin und ihren Bruder gemieden nach dieser Silvesternacht. Sie hatte den Bruder nicht mehr besucht in seinem Haus in der Kreuzgasse, wo in der Küche ein Bild an der Wand hing, das sie bedrückt hatte, weil es ein Sterbebild war, wie sie jetzt wußte. Richard hatte das Bild nicht aufgehängt, obwohl ihm keine Perle aus der Krone gefallen wäre.

Aus: Hurt, Benno: Eine deutsche Meisterschaft. Roman, Hamburg: Kellner Verlag 1991 (für Prüfungszwecke überarbeitet).

Lösungsvorschlag

Aufgabe a: Zusammenfassung des Inhalts

Hinweis: Beachten Sie, dass schon in der Aufgabenstellung auf das Zeitgerüst des Textauszugs verwiesen wird. Eine sorgfältige Lektüre – auch des Vorspanns – ist umso wichtiger, da der Handlungsverlauf nicht chronologisch ist. Falls Sie im Unterricht durchgenommen haben, dass man die Zusammenfassung zu einer nicht chronologisch erzählten Geschichte in zeitlich korrekter Abfolge verfassen darf, können Sie chronologisch vorgehen: Verlust des Arbeitsplatzes, Silvesterabend beim Bruder – Nachkriegszeit – Erinnerung. Hält man sich an die durch den Autor vorgegebene Reihenfolge, ist es sinnvoll, die Gegenwart (Maria in der Küche) von der Vergangenheit so abzugrenzen, dass man nicht ständig zur Wahrung der Vorzeitigkeit das Perfekt verwenden muss. Die folgende Lösung richtet sich nach dem nicht chronologischen Vorgehen des Autors.

Basissatz:
Ein Auszug des 2006 erschienenen Romans *Eine deutsche Meisterschaft* von Benno Hurt handelt von den Sorgen und Erinnerungen der Hausfrau Maria. Ihr Mann Richard ist während der Vollbeschäftigung unter dem nationalsozialistischen Regime aus mangelndem Opportunismus arbeitslos gewesen und behält auch während der Ära Ludwig Erhards, dem „Vater des Wirtschaftswunders", seinen Arbeitsplatz nicht, vermutlich wegen seiner Weigerung, die NS-Vergangenheit zu verdrängen.

Inhaltsangabe:
Maria deckt den Tisch für sich und ihren Mann Richard, der seine Stellung verloren hat und den ersten Tag zu Hause bleibt. Die drei Kinder sind bereits zur Schule gegangen. Maria fühlt sich durch die Last erdrückt, die Richards Arbeitslosigkeit für sie und die Familie bedeutet, und zögert, zu Richard, der wie sie in der vergangenen Nacht kaum geschlafen hat, ins Schlafzimmer zu gehen. Die Lage, in der sie sich befinden, ist eine Wiederholung der Situation nach dem ersten Kriegsjahr:

Die Eheleute haben ohne Vorankündigung Marias Bruder zu Silvester besucht. Während sich Richard in der Küche auf das Essen freut, beobachtet Maria im Spiegel im Flur eine Auseinandersetzung ihres Bruders, einem begeisterten Befürworter des NS-Regimes und daher auch Soldat, mit ihrer Schwägerin. Diese weigert sich nämlich, für jemand ohne Arbeit, also für Richard, zu kochen. Angesichts der Uniform des Bruders denkt Maria an die verpasste Chance Richards, sich in seinem Beruf oder als Soldat hervorzutun. Maria setzt sich zu ihrem Mann, sagt aber nichts, sondern nimmt nur seine Hand. Zu viert sitzen die beiden Ehepaare vor zwei leeren Tellern, bis Maria und Richard aufstehen und nach dem obligatorischen Neujahrsgruß das Haus verlassen. Maria empfindet beim Betrachten des brüderlichen Besitzes Sehnsucht nach einem gut situierten Leben und sucht bei Richard Trost, indem sie sich bei ihm unterhakt.

Richard ist Geschäftsstellenleiter in einer Behörde gewesen, bevor er sich geweigert hat, ein Porträt Hitlers in seinem Amtszimmer zu dulden, und dieses, als es von jemand anders aufgehängt worden ist, am Boden zerschmettert hat. Bis 1937, also noch vor dem Krieg, ist er ohne Marias Wissen Mitglied in der NSDAP gewesen, dann aber ausgetreten, weil er auf das Leistungsprinzip und auf freie Meinungsäußerung besteht. Nach dem Krieg konfrontiert Richard alle anderen, die den Nationalsozialismus zu verdrängen versuchen, mit der Vergangenheit und verliert trotz des wirtschaftlichen Aufschwungs, das der von Richard geschätzte Ludwig Ehrhard angestoßen hat, erneut seine Arbeit.

Maria denkt an den Bruder, der, wie es scheint, im Krieg gefallen ist und an den sie seit jener Silvesternacht nicht mehr gedacht hat, und wirft Richard in Gedanken vor, nicht im Sinne der Familie gehandelt zu haben.

Aufgabe b: Charakterisierung von Maria

Hinweis: Gehen Sie strukturiert vor (allgemeine Angaben, Äußeres …) und arbeiten Sie nicht am Text entlang. Gehen Sie auf den zweiten Teil der Aufgabe gesondert ein, auch wenn Sie in der Charakteristik schon die Beziehung der Eheleute zur Sprache gebracht haben.

Maria ist **Hausfrau** (vgl. Z. 31), im gesamten Textauszug ist nicht von der Ausübung eines Berufes oder einer Teilzeitarbeit die Rede. Sie hat drei – offensichtlich schulpflichtige – Kinder (vgl. Z. 2), die vor acht Uhr die „Zweizimmerwohnung" „verlassen" müssen (Z. 2 f.). Die Wohnung ist schon damals, als sie erst zwei Kinder gehabt haben „zu klein geworden […] für Dagmar, Dietmar, für sie und für ihn" (Z. 46). Ihr Mann **Richard** war offensichtlich **Beamter**, der im Dritten Reich „eine kleine Einheit [einer Behörde] aus drei Personen" (Z. 30 f.) geleitet hat. Zu der Zeit, als „die Slowakei schon unter dem ‚Schutz' des Deutschen Reiches" (Z. 83) steht, also noch vor Beginn des eigentlichen Krieges, ist er entlassen worden. Und auch nach dem Krieg schafft er es nicht, trotz des wirtschaftlichen Aufschwungs unter Erhard, seine Stelle zu behalten, obwohl er den Wirtschaftsminister „lobt[]" und dieser es ihm „angetan" hat (Z. 110 f.). Da Richard in Marias Augen nicht „nach vorne" blickt wie alle anderen und „ihnen den Spiegel [vorhält]", steht er „sich und seiner Familie im Weg", „bringt sie in Gefahr"; dem **von ihr ersehnten Wohlstand entsagen** zu müssen, stürzt sie in Existenznöte (vgl. Z. 110–121, Z. 16).

Über Marias **Aussehen** wird nur erwähnt, dass sie einen Hut trägt, den sie – vielleicht aus Trotz oder aber stiller Zustimmung – „neben die Dienstmütze ihres Bruders auf die Ablage [legt]" (Z. 36 f.). Sie **bemerkt jede Kleinigkeit im Haus ihres Bruders**, seine steife Uniformjacke (vgl. Z. 25), die ‚arische' Frisur der Schwägerin (vgl. Z. 38 f.), das „silberne Besteck mit dem Augsburger Fadenmuster" (Z. 52 f.) und die „weiße Leinentischdecke" (Z. 53 f.). Die in dieser Zeit obligatorische Fotografie Hitlers hängt in der Küche (vgl. Z. 55). Beim Anblick des „finster[en]" (ebd.) Konterfeis des ‚Führers' denkt sie an Richards Entlassung, an der dieses Bild im Prinzip schuld ist, und fühlt sich „bedrückt" (Z. 55 f. sowie Z. 119 f.), wohl weil es sie Unheil erahnen lässt und sich später als des Bruders „Sterbebild" herausstellt (Z. 56, Z. 124). Für die Annahme, dass ihr Bruder gefallen ist, spricht auch Marias Gedanke, dass seine Stimme sich – anders als die Erfahrung von Richards Arbeitslosigkeit – „nicht wiederholen würde" (Z. 16 ff.).

Als sie das Haus verlässt, das sie nie wieder betreten wird (Z. 122) und das sie als „freundlich" und „friedlich" (Z. 74) empfindet, **weint** sie (vgl. Z. 76). Wohl geht es ihr nicht nur um den Verlust der familiären Bande, sondern auch um die **Zerstörung der Hoffnung auf eine sichere Zukunft**. Maria muss sich nun erneut um die Familie sorgen, fühlt sich **ohnmächtig** angesichts der unsicheren Zukunft, „betäubt" und „getäuscht", vermutlich von Richard oder aber von den Versprechungen Ludwig Erhards, der eigentlich jedem **Wohlstand** versprochen hat, der nun aber wiederum nur **Opportunisten vorbehalten** bleibt (vgl. Z. 11–15, Z. 111–114). Leute wie Richard, der als Einziger „den Namen des Führers noch in den Mund nimmt", sich weigert, die Sünden der NS-Zeit totzuschweigen und somit unbequem wird, haben in der Ära Adenauer, der allen Beamten Amnestie gewährte, keinen Platz.

Es ist zu vermuten, dass Maria nichts dagegen gehabt hätte, wenn Richard sich wie ihr Bruder verhalten hätte, der als Lehrer zu ihr und „seinen Schulkindern […] von der tapferen Erfüllung sich [aus der Demut] ergebender Pflichten" gesprochen hat (Z. 35 ff.). Sie glaubt, dass Richard unter den Nationalsozialisten **Aussicht auf eine Karriere gehabt hätte** (vgl. Z. 31 ff.) und trägt ihm nach, dass er diese nicht wie ihr Bruder genutzt hat (vgl. Z. 27 ff.). Sie wirft ihrem Mann vor, „kein Gespür […] für den Wandel der Zeit" (Z. 28 f.) gehabt zu haben, um ihrer Familie ein besseres Leben zu ermöglichen.

Marias Verhältnis zu Richard ist deshalb **zwiespältig**. Auf der einen Seite unterwirft sie sich ihm, bricht mit ihrem Bruder, erträgt die Armut, sucht Halt bei ihm (vgl. Z. 76). Nonverbal versichert sie Richard ihre **Zuneigung** und ihre **Treue**, aber erst, als er es – ebenfalls ohne

Worte, verlangt: „Er griff nach ihrer Hand, sie senkte den Blick. […] ihre kraftlose Hand ergab sich dem schweren Gewicht seiner Hand“, obwohl diese, „die Hand eines arbeitslosen Mannes“ (Z. 66 ff.) für sie eine Last zu sein scheint. Auch, als er zum zweiten Mal arbeitslos geworden ist, macht sie ihm **keine offenen Vorwürfe**, wagt es nicht, ihn zu wecken, täuscht sogar Schlaf vor und deckt den Frühstückstisch für ihn. Sie würde sogar an die Tür des Schlafzimmers, wo er im Bett liegt und ebenfalls Schlaf simuliert, klopfen, wenn sie noch die Kraft dazu hätte (vgl. Z. 1–7).

Auf der anderen Seite **wirft sie ihm im Stillen vor**, der Familie mit seinem Verhalten zu schaden, ihre Zukunft aufs Spiel zu setzen, sie zu täuschen (vgl. Z. 11 f., 118 ff.). Sie spricht damals sogar aus, was sie denkt, nämlich, dass ihm „keine Perle aus der Krone gefallen“ wäre (Z. 97 f. und Z. 125 f.), wenn er das Bild Hitlers in seinem Amtszimmer geduldet hätte und so zum Mitläufer geworden wäre. Ihre **Erwartungen** in seine Fähigkeiten, genährt durch die „Angebote, die der Behördenleiter ihrem jungen Mann macht[ ]“ (Z. 32), werden **zunichte**, als er Hitler die Gefolgschaft verweigert und darauf besteht, „in einem freien Land“ zu leben (Z. 99). Ihrer Meinung nach „bewegt[ ] er sich nicht von der Stelle“ – weder, als alle von der „Bewegung“ des Nationalsozialismus „erfasst“ werden (Z. 87–90), noch, als alle unter Ludwig Erhard „nach vorne [blicken]“ (Z. 114).

Sie **distanziert sich in Gedanken sogar von ihrem Mann**, der „im Grunde genommen […] nicht zur Familie [gehört]“ (Z. 50). Seinetwegen muss sie auf den Kontakt zum Bruder verzichten, also ohne dessen Hilfe zurechtkommen – „[Richard] stand allein da. Sie stand allein da mit Dagmar, Dietmar, mit ihm.“ (vgl. Z. 105) – und aufgrund des Platzmangels in der Wohnung im Wohnzimmer nächtigen (vgl. Z. 107).

Richard zeigt umgekehrt **kein großes Vertrauen zu Maria**. Möglicherweise hat er keine hohe Meinung von ihr. Er leiht ihr zwar seinen „starken Arm“, sagt ihr aber nicht, dass er in der Partei ist – „was ging es sie an?“ (Z. 92 f.) – und als er am Küchentisch seines Schwagers nach ihrer Hand greift, ergibt sich „ihre kraftlose Hand dem schweren Gewicht seiner [starken] Hand“ (Z. 67 ff.). Die **Rollen** scheinen sehr **konservativ** aufgeteilt: Hier der alles bestimmende Mann, von dem das Wohl und Wehe der Frau und den Kindern abhängt, dort die schwache Frau, die seine Entscheidungen niemals laut in Zweifel zieht, aber unter deren Auswirkungen zu leiden hat.

Auffällig ist, dass beide sich ihre **Gefühle nur nonverbal zeigen** (vgl. Z. 65 ff., 76 f.) und offensichtlich auch nicht in Krisensituationen oder über politische Angelegenheiten miteinander sprechen (vgl. Z. 8 ff., 92 ff., 108 f.). Maria **behält ihre Vorwürfe und Wünsche weitgehend für sich**, Richard scheint im Gegenzug nicht auf die Idee zu kommen, seiner Frau seine Beweggründe näher zu erläutern (vgl. Z. 99 f.). Besonders feinfühlig scheint er nicht zu sein, wirkt geradezu **treuherzig**, als er am Küchentisch seines Schwagers sitzt und „gut gelaunt mit den Fingerknöcheln […] den flotten Rhythmus eines Liedes trommelt[ ] und dabei erwartungsfroh auf den Küchenherd“ sieht (Z. 57 ff.).

Aufgabe c: Gründe für Richards Haltung

Hinweis: *Dies ist keine auf Dialektik zielende Aufgabe. Trotzdem kann man sie so behandeln, da Richards Verhalten einerseits mutig und charakterfest erscheint, andererseits aber naiv und im Hinblick auf seine Familie egoistisch.*

Richard will sich nicht vorschreiben lassen, was er zu denken hat. Er schwimmt nicht mit dem Strom, sondern bleibt **sich selbst treu**. Das geht soweit, dass er sich – und seine **Familie – in höchste Gefahr bringt**, obwohl er eigentlich erkennen müsste, was im Nationalsozialismus Andersdenkenden widerfährt. Er hat Glück, dass er als illoyaler Beamter „nur“ entlassen und nicht verhaftet wird.

Richard besteht darauf, „in einem freien Land“ (Z. 99) zu leben. Das bedeutet, dass er sich **nicht den Mund verbieten lassen will**. Es zeugt aber davon, dass er **störrisch** ist wie ein Kind, und eher aus Trotz als aus Widerstandsgeist handelt. Er ignoriert die Wünsche und Einstellung seiner Frau, **interessiert sich nur für seine eigene Meinung** und überlegt nicht, wie er wirkungsvoller gegen das Regime vorgehen könnte, als seine Abneigung dadurch zu zeigen, indem er aus der NSDAP austritt, auf Hitler schimpft und dessen Gesicht nicht in seinem Büro an der Wand haben will – auch bei Marias Bruder setzt er sich so, dass er es nicht sehen kann, kehrt ihm buchstäblich den Rücken zu.

Nach dem Krieg sieht er nicht ein, wieso nun alle, vor allem die Mitläufer, so tun, als habe es das Dritte Reich nie gegeben. Damit „verstellt[] [er] sich mit seinem Blick zurück die Sicht nach vorne“ (Z. 117 f.). Er hat Recht behalten und nun wird ihm wieder Unrecht getan. Für ihn hat sich nichts geändert. Deshalb **verkriecht** er **sich** in seinem Bett und verschließt sich sogar vor seiner Frau, die im Prinzip die Meinung der anderen teilt und geteilt hat. Offenbar rebelliert sein **Rechtsempfinden** gegen die zweimalige Benachteiligung dafür, dass er sich an gewisse Prinzipien gehalten hat. Allerdings hat seine Reaktion, sich zu isolieren, auch etwas Selbstgerechtes.

Bei all dem nimmt er **keine Rücksicht auf seine Familie**. Auch die beengten Wohnverhältnisse und seine unglückliche Frau scheinen ihn nicht zu stören. Ihre Loyalität ist eine Selbstverständlichkeit für ihn. Das zeigt einen gewissen **Egoismus** und lässt die Folgerung zu, dass er weniger aus Integrität als aus Widerspenstigkeit handelt.

Aufgaben:

a) Fassen Sie den Inhalt der Szene zusammen.

b) Analysieren Sie die Gesprächsentwicklung und zeigen Sie auf, warum die Kommunikation scheitert.

Yasmina Reza (geb. 1959)
Der Gott des Gemetzels (2006)

Personen:

Véronique Houillé	Annette Reille
Michel Houillé	Alain Reille
(Eltern von Bruno)	(Eltern von Ferdinand)

Die Houillés und die Reilles sitzen einander gegenüber. Es sollte sofort erkennbar sein, dass es sich um das Wohnzimmer der Houillés handelt und die beiden Ehepaare sich soeben kennengelernt haben. […]
Zwei große Tulpensträuße in Vasen.
Es herrscht eine ernste, herzliche und tolerante Stimmung.

VÉRONIQUE: Also unsere Stellungnahme … Sie fassen dann Ihre eigene ab … „Am 3. November um 17 Uhr 30 schlug Ferdinand Reille, 11 Jahre, bewaffnet mit einem Stock, nach einer verbalen Auseinandersetzung auf dem Square de l'Aspirant Dunand unserem Sohn Bruno Houillé ins Gesicht. Die Folgen dieser Tat sind neben einer geschwollenen Oberlippe zwei abgebrochene Schneidezähne, beim rechten Schneidezahn einhergehend mit Schädigung des Nervs."

ALAIN: Bewaffnet?

VÉRONIQUE: Bewaffnet? „Bewaffnet" gefällt Ihnen nicht, aha, was sollen wir sagen, Michel, ausgestattet, ausgerüstet, ausgestattet mit einem Stock, ist Ihnen das recht?

ALAIN: Ausgestattet ja.

MICHEL: Ausgestattet mit einem Stock.

VÉRONIQUE: *(korrigiert)* Ausgestattet. […]

Lächelnde Unschlüssigkeit

ANNETTE: Wir sind Ihnen wirklich sehr dankbar für Ihre Großzügigkeit, wir wissen es zu schätzen, dass Sie die Sache beilegen möchten, statt sie zu verschärfen.

VÉRONIQUE: Das ist ja das Mindeste, aber wirklich.

MICHEL: Ja!

ANNETTE: Keineswegs. Wie viele Eltern ergreifen absolut kindisch die Partei ihrer Kinder. Wenn Bruno unserem Ferdinand zwei Zähne ausgeschlagen hätte, würden Alain und ich nicht viel gereizter reagieren? Ich weiß nicht, ob wir so gelassen wären wie Sie.

MICHEL: Aber sicher!

ALAIN: Gar nicht so sicher, sie hat recht.

MICHEL: Doch. Wir alle wissen sehr gut, dass es genauso gut umgekehrt hätte passieren können.

Unschlüssigkeit

VÉRONIQUE: Und was sagt Ferdinand? Wie geht er mit der Situation um?

ANNETTE: Er redet nicht viel. Ich glaube, er ist überfordert.

VÉRONIQUE: Aber ihm ist klar, dass er seinen Klassenkameraden entstellt hat?

ALAIN: Nein. Nein, ihm ist nicht klar, dass er seinen Klassenkameraden entstellt hat.

ANNETTE: Warum sagst du das? Natürlich ist es ihm klar!

ALAIN: Ihm ist klar, dass sein Verhalten brutal war, ihm ist nicht klar, dass er seinen Klassenkameraden entstellt hat.

VÉRONIQUE: Ihnen gefällt das Wort nicht, aber leider ist es das treffende Wort.

ALAIN: Mein Sohn hat Ihren Sohn nicht entstellt.

VÉRONIQUE: Ihr Sohn hat unseren Sohn entstellt. Kommen Sie um fünf wieder und sehen sich seinen Mund und seine Zähne an.

MICHEL: Vorübergehend entstellt.

ALAIN: Sein Mund wird wieder abschwellen, und falls man wegen der Zähne zum besten Zahnarzt gehen muss, bin ich auch bereit, mich an den Kosten …

MICHEL: Dafür gibt es Versicherungen. Wir möchten einfach, dass sich die beiden Jungen wieder vertragen und dass so etwas nicht wieder vorkommt.

[…]

Annette kommt aus dem Bad zurück

ANNETTE: Im Bad ist mir was eingefallen …

VÉRONIQUE: Ja?

ANNETTE: Wir haben vielleicht etwas nicht genug beachtet … Also ich meine …

MICHEL: Sagen Sie ruhig, Annette.

ANNETTE: Eine Beschimpfung ist auch eine Aggression.

MICHEL: Natürlich.

VÉRONIQUE: Kommt ganz darauf an, Michel.

MICHEL: Stimmt, es kommt drauf an.

ANNETTE: Ferdinand war noch nie brutal zu jemandem. Grundlos kann er das nicht getan haben.

ALAIN: Bruno hat ihn eine Petze genannt! […] Wenn mich einer eine Petze nennt, gehe ich auch in die Luft.

MICHEL: Es sei denn, es stimmt. […]

ANNETTE: Sie glauben, mein Sohn ist eine Petze?

MICHEL: Ich glaube gar nichts.

ANNETTE: Wenn Sie gar nichts glauben, dann sagen Sie auch nichts. Lassen Sie Ihre Bemerkungen und Unterstellungen.

VÉRONIQUE: Annette, wir sollten uns nicht aufregen. Michel und ich bemühen uns, Ihnen entgegenzukommen und moderat zu reagieren …

ANNETTE: So moderat auch wieder nicht.

VÉRONIQUE: Ach ja? Warum?

ANNETTE: Oberflächlich gesehen moderat.

[…]

VERONIQUE: Mein Sohn hat zwei Zähne verloren. Zwei Vorderzähne.

ALAIN: Ja, ja, wir haben's kapiert.

VÉRONIQUE: Einen davon für immer.

ALAIN: Er kriegt neue, wir lassen ihm neue einsetzen! Bessere! Ferdinand hat ihm nicht das Trommelfell durchbohrt!

ANNETTE: Es wäre falsch, die Ursache des Problems nicht zu sehen.

VÉRONIQUE: Es gibt keine Ursache. Es gibt einen Elfjährigen, der zugeschlagen hat. Mit einem Stock.

ALAIN: Bewaffnet mit einem Stock.

MICHEL: Wir haben das Wort zurückgezogen.

ALAIN: Sie haben es zurückgezogen, weil wir Einspruch dagegen erhoben haben.

MICHEL: Wir haben es ohne jede Diskussion zurückgezogen.

ALAIN: Ein Wort, das bewusst den Irrtum, die Ungeschicklichkeit ausschließt, ein Wort, das die Kindheit ausschließt.

VÉRONIQUE: Ich glaube, diesen Ton ertrage ich nicht.

[…]

MICHEL: Wir sind alle besten Willens. Alle vier, da bin ich sicher. Warum lassen wir jetzt Irritationen und nutzlose Gereiztheiten die Oberhand gewinnen?…

VÉRONIQUE: Oh, Michel, jetzt reicht's aber! Schluss mit diesen versöhnlichen Tönen. Wenn wir nur oberflächlich moderat sind, bitte, wir können auch anders!

MICHEL: Nein, nein, ich weigere mich, mich auf dieses Niveau zu begeben.

ALAIN: Was für ein Niveau?

MICHEL: Das jämmerliche Niveau, das diese beiden kleinen Idioten uns aufzwingen! So!

[…]

ANNETTE: Meiner Ansicht nach sind beide Seiten irgendwie im Unrecht. Genau. Beide Seiten sind im Unrecht.

VÉRONIQUE: Ist das Ihr Ernst?

ANNETTE: Pardon?

VÉRONIQUE: Denken Sie das wirklich?

ANNETTE: Ich denke es. Ja.

VÉRONIQUE: Unser Sohn Bruno, dem ich heut Nacht zwei Efferalgan mit Kodein geben musste, ist im Unrecht?

ANNETTE: Ganz unschuldig wird er nicht sein.

VÉRONIQUE: Verschwinden Sie! Ich kann Sie nicht mehr sehen! (*nimmt Annettes Handtasche und schleudert sie Richtung Tür)* Raus!

ANNETTE: Meine Handtasche! … (*wie ein kleines Mädchen)* Alain! …

MICHEL: Was ist denn jetzt los? Die sind ja völlig entfesselt.

ANNETTE: (*sammelt den verstreuten Inhalt ihrer Tasche auf)* Alain, Hilfe! …

VÉRONIQUE: Alain, Hilfe!

ANNETTE: Schnauze! …Sie hat mein Puderdöschen zerbrochen! Und meinen Zerstäuber! (*zu Alain)* Verteidige mich, warum verteidigst du mich nicht? …

ALAIN: Wir gehen. […]

VÉRONIQUE: Die tut, als würde ich sie erwürgen!

ANNETTE: Was habe ich Ihnen getan?

VÉRONIQUE: Es sind nicht beide Seiten im Unrecht! Man darf Opfer und Henker nicht verwechseln!

ANNETTE: Henker! […] Bloß weg hier, Alain. Diese Leute sind Ungeheuer! […] Warum lässt du deinen Sohn als Henker bezeichnen? Wir kommen in ihr Haus, um diese Sache zu klären, und dann werden wir beschimpft, angegriffen […], Ferdinand hatte völlig Recht, Ihren Sohn zu schlagen […]!

Aus: Reza, Yasmina: Der Gott des Gemetzels, Aus dem Französischen von Frank Heibert. Lengwil 2006, S. 13; 25–27, 53–56, 85–87 (für Prüfungszwecke überarbeitet)

Lösungsvorschlag

Aufgabe a: Inhaltszusammenfassung

Hinweis: *Der häufigste* ***Fehler*** *bei dieser Aufgabenstellung besteht darin, dass der Dramenauszug* ***nacherzählt*** *wird. Verlangt wird vielmehr eine den Originaltext deutlich reduzierende (Umfang) und abstrahierende (Inhalt) Darstellung. Dabei sind folgende Anforderungen zu beachten:*

– ***Kurze*** *Textvorstellung (→ Überblicksinformation)*

- *Autor*
- *Gattung/Textsorte*
- *Titel/Auszug*
- *Erscheinungsort/-datum und Quelle*
- *Thema*
- *Personal*

– *Zeitstufe: Präsens (Gegenwart)*
– *Keine wörtlichen Zitate → Konjunktiv*
– *Personenkonstellation*
– *Handlungs**skizze***

Bei der Textvorlage handelt es sich um einen Auszug aus dem Drama *Der Gott des Gemetzels* der 1959 geborenen französischen Autorin und Schauspielerin Yasmina Reza. In dem 2006 in Lengwil (Schweiz) veröffentlichten Drama stehen zwei Paare – Véronique und Michel Houillé sowie Annette und Alain Reille – im Zentrum der Handlung. Das Vierpersonenstück zeigt das Scheitern des Versuchs der beiden Ehepaare, einen Konflikt zwischen deren beiden Söhnen Ferdinand und Bruno zivilisiert zu schlichten. Der Textauszug gibt den stark verkürzten Inhalt der Seiten 13, 25–27, 53–56 und 85–87 wieder.

Die Handlung des Stücks spielt im Wohnzimmer der Houillés, die hier zum ersten Mal mit den Eltern des 11-jährigen Ferdinand Reille zusammentreffen, der bei einer Auseinandersetzung dem gleichaltrigen Sohn der Gastgeber zwei Schneidezähne ausgeschlagen hat. Beide Elternpaare zeigen sich zunächst bemüht, den Vorfall zu bagatellisieren, herunterzuspielen. Man versichert sich der gegenseitigen Achtung und Wertschätzung und ist bemüht, tolerant zu sein. Diese Fassade einer bürgerlichen Normalität bekommt aber sehr schnell Risse. Es zeigt sich, dass der Konflikt zwischen den Kindern mehr und mehr das Verhalten der Erwachsenen bestimmt. Erste verbale Missstimmungen eskalieren zum offenen Streit, an dessen Ende pure Aggression steht. Die Autorin setzt mit ihrem Stück Aspekte der modernen Kommunikationstheorie, wie sie z. B. von Paul Watzlawick entwickelt wurde, spielerisch um.

Aufgabe b: Analyse der Gesprächsentwicklung

***Hinweis:** Dieser Aufgabenteil ist relativ komplex. Einerseits geht es um die Analyse des Gesprächsverlaufs, andererseits um das Benennen von Gründen, die letztlich zum Scheitern des Versöhnungsversuchs geführt haben. In beiden Fällen ist der direkte Bezug zum Text erforderlich (Aussage → Textbeleg = Zeilenangabe). Das Gespräch zeigt eine dreiteilige Struktur:*

1	*Achtung gesellschaftlicher Konventionen*	*→ Phase 1 (Zeile 1–41)*
2	*Erste Anzeichen egoistischer Reflexe*	*→ Phase 2 (Zeile 42–66)*
3	*Offene Aggression*	*→ Phase 3 (Zeile 67–116)*

*Analog dazu vollzieht sich das **Scheitern** der Kommunikation:*

Rationale Ausgangssituation

↓ **Toleranz** → Distanz zum Verhalten der Kinder

Aufbrechende Emotionalität

↓ **Egoismus** → Solidarisierung mit dem jeweiligen Kind

Ausbruch des Konflikts

Vorschlag für eine Ausarbeitung:

Phase 1

Das Gespräch beginnt in einer **erzwungen-entspannten Atmosphäre** (vgl. Regieanweisung), was sich am Bemühen der Paare zeigt, die tätliche Auseinandersetzung ihrer Söhne auf eine schon **fast professionell-juristische Ebene** zu verlagern (Z. 1–6). Beide „Parteien" haben sich darauf geeinigt, das Verhalten des Sohnes im Konfliktfall durch eine „Stellungnahme" zu dokumentieren und damit den Anteil des jeweiligen Sohnes am Streit und dessen Folgen zu definieren. Wie im juristischen Alltag wird hier versucht, den **Tatbestand zu differenzieren** und durch eine geeignete Wortwahl zu entschärfen (Z. 6–12). Die dabei auftretenden ersten Unstimmigkeiten können durch den Hinweis auf Toleranz im Umgang miteinander und der gegenseitigen Versicherung von Verständnis für den jeweils anderen Standpunkt vordergründig bereinigt werden (Z. 14 f.). Man ist bemüht, sich keine Blöße zu geben und durch unnötigen Druck auf die andere Partei die eigene Position zu gefährden (Z. 18 f.).

Phase 2

Diese **Fassade bürgerlicher Konvention** bekommt erste ernsthafte **Risse**, als Véronique, Brunos Mutter, den Begriff der körperlichen „Entstellung" und damit indirekt auch die Frage nach der Verantwortung, verbunden mit der Schuldfrage, einbringt (Z. 28). Um den sich daraus ergebenden Vorwurf der Täterschaft abzumildern verweist Annette, Ferdinands Mutter, auf den Aspekt, dass es auch psychische Aggression gibt, wie sie z. B. in der Verbalinjurie „Petze" gegeben ist (Z. 54). Der Versuch, den sich abzeichnenden Konflikt zu vermeiden, scheitert (Z. 61). Die Bereitschaft, „vernünftig" über den Vorfall zu diskutieren, schwindet und gibt der Auseinandersetzung einen neuen, eher unfreundlichen Charakter (Z. 59 und 73). Der am Beginn des Gesprächs erkennbare Wille zur Deeskalation (Z. 14–15), zur Schadensbegrenzung, weicht mehr und mehr der **Polarisierung in eine Täter- und Opfer-Rolle**, die die Paare stellvertretend für ihre Kinder einnehmen (Z. 54).

Phase 3

Verbal vollzieht sich damit eine **Verschärfung des Dialogs**. Veronique betont die Schwere des Vorfalls, Alain nimmt den zu Beginn des Gesprächs fallengelassenen Begriff der „Bewaffnung" wieder auf (Z. 75). Dies führt dazu, dass von der eingangs zwanghaft konstruierten, auf Harmonie bedachten Atmosphäre die letzten Reste beseitigt werden. Wiederum ist es Véronique, die den Willen zur Kooperation aufkündigt (Z. 85). Der **Umschwung vom Rationalen ins Emotionale** zeigt sich in der Verschärfung der Redebeiträge und in der sich nun steigernden Lautstärke (Zahl der Ausrufezeichen ab Zeile 100). Véronique ist es, die den **Übergang zur offenen Aggression** einleitet, indem sie Annettes Handtasche in Richtung Tür schleudert (Regieanweisung in Zeile 100), sie ist es auch, die fordert, „Opfer und Henker nicht [zu] verwechseln" (Z. 111 f.) und darauf besteht, dass „nicht beide Seiten im Unrecht [sind]" (Z. 111). Annette, die den Begriff des „Henkers" auf ihren Sohn bezieht (Z. 114) bricht daraufhin den Versuch, den Streit der Kinder „vernünftig" zu regeln, endgültig ab und solidarisiert sich kompromisslos mit Ferdinand und seiner Tat, die sie mit den Worten „Ferdinand hatte völlig Recht, [Bruno] zu schlagen" (Z. 116 f.) für gerechtfertigt erklärt.

Gründe für das Scheitern der Kommunikation

Hinweis: *In diesem Aufgabenteil geht es darum, aufzuzeigen, warum eine der bürgerlichen Konvention und Norm folgende (vgl. Regieanweisung, Zeile 1–4) Gesprächssituation, deren Ziel der Ausgleich unterschiedlicher Standpunkte ist, trotz der offensichtlichen Bereitschaft der beteiligten Paare (vgl. Zeile 18–25), eine „vernünftige" Lösung zu finden, letztendlich scheitert. Einen möglichen Erklärungsansatz zu dieser Frage bietet die Kommunikationstheorie unter dem Stichwort Konstruktivismus. Darunter versteht man die Annahme (Axiom), dass die menschliche Kommunikation nicht nur dem Informationsaustausch (Umgang mit dem*

Streit der Kinder und dessen Folgen) dient, sondern auch eine Beziehungsseite besitzt, die der Tatsache Rechnung trägt, dass die an der Kommunikation beteiligten Partner in konstruierten, d. h. von in ihnen selbst erdachten Wirklichkeiten leben (vgl. Watzlawick, Paul u. a.: Menschliche Kommunikation. Formen, Störungen, Paradoxien. Bern, Göttingen, Toronto, Seattle [9]1996)

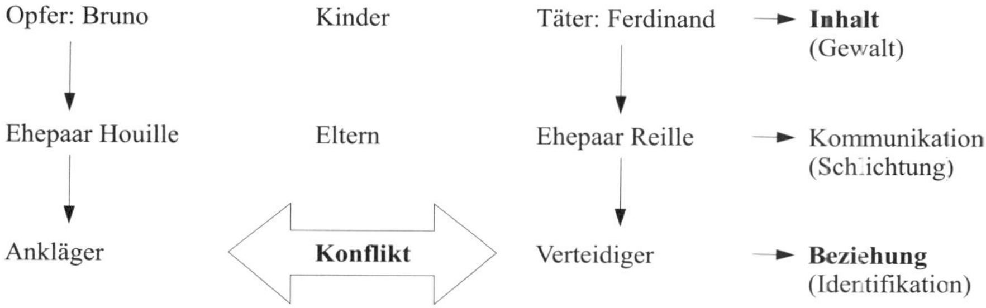

Den **Inhalt** des Gesprächs zwischen den beiden Ehepaaren bildet ein Streit zwischen deren Söhnen, dessen Konsequenzen nicht diskutierbar sind: Fakt ist, dass Bruno bei einer tätlichen Auseinandersetzung unter Kindern zwei Zähne verloren hat (Z. 5 f.). Aufgabe der Eltern wäre es jetzt eigentlich, die Streitursache zu klären, die Söhne zu beruhigen bzw. auszusöhnen und die Kostenfrage zu regeln. Anfangs scheint dies auch zu gelingen: Das Gespräch findet in einer ruhigen, offensichtlich ausgeglichenen Atmosphäre statt. In dem Maße, wie sich die Paare zunächst latent (Z. 30 f.), dann immer offensichtlicher mit ihren Söhnen identifizieren (Z. 34), bricht die **Beziehungsseite** des Kommunikationsversuchs auf, die Rationalität (Z. 1 ff.) weicht mehr und mehr der Emotionalität (Z. 28 ff.) und manifestiert sich in blanker Aggression (Z. 59 ff.), die über die verbale Ebene hinausgeht (Z. 100). Die zunehmende Gereiztheit spiegelt sich in dem allseitigen Bestreben wider, jedes Wort auf die Goldwaage zu legen (vgl. Z. 54 ff.). Man *will* sich nicht mehr verstehen, sucht gezielt nach Gelegenheiten, dem „feindlichen" Paar zu widersprechen und die Richtigkeit der eigenen Position herauszustellen. Das Gespräch endet in einer Sackgasse, statt des zivilisierten Konversationstons sucht man nun Zuflucht bei archaischeren Verhaltensweisen: Zuletzt schleudert Véronique Annettes Tasche weg, unternimmt somit einen Übergriff auf deren persönlichen Besitz. Damit reagiert sie ähnlich gewalttätig wie Ferdinand, als der ihrem Sohn zwei Zähne ausgeschlagen hat. Ein weiteres gütliches Gespräch verhindert sie, indem sie Ferdinand als „Henker" (Z. 111) bezeichnet. Nach dem anfänglichen Bemühen, die kindliche Untat herunterzuspielen, verfällt Véronique nun ins andere Extrem, indem sie einen völlig überzogenen Vergleich anstellt. Eine „moderate" Lösung des Konflikts ist nun nicht mehr möglich.

Bayern – FOS · BOS 12: Fachabiturprüfung 2010 – Deutsch
1. Analyse eines Sachtextes

Aufgaben:

a) Stellen Sie den Text kurz vor und geben Sie Inhalt und Aufbau des Textes wieder.

b) *Zu bearbeiten ist eine der folgenden Aufgaben:*

Nehmen Sie Stellung zu der Entwicklung, dass immer mehr Menschen Online-Netzwerke nutzen.

oder

Welche Gefahren birgt die Nutzung von Online-Netzwerken für den Datenschutz des Bürgers, und wie könnte der Einzelne eigenverantwortlich einem Missbrauch von Daten begegnen?

Der entblößte Mensch
von Bernd Graff

Die Mitgliederzahlen von Online-Netzwerken können nicht mehr anders als in Staatengröße gedacht werden. In dieser Woche vermeldete die Website Facebook[1], im Februar 2004 als Exklusivzirkel für Harvard-Studenten[2] gegründet, dass sich bei ihr mittlerweile 250 Millionen Nutzer weltweit registriert haben. Das sind zwar noch etwas weniger, als die USA Einwohner haben. Doch bei Zuwachszahlen von 90 000 Neu-Mitgliedern täglich dürfte auch die 300-Millionen-Grenze bald erreicht sein.

Das amerikanische Marktforschungsunternehmen Comscore will ermittelt haben, dass 734 Millionen Menschen in aller Welt ein solches Netzwerk nutzen. Immer häufiger übrigens über ein mobiles Gerät und nicht über stationäre Rechner. Damit wären zwei Drittel der Online-Bevölkerung inzwischen Mitglieder bei geschätzten 2 000 Internet-Netzen, um sich dort gegenseitig zu suchen und zu finden, Interessengruppen zu bilden oder Nachrichten, Bilder und Videos auszutauschen. Kinder tun es, Erwachsene tun es, Alte tun es: Man diskutiert, offenbart sich, sein Leben, seine Meinungen und Neigungen mehr oder weniger unverhohlen.

Inzwischen ist das tägliche Verweilen in einem sozialen Web wie Facebook, MySpace[3], Xing[4], lokalisten.de[5], StudiVZ[6] und wer-kennt-wen.de[7] für Menschen mit Zugang zum Internet so selbstverständlich wie der Gebrauch von Telefonen. Zehn Prozent der gesamten Online-Zeit werden mit dieser Spielart des Web 2.0 verbracht. Kaum ein anderer gemeinsamer Mediengebrauch erreicht sonst noch solche Beteiligungszahlen – die Trauerfeier für Michael Jackson einmal ausgenommen. Und das, obwohl soziale Netzwerke keinen passiven Konsumenten von Programmen kennen, sondern den aktiven Nutzer erwarten, der selbst Beiträge verfasst und viel über sich, seine Meinung und sein Befinden preisgibt.

Genau hier, bei der alltäglichen Publikation individueller Daten, fangen die Probleme an, deren Ausmaß niemand einschätzen kann. Es ist aber schon jetzt erstaunlich, wie viele Informationen aus dem Alltag der Nutzer sich im Netz spiegeln. Noch vermag niemand zu sagen, was aus all den Datensätzen wird, die sich im Laufe von Jahren und Generationen dort ansammeln. Wie also soll die Gesellschaft damit umgehen, dass aus der Kommunikation der Gegenwart irgendwann einmal das Gedächtnis der Alltagskultur geworden sein wird? Ein ziemlich verlässliches zumal, das weder die Bilder noch das Geschwafel der eigenen Jugend vergisst. Eine Archäologie des Netzes und seiner Webinschriften steht aus verständlichen Gründen noch aus. Und so weiß keiner, was einmal aus den milliardenfachen Facebook-Beiträgen in zehn oder gar in fünfzig Jahren werden wird, wo sie lagern, wem sie gehören und für wen sie dann zugänglich sein werden. Wird es den Jugendlichen von heute als Erwachsenen peinlich sein, wenn ihr dummes Zeug, an das sie inbrünstig glauben, in Jahrzehnten noch im Netz abrufbar sein wird? So unverblümt und digitalfrisch wie am ersten Tag?

Massenmedien des letzten Jahrhunderts waren nach dem klassischen Sender-Empfänger-Modell aufgebaut: Eine Publikationszentrale versorgte zwar sehr viele Menschen mit Informationen. Doch das, was hier Kommunikation genannt wurde, verlief immer nur in eine Richtung: Vom Sender zum Empfänger. Die Empfänger ihrerseits besaßen gar nicht die Mittel und folglich nicht die Reichweite, um selber auf Sendung gehen zu können. Wer sich austauschen wollte, besprach sich in unmittelbarer Begegnung mit seinen Freunden, im Einzelgespräch am Telefon oder zeitverzögert per Post. Das ist inzwischen anders: Die sozialen Netze des Internet sind per se Mehrweg-Massenkommunikation. Jeder ist sein eigener Sender mit der Chance, tatsächlich weltweit wahrgenommen zu werden. YouTube-Videos von Unbekannten, die millionenfach angeschaut wurden, belegen das. Und doch gibt es gravierende Unterschiede: Zwar agiert man mutmaßlich in der intimen Öffentlichkeit seiner online versammelten Freunde. Doch wird hier nicht einfach nur Intimes zur Schau gestellt? Das dürfte gerade für Eltern von besonderer Brisanz sein: Deren Kinder lassen sich in Online-Plattformen über Gott, die Welt und die politischen Ansichten des Elternhauses aus. Die Anonymität des Netzes, die Leichtigkeit, mit der dort „Freundschaften" geschlossen und wie Trophäen gesammelt werden, sorgen außerdem dafür, dass nicht immer klar ist, mit wem der Nachwuchs Umgang pflegt.

Die Bereitschaft auch von Erwachsenen jedenfalls, sich dieser technisch vermittelten Öffentlichkeit zu präsentieren, war zuvor nur von Schauspielern aus Film und Theater bekannt. Vielleicht muss man also eine Bühnenmetapher bemühen, um diese oft eigenartige Staffage der Webpräsenz, den auf Pointen ausgerichteten Ton und die oftmals verwinkelte Konstruktion der Rollenprofile zu verstehen, unter denen sich Zeitgenossen im Netz dargestellt sehen wollen. Schon darum ist kaum zu klären, was virtuelle Communities eigentlich sind: Gemeinschaften, so real wie andere auch, Informationspools und Medien für die demokratische Wissens-und Willensbildung? Plattformen für ungezügelte Selbstdarstellungen, Programme, in die man sich reinzappt wie in die tägliche TV-Soap? Die Antwort darauf scheint banal: Sie sind all das und mehr und folglich so facettenreich wie das Leben auch.

Und gerade darum müssen diese Phänomene jeden Datenschützer mit intakter Selbstachtung auf den Plan rufen. Denn unabhängig davon, dass die Datenschutzbefohlenen ihr „Recht auf informationelle Selbstbestimmung" oftmals nutzen, um alle Informationen über sich selbst ins Web zu stellen, scheinen die Plattformbetreiber wie Spinnen im Netz auf personenbezogene Informationen zu warten. So kritisierten neben der Grünen-Fraktionschefin im Bundestag, Renate Künast, auch der Bundesverband der Verbraucherzentralen und der Bundesdatenschutzbeauftragte Peter Schaar in dieser Woche Datenmissbrauch, Schutzlücken und undurchsichtige Geschäftsbedingungen der Betreiber: Sie könnten persönliche Informationen über Privatleute einholen, Verhaltensdaten der Nutzer auswerten und Profildaten Dritten zugänglich machen. Außerdem kaschierten die Betreiber diese Nutzung der personenbezogenen Daten und veränderten heimlich die Klauseln zu ihren Gunsten, so die Vorwürfe. Einige Anbieter gelobten Besserung, andere verwiesen auf unterschiedliche Rechtsstände in ihren jeweiligen Herkunftsländern. Auch hier wird deutlich, dass sich diese junge Technik noch entwickelt, ihre Richtlinien und Gebrauchsanweisungen gerade erst entstehen.

Die Menschheit sendet global, aber denkt noch immer lokal. Bald schon werden die Inhalte des Internet zum Bestandteil der überlieferten Geschichte. Doch unabhängig davon, dass noch niemand die Langzeitwirkung des gegenwärtigen Daten-Exhibitionismus ausmalen kann, muss dennoch klar sein: Die virtuelle Welt ist immer auch die wirkliche.

Aus: Süddeutsche Zeitung vom 18. 07. 2009

1 Facebook: Website zur Bildung und Unterhaltung sozialer Netzwerke
2 Harvard University (kurz Harvard): älteste private Eliteuniversität der USA
3 MySpace: mehrsprachiges, werbefinanziertes virtuelles soziales Netzwerk
4 Xing: webbasierte Plattform zur Verwaltung vorwiegend geschäftlicher Kontakte
5 lokalisten.de: zu 90 % zu ProSiebenSat.1gehöriges geschlossenes, virtuelles soziales Netzwerk
6 StudiVZ: virtuelles soziales Netzwerk für Studenten
7 wer-kennt-wen.de: Online-Netzwerk, das der RTL interactive GmbH, einer Tochter von RTL Deutschland, gehört.

Lösungsvorschlag

Aufgabe a: Inhalt und Aufbau des Textes

***Hinweis:** Die Aufgabe kann entweder in Form einer Inhaltsangabe in Thesenform oder einer strukturierenden Textzusammenfassung gelöst werden. Eine Kurzvorstellung ist dieser Lösung jeweils voranzustellen.*

In dem Kommentar *Der entblößte Mensch*, der am 18. 7. 2009 in der Süddeutschen Zeitung erschienen ist, untersucht Bernd Graff kritisch die Entwicklung, dass immer mehr Menschen Online-Netzwerke nutzen und dabei persönliche Daten freigeben.

I. Bernd Graff informiert über die rasante Ausbreitung von Online-Netzwerken. (Z. 1–23)
   1. Die User-Zahlen steigen ins Unermessliche.
   2. Alle Altersgruppen nutzen inzwischen Online-Netzwerke.
   3. Die Verweildauer in Online-Netzwerken hat durch neue technische Möglichkeiten rapide zugenommen.

II. Der Autor führt Probleme im Umgang mit Online-Netzwerken an. (Z. 24–65)
   1. Die zukünftige Nutzung der Informationen, die die User über sich preisgeben, ist unklar.
   2. Informationen, die man unbedacht online geäußert hat, können vielleicht einmal negativ gegen einen verwendet werden.
   3. Während früher für den Einzelnen Massenkommunikation kaum möglich gewesen ist, kann man sich heute leicht der ganzen Welt selbstdarstellerisch präsentieren.
   4. In den Online-Foren wird ein oberflächlicher Umgang mit anderen Menschen gepflegt.
   5. Gerade Kinder machen sich über die Konsequenzen ihrer teils recht privaten Äußerungen in Online-Netzwerken zu wenig Gedanken.

III. Er mahnt notwendige Entwicklungen an, um die Datenschutzprobleme von Online-Netzwerken zu beseitigen. (Z. 66–84)
   1. Die Weitergabe von persönlichen Daten durch die Anbieter an Dritte muss unterbunden werden.
   2. Betrügereien seitens der Anbieter sind abzustellen.
   3. Die fehlende Rechtssicherheit durch international verschiedene Regelungen im Umgang mit persönlichen Daten muss behoben werden.
   4. Der einzelne User sollte sich klarmachen, dass seine ins Netz gestellten Informationen für ihn langfristig noch ungeahnte Folgen haben können.

Aufgabe b: Stellungnahme

Hinweis: Eine der zwei Fragestellungen ist auszuwählen und zu bearbeiten. Bei der ersten Alternative ist darauf zu achten, dass die Aufgabenstellung nach Online-Netzwerken fragt. Es geht also nicht allgemein um die zunehmende Internetnutzung.
Im Zusammenhang mit der zweiten Alternative müssen Sie beachten, dass keine dialektische Themafrage vorliegt, sondern eine linear-steigernde Stellungnahme gefordert ist. Zudem ist die Aufgabenstellung zweigliedrig formuliert. Sie sollten keinen Teil der Aufgabenstellung vergessen.
Während die hier vorliegende Lösung Alternative I in einem geschlossenen Aufsatz darbietet, wird Alternative II lediglich skizziert.

Alternative I: „Nehmen Sie Stellung zu der Entwicklung, dass immer mehr Menschen Online-Netzwerke nutzen."

In seinem Kommentar „Der entblößte Mensch", der am 18. 7. 2009 in der Süddeutschen Zeitung erschienen ist, skizziert Bernd Graff einleitend, dass die Zahl der Menschen, die sich in Online-Netzwerken anmelden, inzwischen gewaltige Ausmaße annimmt. Es stellt sich dabei allerdings die Frage, ob diese Entwicklung tatsächlich zu befürworten ist.

Auf der einen Seite ist dieser Trend kritisch zu sehen, da er wesentlich zum **Sprachverfall** beiträgt. Die User pflegen in Foren und ganz besonders in Chats einen sorglosen Umgang mit der Sprache. Anstelle ganzer Sätze und Wörter werden häufig Kürzel, Abkürzungen oder Emoticons benutzt. Es besteht die Gefahr, dass sich die gebrochene und verkürzte Kommunikation bei den Usern so einschleift, dass sie diese auch in andere sprachliche Kontexte übertragen und bald nicht mehr situationsangemessen formulieren können. Aus Leichtsinn wird in einem offiziellen Brief aus „Mit freundlichen Grüßen" ein „Mfg" oder im Extremfall aus einem „Sehr geehrte Damen und Herren" ein „Hi". Dass das beim Adressaten Unverständnis auslösen kann, steht außer Frage.

Zudem weist der Kommentar darauf hin, dass die in den Online-Netzwerken preisgegebenen **persönlichen Informationen** nie ganz privat sind und von einer breiten **Öffentlichkeit langfristig eingesehen** werden können, was fatale Folgen für den Benutzer haben kann. Gerade junge Menschen, die auch noch zur Schule gehen, stellen zum Beispiel immer wieder leichtfertig Bilder von der letzten Party in ihre Profile oder äußern sich unbedacht zu Lifestyle-Themen und ihrer eigenen Biografie. Dass dies alles im Falle einer späteren Bewerbung von Personalleitern abgerufen werden kann, um die Kandidaten über ihre Bewerbungsunterlagen hinaus zu prüfen, kommt den wenigsten in den Sinn. Hat der potenzielle Arbeitgeber dann kein Verständnis für etwaige Jugendeskapaden, ist die Chance auf Anstellung gefährdet.

Auf der anderen Seite ist die Entwicklung, dass immer mehr Menschen Online-Netzwerke nutzen, aber auch positiv zu werten. So kann die Anonymität im Netz bewirken, dass man eher als im wirklichen Leben bereit ist, **über Probleme** zu **sprechen** und sich Hilfe zu holen. Auf www.selbsthilfeforen.de findet man beispielsweise eine große Liste von Netzwerken, die einem in schwierigen Lebenssituationen weiterhelfen können, etwa im Zusammenhang mit psychischen Krankheiten, Abhängigkeit oder Sexualität. Häufig fällt es gerade in diesen Bereichen schwer, sich im unmittelbaren Umfeld auszusprechen; zu groß ist die Furcht vor Stigmatisierung oder Ablehnung. In den sozialen Netzwerken hingegen kann man sich erste Tipps holen oder durch Kommunikation mit anderen Betroffenen Rückhalt und Mut finden, sich Hilfe zu holen. Folglich ist die zunehmende Nutzung von Online-Netzwerken eine zu begrüßende Entwicklung.

Des Weiteren können Online-Foren Menschen helfen, **aus ihrer Isolation und Einsamkeit** zu **gelangen**. Viele verzweifeln auf der Suche nach der großen Liebe und trauen sich im wirklichen Leben nicht, andere Menschen anzusprechen und um eine Verabredung zu bitten. Hier gibt es inzwischen schon unzählige Internet-Foren, die sich dieses Problems angenommen haben. Es können eigene Profile angelegt, andere angeschaut werden, „Tapsen" vergeben oder Nachrichten verschickt werden. Ist die Kommunikation im Internet erst einmal im Gange, ist die erste Hürde zur Kontaktaufnahme schon einmal überwunden. Und selbst wenn doch keine Verabredung zustande kommt, so muss man sich auch keine Gedanken machen, da das Gespräch allenfalls ein virtueller Flirt gewesen ist.

Der wichtigste Grund dafür, dass die zunehmende Nutzung der Online-Foren zu befürworten ist, wird schon von Bernd Graff in den Zeilen 61 f. folgendermaßen angesprochen: Virtuelle Communitys können „Informationspools und Medien für die **demokratische Wissens- und Willensbildung**" sein. Bestes Beispiel ist „Twitter", ein Forum, das bei den letzten Regierungswahlen in Iran von der oppositionellen Bewegung genutzt wurde, um auf vermeintliche Missstände und Demokratieverstöße aufmerksam zu machen. Angesichts der staatlichen Zensur wäre der Rest der Welt nicht derart für die Zustände im Iran sensibilisiert worden oder hätte vielleicht überhaupt nie von den Straßenschlachten erfahren. Das Regime wäre so vielleicht noch brutaler gegen die Demonstranten vorgegangen. Netzwerke können Menschen gezielt über politische Entwicklungen weltweit informieren und Bürger mündig und aufgeklärt machen.

Wägt man nun abschließend beide Positionen ab, so dürfen die negativen Seiten dieser neuen Entwicklung nicht außer Acht gelassen werden. Sprachverfall und vor allem der Verlust der Privatsphäre sind bedenkliche Gefahren. Allerdings überwiegen doch die positiven Aspekte. Online-Netzwerke verbessern die Lebensqualität durch Unterstützung bei der Lösung individueller und mit Scham verbundener Probleme, durch Hilfe bei sozialer Integration und durch Förderung der Entwicklung einer gesunden, stabilen und verantwortungsbewussten Persönlichkeit. Zudem können sie wichtige Aufgaben im demokratischen Wissens- und Willensbildungsprozess erfüllen.

Um den möglichen Problemen entgegenzuwirken, ist zunächst die Schule mit einer nachhaltigen Medienpädagogik gefordert. Sie kann hier durchaus auf außen stehende Hilfe zurückgreifen: So können Berufsberater vom Arbeitsamt bei ihren Bewerbungstrainings in der Schule den Schülern mit Blick auf ihre berufliche Zukunft die notwendige Vorsicht im Zusammenhang mit Online-Foren nahebringen. Zuletzt ist der Staat durch aufklärende Kampagnen und Schaffung eines schützenden rechtlichen Rahmens in der Verantwortung.

Alternative II: „Welche Gefahren birgt die Nutzung von Online-Netzwerken für den Datenschutz des Bürgers, und wie könnte der Einzelne eigenverantwortlich einem Missbrauch von Daten begegnen?"

– In der **Einleitung** kann auf den vorliegenden Kommentar Bezug genommen werden. Bernd Graff kritisiert hier Datenschutzprobleme im Zusammenhang mit der immer beliebter werdenden Nutzung von Online-Netzwerken. Daran anschließend sollte die Themafrage eingebunden werden.

  Im **Hauptteil** müssen zunächst mögliche Gefahren der Online-Netzwerknutzung für den Datenschutz des Bürgers argumentativ erschlossen werden. Mögliche tragende Aspekte könnten sein:

  - Der User verliert teilweise seine Privatsphäre und muss berufliche Nachteile hinnehmen (vgl. die obige Ausführung zu Alternative I).
  - Durch die Angabe von Interessen in Profilen können Firmen gezielt Werbung versenden.
  - Der Einzelne verliert die „informationelle Selbstbestimmung" (Z. 68), da er häufig nicht kontrollieren kann, welche Daten von Dritten gesehen werden können oder nicht.

  Im Anschluss an diese möglichen Argumente ist die Frage zu beantworten, wie der Einzelne eigenverantwortlich dem Datenmissbrauch begegnen könnte:

  - Der Einzelne muss sich gründlich über die verschiedenen Formen des Datenmissbrauchs informieren, um reagieren zu können.
  - Jeder sollte sich überlegen, welche Informationen er von sich preisgeben möchte.
  - Bei erfolgtem Datenmissbrauch sollte man sich über seine Rechte informieren und gegebenenfalls juristische Schritte einleiten.

Aufgaben:

a) Stellen Sie den Text vor. Gehen Sie dabei auch auf Textsorte, Thema und Kernaussagen ein.

b) Untersuchen Sie die Aussageabsichten des Textes und zeigen Sie, wie sie sprachlich umgesetzt werden.

c) Wie beurteilen Sie die Ausdehnung der Ladenöffnungszeiten an Sonntagen?

Es gibt mehr als Konsum

von Alexander Jungkunz

Das Sonntags-Urteil – eine Wende des Zeitgeists? Es gibt mehr als Konsum. Kann sein, dass dieses Karlsruher Urteil[1] mehr ist als nur eine sehr kräftige, beeindruckende Bestätigung der Sonderrolle des Sonntags. Denn die Verfassungsrichter stemmen sich mit ihrem Spruch auch sehr deutlich gegen einen Zeitgeist, der die vergangenen Jahrzehnte prägte: gegen die zunehmende Durchökonomisierung und -flexibilisierung der Gesellschaft. Die Richter greifen das wachsende Unbehagen über diesen Trend auf, indem sie sehr klar sagen, was von den Konsum-und Wachstums-Predigern oft recht vehement bestritten wird: dass der Mensch nämlich Pausen braucht.

Pausen? Angesagt war zuletzt vor allem deren Abschaffung. An die Sendepause im Fernsehen erinnern sich nur noch Ältere. Die Arbeitszeiten wurden durchflexibilisiert – mit Vor- und Nachteilen. Aus dem englischen Büro-Arbeitszeit-Slogan „Working 9 to 5" wurde längst das „24/7": Viele Menschen müssen, etliche von ihnen wollen sogar an sieben Tagen der Woche 24 Stunden lang, rund um die Uhr, erreichbar sein. Beantworten Mails prompt, twittern[2], schreiben SMS – und arbeiten dazwischen auch noch. Wichtige, ja zentrale Weichenstellungen in Politik und Wirtschaft werden inzwischen gern mitten in der Nacht getroffen – und niemand wundert sich darüber.

Die Geschichte der zusehends ausgeweiteten Ladenöffnungszeiten war bei dieser Aufweichung von Zeit-Konturen stets Vorläufer: Cleveren Marketing-Strategen gelang es, den Menschen einzuimpfen, dass Einkaufen (pardon: Shoppen) erstens ein Erlebnis (pardon: Event) sei und dass es daher, zweitens, am besten ohne Pausen verfügbar sein müsse. Nun mag Einkaufen ja sehr wohl Spaß machen. Aber wenn viele einen Stadt- mit einem Einkaufsbummel gleichsetzen und dabei verlernen, was man in einer Stadt gerade dann erleben und sehen kann, wenn die Läden mal zu sind; wenn für manche Shoppen also zum Ersatz fürs echte Leben wird – dann läuft irgendwas schief. Dann nämlich dominiert die Ökonomie derart den Alltag, dass der Mensch zu ihrem Gefangenen wird: Ich shoppe, also bin ich.[3]

Nun haben die Kirchen gar nicht gegen die Ausweitung der Ladenöffnungszeiten während der Woche geklagt; da wird das Angebot so gestaltet, wie es den Städten passt. Berlin wagt teils das Rund-um-die-Uhr-Shoppen; in kleineren Orten machen die Händler dann dicht, wenn zu wenig Kunden kommen. Denn die können ihr Geld ja nur einmal ausgeben: Selbst ständig offene Läden erhöhen nun mal die Kaufkraft nicht; daher sprechen auch gewichtige ökonomische Gründe für das Karlsruher Urteil.

Die Richter gingen auf die Argumente der Kirchen ein, legten sie aber weniger religiös als gesellschaftspolitisch aus – und bestätigten gerade so die Bedeutung von Feiertagen; ob man die nun „heiligt" oder „einhält", das ist dann Glaubenssache. Karlsruhe bestätigte, was Soziologen wie Theologen klug begründen – und was Arbeitnehmer wie Familien hautnah spüren: Es braucht einen Tag, der anders ist als die anderen sechs; eine Zäsur, eine Pause, eine Zeit, die nicht von Aktion(ismus) geprägt ist, sondern Raum bietet für anderes, für Gespräche, Ausflüge, auch fürs Nichtstun und für Langeweile – denn gerade in solchen Momenten, die für Ökonomie-Fetischisten die pure Zeitverschwendung sind, steckt die Chance zum Innehalten, Nachdenken, zum Entspannen und wirklichen Leben.

Ohne Sonntag wären alle Tage gleich: Mit diesem Spruch kämpften die Kirchen gegen die Aushöhlung des Feiertags. Wirtschaft ist ohne Zweifel wichtig; das lehrt die Krise – aber sie darf nicht alles sein und über allem stehen; sie darf nicht zur neuen Religion, zum neuen Glauben werden; auch das lehrt die Krise. Das Karlsruher Urteil ist daher ein bemerkenswertes, ein wichtiges Votum gegen dieses Diktat der Ökonomie.

Jungkunz, Alexander: Es gibt mehr als Konsum, in: Nürnberger Nachrichten vom 2. Dezember 2009 (für Prüfungszwecke überarbeitet)

1 Das Bundesverfassungsgericht in Karlsruhe hat am 1. Dezember 2009 die vier verkaufsoffenen Adventssonntage in Berlin für verfassungswidrig erklärt, da sie gegen den Sonntagsschutz im Grundgesetz verstießen. Damit gaben die Richter einer Klage der Kirchen teilweise statt. Das Ladenschlussgesetz von 1956 in der Fassung von 2006 erlaubt die Ladenöffnung an bis zu vier Sonn- und Feiertagen im Jahr außer im Monat Dezember.
Das Berliner Abgeordnetenhaus hatte das Ladenschlussgesetz am stärksten von allen Bundesländern liberalisiert: Die Läden durften an den Adventssonntagen und an bis zu sechs weiteren Sonntagen geöffnet werden.

2 twittern: in einem meist öffentlich einsehbaren sozialen Netzwerk Beiträge veröffentlichen

3 In Anlehnung an die berühmte These „Cogito ergo sum" – „Ich denke, also bin ich" des Philosophen René Descartes.

Lösungsvorschlag

Aufgabe a: Überblicksinformation

Hinweis: **Textvorstellung** → *Dieser Aufgabenteil dient der eigentlichen Textaneignung und zwingt zu einem genauen Lesen und Hinterfragen der Textvorlage, was beides für die zentrale Textdiskussion unabdingbare Voraussetzungen sind. Hilfreich ist hierbei als Grundlage das sogenannte* **Stereotype Regest**, *welches die wichtigsten formalen und inhaltlichen Textmerkmale kurz und prägnant erfasst:*
- *Autor*
- *Quelle*
- *Textsorte*
- *Thema/Überschrift*
- *Kontext*
- *Anlass*
- *Aussageabsicht*
- *Hauptaussage*

Der Kommentar mit dem Titel *Es gibt mehr als Konsum* wurde von Alexander Jungkunz am 2. 12. 2009 in den *Nürnberger Nachrichten* veröffentlicht. Das Urteil des Karlsruher Verfassungsgerichts zur Berliner Regelung verkaufsoffener Adventssonntage vom 1. 12. 2009 war Anlass für den Autor, sich grundsätzlich mit der Frage nach der Bedeutung der Freizeit in unserer Gesellschaft zu beschäftigen. Mit seinem Text will Jungkunz den Lesern seine Überzeugung nahebringen, dass der von der modernen Arbeitsgesellschaft geforderten ständigen Verfügbarkeit der Arbeitskräfte Grenzen gesetzt werden müssen. Um den Bedürfnissen des Einzelnen nach Ruhe, sozialen Kontakten (Familie, Freunde) und Abwechslung gerecht zu werden, fordert er in diesem Zusammenhang die Festschreibung von Auszeiten.

Aufgabe b: Sprachanalyse und Intention

Hinweis: **Aussageabsicht** → *Jeder Verfasser eines wie auch immer gearteten Textes (Nachricht, Kommentar, Glosse, Gebrauchsanleitung, Schulordnung usw.) versucht, bei seinen potenziellen Lesern konkrete Ziele zu erreichen (Zustimmung, Widerspruch, Empörung, Belustigung, Unterhaltung, Information, Anpassung usw.). Das Mittel, das er zur Umsetzung dieser Ziele benutzt, ist die Rhetorik. Durch die Analyse der eingesetzten rhetorischen und stilistischen Mittel soll in diesem Aufgabenteil untersucht werden, wie der Autor seine* **Intention**, *d. h. seine Aussageabsicht, sprachlich umsetzt. Dabei ist es hilfreich, zunächst die Hauptintention des Textes darzustellen und diese dann in Teilintentionen zu zerlegen. Diese ergeben sich aus dem funktionalen Aufbau des Textes, der bei kommentierenden Texten (in der Regel handelt es sich bei den Prüfungsaufgaben um solche) grundsätzlich wie folgt beschrieben werden kann:*
- *Vorstellung des Themas*
- *Problematisierung*
- *Bewertung*

Mit dem Diktum „Es gibt mehr als Konsum“ verkündet der Autor bereits in der Überschrift seinen Standpunkt zur Frage der Verkaufszeitenregelung. Er begrüßt das Karlsruher Urteil nachdrücklich. Um seine Meinung dem Leser plausibel zu machen, gliedert er seinen Text in drei inhaltliche Abschnitte, die jeweils einer eigenen Intention folgen:

Jungkunz möchte deutlich machen, dass er das Karlsruher Urteil im positiven Sinne für bedeutsam hält:
Er leitet seinen Kommentar mit einer **rhetorischen Frage** ein (Z. 1), die einerseits kommunikativen Charakter hat – der Leser fühlt sich angesprochen –, andererseits mit dem **Neologismus** „Sonntags-Urteil" (Z. 1) Interesse wecken soll. Der Begriff „Zeitgeist" (Z. 1) verweist in diesem Zusammenhang auf die Aktualität des Themas. Der Verfasser beantwortet diese Frage mit der Wiederholung der Überschrift, die gleichzeitig die Kernaussage, seine zentrale These, zum Thema der „[Durch]flexibilisierung der Gesellschaft" (Z. 5) darstellt. Durch **Substantivierungen** wie „Durchökonomisierung und -flexibilisierung" (Z. 5) unterstreicht er die Dramatik der Veränderungen auf dem Arbeitsmarkt. Weitere Neologismen wie „Konsum- und Wachstums-Prediger" (Z. 7) ironisieren die Verfechter des sich dahinter verbergenden Trends, den der Autor mit „aus […] ‚Working 9 to 5' wurde längst das ‚24/7'" (Z. 11 f.) paraphrasiert. Mit dieser **Hyperbel** möchte er die Gefahr eines Weges aufzeigen, der dem Individuum keine Freiräume mehr bietet und die ökonomischen Anforderungen zum obersten Prinzip erklärt, dem sich alles und jeder unterzuordnen hat. Dem stellt er das Urteil der Karlsruher Richter gegenüber, dessen Bedeutung er apodiktisch in der Feststellung zusammenfasst, „dass der Mensch Pausen braucht." (Z. 8) Spannung verleiht er seinen Aussagen mithilfe von **Satzkonstruktionen**, deren Aussagen durch Nebensätze, abgetrennt durch Gedankenstriche, eine wertende Erweiterung erfahren (Z. 10 f., 14 und 16).

Der Autor kritisiert die Dominanz der Wirtschaft in unserer Gesellschaft:
Mit einer **Inversion** („Pausen? Angesagt war zuletzt vor allem deren Abschaffung", Z. 9) weist er seine Leser auf Widersprüche in der modernen Lebensgestaltung hin, die den Menschen nicht mehr als Individuum mit spezifischen Bedürfnissen anerkennt, sondern in ihm ein rund um die Uhr verfügbares Produktionsmittel sieht, dessen Wesen dadurch gekennzeichnet ist, dass es kontinuierlich „SMS" schreibt, „Mails" beantwortet und „twittert" (Z. 13 f.: Akkumulation) – und das an „sieben Tagen der Woche" (Z. 12 f.). Mit dieser **hyperbolisch** formulierten Aussage **ironisiert** der Autor die Erwartungen der „Wachstums-Prediger" (Z. 7), die letztlich im Menschen nur noch dessen Funktion für den Arbeitsprozess und den Konsum sehen, seine Fähigkeiten und Bedürfnisse auf die eines Automaten reduzieren. Der Neologismus „Ökonomie-Fetischisten"[1] (Z. 40) unterstreicht dieses Diktum. Mit der negativ konnotierten **Metapher** „Marketing-Strategen gelang es, den Menschen einzuimpfen […]" (Z. 18 f.) demaskiert der Autor die Absicht, Verkaufszeiten auszuweiten, als bloße Manipulation, die aus dem denkenden Individuum eine konsumfixierte Marionette macht. Dies unterstreicht er mit der **Umdeutung** eines der Leitgedanken der philosophischen Aufklärung: „Cogito ergo sum" (Descartes), in „Ich shoppe, also bin ich" (Z. 25 f.). Der Mensch mutiert vom selbstbestimmten Wesen zum Spielball der Ökonomie und ihres Marketings.

Der Verfasser unterstreicht die Bedeutung von Pausen und Ruhezeiten:
Mit der als **Klimax** formulierten **Akkumulation** „Es braucht einen Tag, der anders ist als die anderen sechs; eine Zäsur, eine Pause, eine Zeit […]" (Z. 37 f.) kommt Jungkunz zum Kern seiner Aussage: Der Mensch braucht Freiräume. Stilistisch wechselt seine Darstellung der Problematik jetzt von einem eher ironisch, polemisch geprägten Ton in eine um **Sachlichkeit** bemühte Darlegung seiner Intention: **Antithetisch** unterstreicht er die Bedeutung einer Auszeit im Alltag der Menschen („Zeit, die […] Raum bietet für anderes, für Gespräche, Ausflüge, auch fürs Nichtstun und für Langeweile", Z. 38 f.), deren Notwendigkeit er mit der **Klimax** „[eine] Chance zum Innehalten, Nachdenken, zum Entspannen und wirklichen Leben" (Z. 41) unterstreicht.

---

1 Umschreibung des Marx'schen Begriffs „Warenfetischismus": Mit **Warenfetisch** bezeichnet Karl Marx in seinem Hauptwerk ***Das Kapital*** (1867) einen bestimmten ideologischen Zustand gesellschaftlicher Beziehungen im Kapitalismus. Die Produkte menschlicher Arbeit entwickeln für die Menschen unter den Bedingungen der kapitalistischen Produktionsweise ein scheinbares „Eigenleben", vergleichbar mit der Zauberkraft, die, aus Sicht der europäischen Aufklärer, von Afrikanern ihren Fetischen zugesprochen wurde.

Aufgabe c: Bewertung = Argumentation → dialektische Form der Erörterung

Hinweis: **Beurteilung →** *Die Aufforderung zur Beurteilung der Textaussage verlangt eine persönliche Stellungnahme in Form einer argumentativen Auseinandersetzung mit dem Text und seiner Aussage. Der Terminus „Beurteilung" beinhaltet dabei die Aufforderung, die Aussage des Autors zu diskutieren, was auf eine dialektische Erörterung hinausläuft. Verlangt wird also eine Textdiskussion, deren Struktur allgemein folgendermaßen beschrieben werden kann:*

These → Textaussage **PRO**

⇕

Antithese → Widerspruch **CONTRA**

⇓

Synthese → persönliche Bewertung

These, Antithese und Synthese müssen dabei entsprechend den Anforderungen an eine Argumentation formuliert werden:

Behauptung

↓

Erläuterung / Begründung

↓

Beleg (möglichst konkretes Beispiel)

↓

Schlussfolgerung (= Bestätigung der Behauptung → Rückführung)

Es liegt in der Formulierung der Aufgabenstellung begründet, dass hier nur sehr allgemein auf die Ausführung dieses Aufgabenteils eingegangen werden kann (Textauffassung, persönliche Erfahrungen, Einstellung zum Thema). Deshalb versteht sich das Folgende nur als eine exemplarische Möglichkeit zur Erörterung des Themas.

Thesen → Text (Autor)
- Die Gesellschaft unterliegt dem Diktat des Marktes.
- Der Mensch braucht Zeiten der Ruhe und Erholung.
- Die Arbeitnehmer werden durch die Ausweitung der Ladenöffnungszeiten übermäßig stark belastet.

Antithesen → Widerspruch
- Verkaufsoffene Sonntage ermöglichen ein stressfreies Einkaufen für berufstätige Arbeitnehmer.
- Sonntage sind auch jetzt schon keine generell arbeitsfreien Tage (vgl. Schichtarbeit).
- Staatliche Regelungen entmündigen und sind immer ein Eingriff in die Entscheidungsfreiheit des Einzelnen.

Synthese → persönliche Stellungnahme (= <u>eigene</u> Meinung!)

Hinweis: *In diesem Argumentationsschritt ist Ihre persönliche Einstellung zu der vom Autor aufgezeigten Thematik gefragt. Aufbauend auf den in These und Antithese dargestellten Erwägungen sollen Sie zu einem eigenständigen Urteil zur Frage der Ausweitung der sonntäglichen Öffnungszeiten gelangen. Dabei sind ganz allgemein drei Varianten denkbar:*
- *Zustimmung zur Meinung des Autors*
- *Begründung des Widerspruchs*
- *Kompromiss aus These und Antithese*

Ausarbeitung eines Argumentationsstrangs:
These
Die Arbeitnehmer werden durch die Ausweitung der Ladenöffnungszeiten zusätzlich belastet und eingeengt.

Erläuterung/Begründung
In einer Arbeitswelt, die geprägt ist durch immer höhere Anforderungen und Herausforderungen am Arbeitsplatz, die dadurch entstehenden gesundheitlichen Belastungen und die heute schon hohe Verfügbarkeit des Einzelnen, erscheint die Forderung der Arbeitgeber nach einem weiteren Abbau der geregelten Freizeit kontraproduktiv. Immerhin besteht die Gefahr, dass dies nur der erste Schritt ist zu einer weiteren Aufweichung arbeitsrechtlicher Regelungen, an deren Ende ein Arbeitsmarkt stehen könnte, der frei ist von allgemein verbindlichen rechtlichen und sozialen Festlegungen.

Beispiel
Schon heute sind knapp zwei Drittel der neu vermittelten Arbeitsverträge befristet oder auf Teilzeitarbeit ausgelegt. Was die einen als die Verwirklichung des Prinzips der Freiheit des Marktes feiern, wird von anderen mit Grausen wahrgenommen. Sie verweisen auf die Konsequenzen für den einzelnen Arbeitnehmer: stärkere Abhängigkeit bei Lohn- und Arbeitszeitfragen.

Schlussfolgerung
Vor diesem Hintergrund erscheint es richtig und wichtig, dass der Gesetzgeber für ein Minimum an rechtlich verbindlichen Regelungen sorgt, die die Position des Einzelnen auf dem Arbeitsmarkt stärken. In diesem Kontext kann auch der Karlsruher Richterspruch gesehen werden.

↕

Antithese
In einer Zeit, die geprägt ist durch tief greifende Veränderungen in nahezu allen Bereichen unserer Gesellschaft, gerade aber auch in der Welt der Arbeit, erscheint es antiquiert und dirigistisch, auf Regelungen zu bestehen, deren Ursprünge in einer Zeit zu finden sind, die von der industriellen Produktion bestimmt war.

Erläuterung/Begründung
Im Bewusstsein einer breiten Öffentlichkeit ist die Tatsache noch nicht angekommen, dass wir uns längst von der klassischen Industriegesellschaft entfernt haben. Globalisierung, Kommunikations- und Informationstechniken prägen seit den Achtzigerjahren des 20. Jahrhunderts unsere Art zu leben und zu arbeiten. Ein Großteil der Arbeitnehmer entspricht heute nicht mehr dem Bild des klassischen Arbeiters, der seiner Tätigkeit in einer Fabrik nachgeht, gewerkschaftlich organisiert ist und sich auf feste Tarifbestimmungen berufen kann. Die Dienstleistungsgesellschaft, die mittlerweile die Industriegesellschaft weitgehend abgelöst hat, verlangt nach flexiblen und mobilen Mitarbeitern, die sich den jeweiligen Forderungen anpassen können.

Beispiel
Im Zuge der fortschreitenden Globalisierung sind immer mehr Arbeitsplätze, das gilt besonders für den Bereich der höher qualifizierten Berufe, mit dem Ausland vernetzt. Dies bedeutet oftmals, dass man sich den Bedingungen eines anderen Landes anpassen muss: z. B. in Bezug auf Tageszeit, Feiertagsregelungen usw. Immer mehr Menschen sind heute bereit, diese Forderungen zu erfüllen. Das gilt vor allem für Singles: Sie sind besonders leistungsorientiert und -bereit, verfügen über ein hohes Maß an Flexibilität und Mobilität und kommen damit dem Ziel der Kommunikationsgesellschaft nahe, immer erreichbar, aber eben auch verfügbar zu sein.

Schlussfolgerung
Strikte staatliche Regelungen, wie sie das Karlsruher Urteil am Beispiel der Sonntagsöffnungszeiten einfordert, bedeuten in diesem Zusammenhang eine Gängelung des Einzelnen, der in seiner Entscheidungsfreiheit beim Einkaufen und Arbeiten bevormundet wird.

Synthese
Bei seiner Argumentation übersieht Jungkunz, dass Sonntagsarbeit bzw. flexible Arbeitszeiten, die nicht an einen festen Plan von Montag bis Freitag gebunden sind, nichts Neues sind. In Form der Schichtarbeit gehören sie zu den die Produktionsarbeit prägenden Faktoren. Diese Form der Arbeit wird heute mehr und mehr abgelöst durch Arbeitszeitmodelle, bei denen der Einzelne bei der Gestaltung seines Alltags, zu dem unter anderem auch Einkaufen und Arbeiten gehören, ein Maximum an Freiheit besitzt. Das starre Festhalten an tradierten Regelungen, die Ladenöffnungszeiten und die damit verknüpfte Sonntagsarbeit sind hier nur Beispiele und entsprechen somit nicht mehr dem vom Autor zitierten „Zeitgeist“.

Bayern – FOS · BOS 12: Fachabiturprüfung 2010 – Deutsch
3. Epik

Aufgaben:

a) Fassen Sie den Inhalt des Romanauszuges zusammen.

b) Charakterisieren Sie Marie.

c) Analysieren Sie die Entwicklung des Gesprächs zwischen Lars und Marie im Restaurant Raumschiff und beurteilen Sie den Erfolg für den jeweiligen Gesprächspartner.

Martin Suter (geb. 1948): **Lila, Lila** (2004)

Marie Berger war mit Lars im Raumschiff essen gegangen, ein Versöhnungsessen, wie er es nannte.

Sie brauchte kein Versöhnungsessen, denn sie hatte keinen Streit. Lars war einfach ein Missverständnis. Aber weil er so unglücklich dreingeschaut hatte und es Dezember war und auch sie nicht gegen die Tristesse des Weihnachtsrummels gefeit, hatte sie zugesagt.

Das war ein Fehler gewesen. Der Tag der Verabredung überraschte sie mit einem Frühlingshimmel und einem Lüftchen voller Süden. Nicht das Wetter für eine Aussprache mit einem Verflossenen, der noch nicht wusste, dass er einer war.

Am liebsten hätte sie ihm abgesagt, aber sie konnte ihn nicht erreichen, er hatte sein Handy ausgeschaltet. In weiser Voraussicht, wie sie vermutete.

Das Raumschiff war ein zu großes, zu lautes, zu teures Designerlokal, nicht Maries Welt. Schon eher die von Lars, der Nationalökonomie studierte und im Vertrauen auf eine große Wirtschaftskarriere schon einmal etwas über seine Verhältnisse lebte.

Als Marie eintraf – pünktlich, denn sie wollte den Abend nicht mit dem Handicap beginnen, zu spät gekommen zu sein –, saß Lars schon an einem Tischchen mitten im Getümmel. Er sprang auf und winkte mit beiden Armen, wie ein Schwimmer in Not. Sie steuerte auf seinen Platz zu und versuchte, die Gäste zu ignorieren, die sie, ohne ihre Gespräche zu unterbrechen, mit einem Seitenblick taxierten.

Lars empfing sie stehend und bot ihr seinen Platz an. „Von hieraus siehst du die Leute."

„Die interessieren mich nicht", entgegnete sie. Erst als sie sich mit dem Rücken zum Lokal gesetzt hatte, wurde ihr klar, dass er die Bemerkung nicht als Kritik am Lokal, sondern als Kompliment an ihn verstanden hatte. Er setzte sich ihr gegenüber, faltete die Hände unter dem Kinn und schaute ihr lächelnd in die Augen.

„So habe ich das nicht gemeint, Lars."

„Wie?"

Wenn er sich dabei nicht so unwiderstehlich gefunden hätte, hätte sie es ihm bestimmt schonender beigebracht. So aber sagte sie: „Ich wollte damit nicht sagen, dass mich dein Anblick mehr interessiert."

Eigentlich hätte sie jetzt aufstehen und gehen sollen. Aber Lars blickte sie so erschrocken an, dass sie dem Satz mit einem kleinen Lächeln etwas von seiner Schroffheit nahm. Er lächelte erleichtert zurück, winkte einem Kellner und bestellte zwei Glas Champagner.

Wenn er sie gefragt hätte, hätte Marie gerne ein Glas Champagner genommen. Aber jetzt sagte sie: „Mir lieber ein Mineralwasser."

Marie Berger war vierundzwanzig. Seit etwas über einem Jahr ging sie wieder zur Schule. Sie wollte das Gymnasium abschließen, das sie mit sechzehn aufgegeben hatte, um eine Ausbildung als Dekorateurin anzufangen. Um ihr kreatives Potential auszuschöpfen, wie sie ihrer Mutter erklärt hatte.

Marie hatte fast fünf Jahre gebraucht, um ihrer Mutter recht geben zu können, dass das ein Fehler gewesen war. Und sie zu bitten, sie bis zum Abschluss der Schule wieder in ihrer Dreizimmerwohnung aufzunehmen. So sparte Marie sich die Miete. Die Kosten für die Ausbildung und was sie zum Leben brauchte, bezahlte sie aus ihrem Ersparten und dem Honorar, das ihr drei Stammkunden für die monatliche Schaufensterdekoration bezahlten. Ein Laden für Modeschmuck, eine Boutique für Designermode und ein Apotheker, der sich weigerte, die Werbedisplays der Pharmaindustrie in die Fenster zu stellen.
Vielleicht hätte sie mit einem andern Job mehr verdient, aber Schaufenster dekorieren besaß den Vorteil, dass es sich mit dem Schulbetrieb vereinbaren ließ. Und auch den, dass es sie immer wieder daran erinnerte, welchen Beruf sie auf keinen Fall mehr ausüben wollte. Sie hatte schon während der Lehre ihre Liebe zu Büchern entdeckt und wollte diese zu ihrem Beruf machen, indem sie Literatur studierte.
„Das ist, als ob du aus Liebe zur Gerechtigkeit Jura studieren wolltest“, hatte ihr Vater gesagt, als sie ihn fragte, ob er allenfalls bereit wäre, sich an den Kosten des zweiten Bildungswegs zu beteiligen. Ein ziemlich hoffnungsloses Unterfangen, denn er hatte sich seit der Scheidung auch am ersten nur widerwillig beteiligt.
Das Leben mit ihrer Mutter war nicht einfach. Nicht aus den üblichen Gründen. Myrtha, so musste sie ihre Mutter seit frühster Kindheit nennen, mischte sich nicht in ihre Angelegenheiten. Im Gegenteil, sie ließ Marie ihr Leben leben und lebte ihres. Und das war es, was das Zusammenleben immer öfter schwierig gestaltete. Myrtha führte für Maries Geschmack ein etwas zu aktives Liebesleben. Immer wieder musste Marie aus der kleinen Wohnung flüchten, um die Schäferstündchen ihrer Mutter nicht zu stören. Nicht, dass es Myrtha peinlich gewesen wäre. Marie war es peinlich.
An einem solchen Abend hatte sie auch Lars kennengelernt. Ihre Mutter war kurz nach zehn mit einem dänischen Reiseführer – sie arbeitete in einem Reisebüro – nach Hause gekommen, und Marie hatte die Harmonie mit der Bemerkung „der hat doch bestimmt ein Hotelzimmer“ gestört. Ihre Freundin Sabrina, die ihr in solchen Momenten jeweils Unterschlupf bot, gab Marie am Telefon zu verstehen, dass sie sich in einer ähnlichen Situation wie Myrtha befand.

So landete sie im Bellini, einer Bar, in der sie meistens jemanden traf, den sie kannte.
Aber an diesem Abend war im ganzen Bellini kein bekanntes Gesicht zu entdecken. Marie setzte sich an die Bar und trank ein Glas Asti. Und als der Barmann ihr nach einer Viertelstunde „von dem Herrn vis-a-vis“ ein zweites brachte, lehnte sie es nicht ab und schickte dem Spender ein Lächeln über den Tresen. So kam sie mit Lars ins Gespräch.
Es war nicht Maries Art, sich in einer Bar aufreißen zu lassen. Aber an jenem Abend fühlte sie sich so ausgestoßen, dass sie Lars nach kurzer Zeit fragte: „Hast du eine eigene Wohnung, oder teilst du sie mit jemandem?“
Dass sie Lars danach wieder traf, lag allein daran, dass sie sich aus Prinzip auf keine one-night-stands einließ.
So setzte sich die Reihe von Missverständnissen fort. Beinahe zwei Monate, in denen sie es nicht schaffte, ihm reinen Wein einzuschenken. Kam dazu, dass es sich um November und Dezember handelte, die beiden Monate, in denen Myrtha ihre gefürchtete Jahresschlussdepression auslebte und Marie lieber einen Bogen um sie machte. Und kam auch dazu, dass Lars zwar nicht ihr Typ, aber ein großzügiger Restaurantbegleiter und guter Liebhaber war.
Dass sie sich nicht eingestehen wollte, dass die beiden letzten Gründe eine Rolle spielten, hatte weiter dazu beigetragen, die Affäre in die Länge zu ziehen.
Und dann natürlich auch Lars selber. Seine Mischung aus Arroganz und Verletzlichkeit. Als hätten in den sechsundzwanzig Jahren seines Lebens weder er noch sonst jemand je an ihm gezweifelt. Beim kleinsten Verdacht, es könnte möglich sein, ihn nicht vorbehaltlos zu lieben und zu bewundern, stand er den Tränen nahe. Das machte es für Marie nicht

einfacher, ihm den Laufpass zu geben. Sie war in der Praxis weniger kühl als in der Theorie.

Deswegen war sie dankbar gewesen für den Vorwand, sich zurückzuziehen. Es war um die Börse gegangen. Lars hatte ihr im Detail den Unterschied zwischen einem Bullen- und einem Bärenmarkt[1] erklärt, und sie hatte sich dabei ostentativ gelangweilt. Plötzlich hatte er seine Ausführungen pikiert abgebrochen mit der Bemerkung: „Entschuldige, das interessiert dich wohl nicht."

Sie hatte geantwortet: „Das ist untertrieben. Es kotzt mich an. Ich verachte Leute, die daran Geld verdienen, dass Firmen Leute entlassen, damit sie höhere Gewinne erzielen."

Einen Moment war er fassungslos gewesen. Dann hatte er ihr das Stichwort geliefert: „Dann verstehe ich nicht, wie du mit einem Mann der Wirtschaft zusammen sein kannst."

Mann der Wirtschaft!

„Das verstehe ich allerdings auch nicht", hatte sie festgestellt und war gegangen.

Und jetzt saß sie also mit Lars im Raumschiff und musste das Missverständnis aufklären. Der Kellner brachte den Champagner für ihn und Mineralwasser für sie. Sie bereute es, dass sie ihre Unabhängigkeit nicht wenigstens mit einem Cocktail demonstriert hatte.

Der einzige Wandschmuck des Lokals bestand aus verschiedenfarbigen Streulichtern. Aus riesigen Boxen pulsierte der sture Beat der Chill-out-Musik.

„Ich weiß nicht, ob man mit Champagner und Mineralwasser anstoßen darf", sagte Lars.

„Ich wusste nicht, dass es auch dafür Vorschriften gibt."

„Also stoßen wir an?"

„Von mir aus."

Als sich die Gläser berührten, fragte Lars: „Frieden?"

Marie stellte das Glas ab. „Wir haben keinen Streit, Lars. Wir passen nicht zusammen."

„Wir ergänzen uns."

Marie seufzte. „Ich suche nicht die große Ergänzung. Ich suche die große Liebe."

Lars schwieg.

„Mach nicht so ein Gesicht, es bricht mir das Herz."

„Dann besteht ja noch Hoffnung."

Marie nahm Lars' Champagnerglas und hielt es einem vorbeigehenden Kellner entgegen. Dieser nickte.

Schweigend warteten sie, bis er ihr auch ein Glas gebracht hatte. Marie hob es. „Lass uns auf die vergangenen Wochen anstoßen und die Sache wie zwei Erwachsene zu Ende bringen."

Aber das war zu viel verlangt von Lars. Während der Vorspeise bettelte er, beim Hauptgang machte er ihr Vorwürfe und beim Kaffee hatte er es geschafft, der Sache den Anschein zu geben, als sei er es, der sie loswerden wolle.

Das ärgerte sie zwar, aber es hatte den Vorteil, dass sie sich nicht verpflichtet fühlte, die Rechnung zu teilen. Sie hätte nämlich nicht genug dabei gehabt.

Sein Angebot, sie irgendwo abzusetzen, lehnte sie ab. [...]

Die Nacht war noch klarer, als es der Tag gewesen war. Aber in den drei Stunden, die sie sich mit Lars herumgequält hatte, war das Thermometer gefallen. Ein eisiger Wind ließ ihre Augen tränen. Immer wieder musste sie die Hände aus den Manteltaschen nehmen und damit ihre Ohren wärmen.

Ihre Bemerkung über die große Liebe ging ihr nicht aus dem Kopf. Sie hatte sie mehr aus Freude an der Formulierung gesagt. „Ich suche nicht die große Ergänzung, ich suche die große Liebe", war ein Satz, wie er ihr gefiel. Aber war etwas dran? Suchte sie die große Liebe? Nicht so, wie das alle taten, sondern wirklich? War sie auf der Suche?

Waren Lars und die anderen vor ihm Etappen auf dem Weg zum großen Ziel?

Die Straßen des trendy gewordenen Arbeiterviertels waren menschenleer. In vielen Fenstern hingen Lichtgirlanden, und die Schaufenster der türkischen Imbisse, Thai-Takeaways und asiatischen Lebensmittelläden blinkten und glitzerten in allen Farben.

Marie fühlte sich plötzlich einsam. Ein neues Gefühl. Allein hatte sie sich schon oft gefühlt. Das fühlte sich gut an. Es machte sie unabhängig und selbstständig. Aber einsam? Einsam war anders. Einsam fühlte sich an, als müsste sie augenblicklich unter Menschen, je mehr desto besser.
Von einer Hauswand weiter vorne warf ein Projektor einen Schriftzug aufs Trottoir. „Esquina", konnte Marie lesen, als sie näher kam. Aus dem Eingang drang warmes Licht, wie aus einer guten Stube. Und Salsa statt Techno.

Aus: Suter, Martin: Lila, Lila, © 2010 Diogenes Verlag AG Zürich, S. 13–20 (für Prüfungszwecke überarbeitet)

1 Der Begriff *Bullenmarkt* steht an der Börse für anhaltend steigende Kurse und *Bärenmarkt* für anhaltend sinkende Kurse.

Lösungsvorschlag

Aufgabe a: Zusammenfassung des Inhalts

Hinweis: *Der Romanauszug beginnt kurz vor Maries Zusammentreffen mit Lars im Szenelokal „Raumschiff" und endet damit, dass Marie das Restaurant verlässt und bei ihrem Gang durch die Straßen letztendlich vor der Salsa-Bar „Esquina" landet. In diese Gegenwartshandlung ist ein Rückblick eingebettet, der allgemeine Informationen zur Protagonistin enthält und vom Beginn und Charakter ihrer Affäre mit Lars handelt. Hier wird auch vom Ausgang des vorletzten Gesprächs zwischen den beiden erzählt. Beachten Sie, dass es sich um zwei verschiedene Gespräche handelt. Bei der Inhaltsangabe ist es sinnvoll, chronologisch vorzugehen.*

Der vorliegende Auszug aus dem im Jahre 2004 erschienenen Roman *Lila Lila* von Martin Suter (geb. 1948) handelt von dem Versuch der Protagonistin Marie Berger, sich von ihrem Liebhaber Lars zu trennen.

Marie ist 24 Jahre alt, möchte ihr Abitur nachholen und wohnt deshalb bei ihrer Mutter, deren indiskretes Liebesleben die Tochter des Öfteren aus der Wohnung treibt. So lernt sie eines Abends den Nationalökonomie-Studenten Lars in einer von ihr oft besuchten Bar kennen und geht mangels Alternative mit zu ihm nach Hause. Nur, weil Marie „one-night-stands" prinzipiell ablehnt, bleibt Lars zwei Monate lang ihr Liebhaber und Begleiter, bevor er ihr eines Abends unabsichtlich die Gelegenheit gibt, sich aufgrund eines Streits von ihm zurückzuziehen. Er bittet sie um ein Versöhnungsessen, auf das sie sich nur unwillig einlässt und auch nur deshalb, um einen endgültigen Schlussstrich unter die Affäre zu ziehen. Marie bleibt im Laufe des Gesprächs unnachgiebig, sodass sogar Lars die Aussichtslosigkeit seiner Bemühungen begreift. Ihm gelingt es aber, sich selbst als denjenigen hinzustellen, der die Beziehung beendet hat. Unter dem Eindruck des Gesprächs, in dem sie den Wunsch, sich zu trennen, mit ihrer Suche nach der „großen Liebe" begründet hat, läuft sie sinnierend durch die Stadt und kommt schließlich zur Bar „Esquina", die sie zu interessieren scheint.

Aufgabe b: Charakterisierung von Marie

Hinweis: *Die Charakterisierung ist nicht einfach zu strukturieren, da der Textausschnitt bei der Figurenzeichnung keine bestimmte Reihenfolge aufweist. Deshalb sollte man Oberbegriffe bilden, die einzelne Aspekte der Figur betreffen. Hier wurden folgende Sinneinheiten gewählt: Allgemeine Angaben – Einstellung zu Beruf, Einkommen und Lebensstil – Ambivalenz des Strebens von Marie, konsequent und unabhängig zu sein, und Kontrast zwischen „Theorie" und „Praxis" ihrer Abgeklärtheit – ihre Einsamkeit (Ursache und aktueller Stand).*

Die 24-jährige Marie geht seit „etwas über einem Jahr […] wieder zur Schule“ (Z. 34). Sie **will „das Gymnasium abschließen**, das sie mit sechzehn aufgegeben“ hat, „um eine **Ausbildung als Dekorateurin** anzufangen“ (Z. 34 ff.). Sie lebt aus Kostengründen mit ihrer Mutter Myrtha in deren Dreizimmerwohnung. Für ihre Ausbildung und ihren Lebensunterhalt greift sie auf ihr „Erspartes“ zurück und „jobbt“ in ihrem erlernten Beruf (vgl. Z. 40–44). Über Maries Äußeres erfährt der Leser nicht viel, sie scheint aber **attraktiv** zu sein, da sie sonst wohl kaum von einem Mann wie Lars in der Bar angesprochen worden wäre. Zudem wird sie im Restaurant von den anderen Gästen „taxiert[]“ (Z. 18).

Marie hält sich für **kreativ** (vgl. Z. 36 f.) und möchte Literatur studieren, da sie „schon während der Lehre ihre **Liebe zu Büchern** entdeckt“ hat (Z. 48 f.). Das erscheint in gewissem Maße **willkürlich, aber** trotzdem auch **konsequent**. In jedem Fall lässt sich feststellen, dass Marie nicht nach einem gut situierten, geordneten Leben strebt, sondern ihrem **Hang zu Künstlerischem, Geistigem** nachgeht. Daher gibt sie sich **erhaben über schnödes und sozial unverantwortliches Gewinnstreben** – auch wenn sie es mittelbar ausnutzt (vgl. Z. 11 ff., Z. 81). Lars, der „über seine Verhältnisse“ (Z. 12 f.) lebt, kommt nämlich genau aus dieser Welt. Großtuerisches Ambiente und Lifestyle stoßen Marie eigentlich ab, ihr gefallen – so lässt sich schließen – kleine, gemütliche Lokale, die „warmes Licht“ ausstrahlen „wie […] eine[] gute[] Stube“ und „Salsa statt Techno“ spielen (Z. 146 f.).

Marie scheint an sich eine **sehr eigenwillige Person** zu sein. Einmal gesetzte Maßstäbe will sie unbedingt einhalten und legt dabei eine fast zwanghafte **Sturheit** an den Tag. So braucht sie „fast fünf Jahre, um ihrer Mutter recht geben zu können, dass es ein Fehler gewesen [ist]“, die Schule abzubrechen (vgl. Z. 38 f.). Auch die Affäre mit Lars zieht sich nur deshalb hin, weil „sie sich **aus Prinzip auf keine one-night-stands**“ (Z. 75 f.) einlässt. Sie zwingt sich fast masochistisch, ihren Geboten treu zu bleiben, um ihre **Unabhängigkeit** zu beweisen (vgl. Z. 32 f.). Selbstquälerische Tendenzen zeigen sich auch darin, dass sie sich ständig die Fehlentscheidungen vor Augen führt, die sie getroffen hat. So dient das Dekorieren von Schaufenstern für drei Stammkunden nicht nur dem Gelderwerb, sondern auch dazu, „sie immer daran [zu erinnern], welchen Beruf sie auf keinen Fall mehr ausüben“ (Z. 47 f.) will.

Trotzdem aber ist sie **pragmatisch** – ohne sich dies in jedem Fall einzugestehen: Obwohl sie Myrthas Lebenswandel sehr stört, zieht sie wieder bei ihrer Mutter ein, um die Miete zu sparen (vgl. Z. 39 ff.). Die Arbeit als Dekorateurin ist zwar nicht so lukrativ wie andere Jobs, lässt sich aber „mit dem Schulbetrieb vereinbaren“ (Z. 46). Dass auch Lars' Tauglichkeit zum Restaurantbegleiter und Liebhaber ein Grund gewesen ist, ihm „keinen reinen Wein einzuschenken“, will sie sich jedoch nicht eingestehen (vgl. Z. 80–84). Wichtig ist es für Marie, immer das **Gefühl** zu haben, **eigene Entscheidungen zu treffen**. Sie verhält sich Lars gegenüber **betont emanzipiert** (vgl. Z. 32 f.). Zwischen ihrer praktischen Seite und ihrem Wunsch, einem bestimmten, von ihr selbst gezeichneten Bild zu entsprechen, besteht ein **Widerspruch**.

Immer wieder zeigt sich diese **Ambivalenz**. Gegenüber ihrem Liebhaber verhält sie sich im gleichen Maße **unsensibel wie feinfühlig** (vgl. Z. 24–28, 85–90). Sie kann Lars eigentlich nicht leiden, da sie ihn als selbstverliebt und langweilig empfindet, sie ist seiner zur Schau gestellten Verletzlichkeit aber nicht gewachsen (vgl. Z. 29 f.). Seinen Narzissmus schätzt sie nicht, sie hat eigentlich nichts übrig für den „Mann der Wirtschaft“ (Z. 99 f.). Seine Ausführungen zum Bullenmarkt langweilen sie so, dass sie hier zum ersten Mal die Gelegenheit ergreift, ihn buchstäblich sitzen zu lassen (vgl. Z. 99 ff.). Sie erweist sich als **schlagfertig und redegewandt, aber auch unehrlich** (vgl. Z. 101, 107–116). Das zeigt sich unter anderem im letzten Gespräch. Ihre **Feinfühligkeit**, die auch **etwas** nach **Feigheit** aussieht, steht ihrem offensichtlichen Wunsch nach klaren Verhältnissen immer wieder im Weg. Sie kann Lars' selbstverliebtes Gehabe zwar nicht ausstehen, erträgt aber genauso wenig seinen „unglücklich[en]“ (Z. 4 f.) Gesichtsausdruck.

Es ist eine gewisse **Bindungsangst** bei Marie festzustellen, die womöglich aus ihrer Kindheit herrührt: Da ist auf der einen Seite die **Mutter**, die sich von ihrem Kind beim Vornamen nennen lässt – wohl, weil sie sich ihre Jugendlichkeit bewahren will –, die „ihr Leben lebt" und der ein Liebhaber wichtiger ist als die eigene Tochter (vgl. Z. 54–60), auf der anderen Seite ein von der Mutter geschiedener **Vater**, der ebenfalls wenig Interesse an Marie zu zeigen scheint (vgl. Z. 50–53). So kann man vermuten, dass Marie schon früh auf sich selbst gestellt gewesen ist und von den Eltern **wenig Aufmerksamkeit** erfahren hat. Aus dieser Not hat sie möglicherweise eine Tugend gemacht und ihr Selbstbewusstsein mit dem Gefühl gestärkt, **auf niemand anderen angewiesen** zu sein (vgl. Z. 141 f.). Von der Mutter und ihrem für Marie peinlichen Verhalten grenzt sie sich dadurch ab, dass sie ihre Affären grundsätzlich nicht auf nur eine Nacht beschränkt und ihre Liebhaber auch nicht mit nach Hause bringt.

Es wird deutlich, dass Marie ihre **Einsamkeit** verdrängt, angeblich ein „neues Gefühl" (Z. 141). Sie trennt es ganz strikt vom **Alleinsein**, das sie **mit Unabhängigkeit gleichsetzt**, was sich angeblich gut anfühlt (vgl. Z. 142 f.). Dass sie meint, erstmals Isolation zu empfinden, ist wieder ein Beispiel für ihren Hang zur Selbsttäuschung. Schließlich lässt sie sich auf Lars ein, weil sie sich an jenem Abend „so [!] ausgestoßen", also einsam fühlt und das nicht zum ersten Mal (Z. 72 f.). Marie scheint aber nicht darüber nachdenken zu wollen, warum ihre zwischenmenschlichen Beziehungen eher Notlösungen gleichen. Sie geht ins „Bellinis", weil sie nach der Flucht aus der Wohnung ihrer Mutter bei einer Freundin keinen Unterschlupf findet und in der Bar Freunde zu treffen hofft (vgl. Z. 61–71). Sie lässt sich von Lars „aufreißen", obwohl er nicht ihr Typ und es nicht ihre Gewohnheit ist, folgt ihm nach Hause und bleibt mit ihm u. a. deshalb zusammen, weil „Myrtha ihre gefürchtete Jahresabschlussdepression auslebt" (Z. 69–74, 79 f.). Beim Verlassen des Lokals „Raumschiff", als ihr die Gedanken um das Wort „große Liebe", das sie im Gespräch als Waffe eingesetzt hat, „nicht mehr aus dem Kopf gehen", fragt sie sich, ob sie wirklich, wie gegenüber Lars behauptet, unbewusst danach sucht (vgl. Z. 133–136). Sie landet vor einer Bar, die ihr mehr zu entsprechen scheint als das gerade besuchte Designerlokal (vgl. Z. 145 ff.). Man ahnt, dass sie diese betreten und in ihren alten Trott zurückfallen wird, um das unangenehme Gefühl der Einsamkeit zu vertreiben.

Aufgabe c: Analyse des Gesprächs und Beurteilung

Hinweis: *Diese Aufgabenstellung ist ungewöhnlich. Sie besteht aus einer Analyse eines Gesprächsverlaufs – ähnlich wie beim Drama – und einer Beurteilung. Sie müssen also zunächst das Kommunikationsverhalten der Protagonisten untersuchen und dann bei jeder Person durch Abwägung entscheiden, ob sie das Lokal erfolgreich – und wenn ja, in welchem Maße – verlässt. Hier ist darauf zu achten, dass der offensichtliche Erfolg beziehungsweise Misserfolg nicht unbedingt ein umfassender Triumph oder eine umfassende Niederlage sein muss. Vorangestellt ist eine Einführung zu den Umständen des Treffens, die als Grundlage der Gesprächsanalyse dient.*

Das Gespräch zwischen Marie und Lars beginnt, bevor der Leser erfährt, wer Marie ist und um wen es sich bei Lars handelt. Man wird sofort darüber informiert, dass Marie am liebsten gar nicht zu diesem Treffen gehen würde und dass Lars für sie ein „Missverständnis" darstellt (vgl. Z. 3 f.). Schon am **Verhalten vor der eigentlichen Aussprache** erkennt man, dass Marie es Lars so schwer wie möglich machen will, ihren Verehrer zu spielen, während Lars alles daran setzt, Marie für sich einzunehmen (vgl. Z. 14–33).

Beide Protagonisten erscheinen zu früh, wobei Lars seiner **Rolle als Gentleman** gerecht wird und bereits am Tisch sitzt, als Marie das Restaurant betritt. Das kann natürlich auch an seiner ehrlichen Zuneigung für Marie liegen. Dass er vom Stuhl aufspringt, als sie auf ihn zukommt, „und winkt wie ein Schwimmer in Not" (Z. 16), zeigt, wie dringend er sie erwartet hat. Er bemüht sich, aufmerksam zu sein, oder ist es gar von Natur aus, jedenfalls hat er für Marie den Platz vorgesehen, von dem aus sie die Leute beobachten kann, ist also überaus bemüht, ihr zu gefallen (vgl. Z. 14–19). Champagner zu bestellen, ohne nachzufragen, sieht er offensichtlich nicht als Ignoranz gegenüber Maries Wunsch nach Selbstbestimmung, sondern als Zeichen seiner Freude über ihre Anwesenheit. Er reagiert nicht ärgerlich auf ihre kühle Art, was verständlich wäre, sondern versucht, ihrer Abweisung die Spitze zu nehmen (vgl. Z. 117). Immer wieder sind es seine Blicke – erschrocken oder verletzt –, die Marie dazu bringen, ihre harschen Worte abzumildern (vgl. z. B. Z. 29 f.), was möglicherweise eher einer (unbewussten?) Strategie als echtem Empfinden entspringt. Als seine **Beharrlichkeit** diesmal jedoch nicht fruchtet, wechselt er die Taktik mit der Speisenfolge, macht ihr **Vorwürfe**, nachdem Betteln nichts hilft, und stellt sie schließlich als die von ihm Abservierte hin. Sein Verhalten ändert sich also mit der wachsenden Erkenntnis, die gewünschte Versöhnung nicht erreichen zu können. Von da an geht es nur noch um die **Wahrung seines Stolzes** (vgl. Z. 123 ff.).

Marie geht von Anfang an auf **Konfrontation** und reagiert schnippisch auf seinen Hinweis, dass er ihr den „besseren" Platz zugedacht hat. Sie stellt sofort richtig, dass ihre Aussage nicht freundlich gemeint war, als sie an seinem erfreuten Blick merkt, dass er sie ganz falsch verstanden hat (vgl. Z. 24–28). Den Champagner, den er bestellt, ohne sie zu fragen, lehnt sie sofort ab, obwohl sie gerne einen getrunken hätte (vgl. Z. 32 f.). Sie will an diesem Abend keinerlei Kompromisse – auch nicht mit sich selbst – eingehen. Später ordert sie dann demonstrativ selbst ein Glas (vgl. Z. 118 ff.). Sämtlichen Strategien Lars', sie zu einer Fortsetzung der Beziehung zu bewegen, zeigt sie sich diesmal gewachsen, auch wenn sie ihre erste **Unfreundlichkeit** noch **abschwächt:** Die Richtigstellung am Anfang, als er glaubte, die Leute interessierten sie seinetwegen nicht, entschärft sie mit einem Lächeln (vgl. Z. 29 ff.). Ansonsten weicht sie nicht von ihrer Entscheidung ab, auch wenn sie ihm mit dem Vorwand, die große Liebe zu suchen, zumindest eine Art **Rückzugsgebiet offenlässt** (vgl. Z. 114). Sie duldet sogar die Volte, die Lars am Ende schlägt, auch wenn es sie ärgert. Als Ausgleich lässt sie sich das Essen bezahlen, lehnt es aber ab, sich von ihm heimfahren zu lassen (vgl. Z. 126 ff.).

Lars hat mit der Unterredung sein eigentliches **Ziel**, die Beziehung zu Marie am Leben zu erhalten, **nicht erreicht**. Trotzdem ist er nicht ganz erfolglos, da er es schafft, sein **Scheitern** zu **kaschieren** und sich selbst zu belügen, um sich nicht selbst hinterfragen zu müssen und den Mythos, unwiderstehlich zu sein, für sich aufrechtzuerhalten. **Marie** wiederum hat ihr **Ziel erreicht**, kann aber ihren Erfolg nicht wirklich genießen, da sie am Ende als Verlassene dasteht und sich dann auch noch einsam fühlt – nicht, weil sie sich nach Lars zurücksehnt, sondern weil in dem Gespräch mit ihm Worte gefallen sind, die sie zum Nachdenken über ihre eigene Isolation gebracht haben.

Bayern – FOS · BOS 12: Fachabiturprüfung 2010 – Deutsch
4. Dramatik

Aufgaben:

a) Fassen Sie den Inhalt der Szene zusammen.

b) Charakterisieren Sie die junge Mutter.

c) Begründen Sie mithilfe ausgewählter Textpassagen, dass die Skepsis der jungen Mutter gegenüber dem linkischen Mann berechtigt ist.

Botho Strauß (geb. 1944)
Paniktag[1] (2009)

Supermarkt. Einkaufsregal mit Haushaltswaren, zum Teil leergekauft. Die junge Mutter, das Baby um den Oberkörper gewickelt, schiebt ihren halbgefüllten Einkaufswagen am Regal entlang. Zu ihr tritt der linkische Mann, mit einer Sammelpackung Apfelsaft unter dem Arm.

DER LINKISCHE MANN: Ich habe keinen Wagen mehr bekommen. Darf ich meine Sachen mit in Ihren Wagen legen?

Die junge Mutter, etwas ratlos, will weitergehen. Doch der linkische Mann hält den Wagen auf.

DIE JUNGE MUTTER: Wie soll das gehen?

DER LINKISCHE MANN: Nur bis zur Kasse. Warum kaufen wir das alles?

DIE JUNGE MUTTER: Weil irgendeine Krise ausgebrochen ist und ich ein kleines Kind habe.

Sie nimmt Windeln und Wischtücher aus dem Regal, sucht nach irgendeiner anderen Ware.

DER LINKISCHE MANN: Wie heißt der Laden? Rewe?

DIE JUNGE MUTTER: *(stutzt)* Nein … Das ist doch Spar hier.

DER LINKISCHE MANN: Es ist also eine Krise ausgebrochen. Welche? Ich habe heute früh keine Nachrichten gehört.

DIE JUNGE MUTTER: Ich weiß nicht. Vielleicht ein Attentat. Oder ein Börsenkrach. Am schlimmsten wäre Seuchenalarm.

DER LINKISCHE MANN: Ich habe keine Alarmsirene gehört. Alles ist still auf den Straßen. Die Leute sind wie die Heuschrecken über die Geschäfte hergefallen.

DIE JUNGE MUTTER: Nein, wie die Hamster. Es muss irgend etwas ganz plötzlich passiert sein. Meine Nachbarin sagte: Mach schnell, kauf ein. Bevor es zu spät ist. Denk an den Kleinen.

DER LINKISCHE MANN: Wir scheinen hier die Letzten zu sein. Die Regale sind schon ziemlich geplündert.

DIE JUNGE MUTTER: Topflappen gibt es noch jede Menge. Aber Wäscheklammern sind keine mehr da.

DER LINKISCHE MANN: Ich saß zu Hause über meinen Büchern. Vollkommen abgeschirmt. Auf einmal ergriff mich eine diffuse Unruhe. Ich sprang auf und rannte auf die Straße. Bei Aldi gab es keine Getränke mehr. Das sieht nach einer Massenpsychose aus.

Während sie miteinander sprechen, packen sie immer mehr Waren in den Wagen, bald ganz ohne zu wählen.

DIE JUNGE MUTTER: Haben Sie was mit Medizin zu tun?

DER LINKISCHE MANN: Nein.

DIE JUNGE MUTTER: Klingt, als hätten Sie was mit Medizin zu tun.

DER LINKISCHE MANN: Wenn Sie wollen, trage ich Ihnen nachher die Einkaufstüten nach Hause.

DIE JUNGE MUTTER: *(bleibt stehen, mustert den linkischen Mann)* Können Sie eventuell eine kaputte Jalousie reparieren?

DER LINKISCHE MANN: Kommt drauf an. Ich bin nicht gerade der Typ Heimwerker.

DIE JUNGE MUTTER: Es ist so eine Art Lamellenjalousie.

DER LINKISCHE MANN: Hängt sie bloß schief oder –?

DIE JUNGE MUTTER: Hängt schief, ja. Klemmt. Läßt sich nicht mehr ziehen.

DER LINKISCHE MANN: Ich meine: Hängt sie oben? Kann man sie nicht mehr runterlassen?

DIE JUNGE MUTTER: Genau. Sie geht nicht mehr runter. Ich kann tagsüber nicht aufs Klo. Man sieht alles vom Nachbarblock.

DER LINKISCHE MANN: Haben sich die Strappen – die Strippen, das, woran man zieht – sind die verdrillt?

DIE JUNGE MUTTER: Verdrillt?

DER LINKISCHE MANN: Verwickelt, verdreht …

DIE JUNGE MUTTER: Sie sprechen manchmal wie mein Mann. Der will auch alles pitzelgenau wissen.

DER LINKISCHE MANN: Warum repariert Ihr Mann nicht die Jalousie?

DIE JUNGE MUTTER: Mein Mann … ist Arzt. Aber zu was Praktischem nicht zu gebrauchen. Gegenwärtig ist er auf einem Fortbildungsseminar. Haben Sie die Haferflocken reingetan?

DER LINKISCHE MANN: Erwarten Sie, daß er zu Ihnen zurückkehrt?

DIE JUNGE MUTTER: *(mustert den linkischen Mann)* Nein.

DER LINKISCHE MANN: Ich bin wahrscheinlich im Haus genauso ein Nichtsnutz wie er. Aber die Jalousie kriege ich hin.

DIE JUNGE MUTTER: Er ist ein Genie. Ein blitzgescheiter Mensch.

DER LINKISCHE MANN: Ist das Kind von ihm?

DIE JUNGE MUTTER: Darius heißt er. Darius heißt auf persisch: nur Gutes! Ein Kind braucht im Durchschnitt fünftausendachthundert Windeln, bis es trocken ist. Wußten Sie das?

DER LINKISCHE MANN: Überall Kameras. Absurd. Wir sind hier mitten im Film: Die Letzten mit den Resten.

DIE JUNGE MUTTER: Man traut eigentlich niemandem mehr.

DER LINKISCHE MANN: Irgendwo findet sich immer ein guter Onkel, der einem zu Hause etwas in Ordnung bringt.

DIE JUNGE MUTTER: Sind Sie sicher?

DER LINKISCHE MANN: Sicher? Worin?

DIE JUNGE MUTTER: Daß Sie ein – guter Mensch sind?

DER LINKISCHE MANN: Wie kann man da sicher sein?

DIE JUNGE MUTTER: Sehen Sie.

DER LINKISCHE MANN: Manchmal genügt ein Blick auf die eigenen Fußspitzen, und man starrt ins Bodenlose.

DIE JUNGE MUTTER: *(mustert den linkischen Mann)* Es fallen einem tausend Horrorgeschichten ein, wenn man dran denkt, daß ich Sie mit nach Hause nehme, obwohl wir uns doch erst eben zufällig kennengelernt haben.

DER LINKISCHE MANN: Hören Sie, Sie sind doch eine gescheite Frau –

DIE JUNGE MUTTER: *(brüllt plötzlich)* Gescheit?! Was heißt da gescheit?!

DER LINKISCHE MANN *(legt ihr die Hand auf den Mund)* Psst! … Der Kleine. Wenn Sie mich etwas genauer ansähen, dann wüßten Sie, an wen Sie geraten sind.

DIE JUNGE MUTTER: Was tun Sie? Was machen Sie denn? Beruflich?

DER LINKISCHE MANN: An mir können Sie die Beobachtung machen, daß ein Mensch noch senkrecht vor Ihnen steht, während er in Wahrheit bereits kopfüber in die Tiefe saust.

DIE JUNGE MUTTER: Ich bin nicht fähig, Ihnen länger zuzuhören. Ich platze vor Angst.

DER LINKISCHE MANN: Ich werde Sie nicht quälen. Aber Sie hängen ja an meinen Lippen –

DIE JUNGE MUTTER: Tun Sie nicht so. Nehmen Sie Ihre Sachen aus dem Wagen.

DER LINKISCHE MANN: Wie soll das gehen?

DIE JUNGE MUTTER: Die jungen Mütter sitzen abends auf ihren Balkonen. Sie sitzen nach der Arbeit reihenweise auf ihren Balkonen und heulen, heulen haltlos in den Abend hinein.

DER LINKISCHE MANN: Warum heulen sie denn?

DIE JUNGE MUTTER: Sie heulen – weil sie heulen müssen! Fünf junge Männer überfallen im Hausflur eine Schwangere und ziehen sie aus. Sie sehen ihren vorquellenden Nabel und werfen mit Dartspitzen nach ihrem Nabel! Und alle treffen ins Schwarze! Der Nabel ist rund mit Pfeilen gespickt.

DER LINKISCHE MANN: Das gibt es nicht. Das geht doch gar nicht!

DIE JUNGE MUTTER: Ach so? Das geht gar nicht? Na!

Eine Frau mit leerem Einkaufswagen nähert sich aus einiger Entfernung.

DIE JUNGE MUTTER: Meine Schwester! … Gott sei Dank!

DIE SCHWESTER: *(schroff)* Wer ist das? Bist du verrückt geworden?

DIE JUNGE MUTTER: Ich weiß nicht … Wie heißen Sie?

DER LINKISCHE MANN: *(leise, wird überhört)* Jörg Bruhns.

DIE SCHWESTER: Du läßt dich mit einem wildfremden Mann ein. Weißt du nicht, was passiert ist? Hast du komplett die Kontrolle verloren?

DER LINKISCHE MANN: Was ist denn passiert? Ich wollte Sie nicht in Verlegenheit bringen.

DIE JUNGE MUTTER: Der Mann will nur meine Jalousie auf dem Klo reparieren.

DIE SCHWESTER: Ich höre wohl nicht richtig. *(wendet sich an den linkischen Mann)* Sie ist Physiotherapeutin. Ihr Chef zahlt nicht. Er meint, sie soll ihre Überstunden abbummeln. Jetzt rennt sie den ganzen Tag im Supermarkt herum und weiß nichts mit sich anzufangen. *(zu ihrer Schwester)* Kattrin! Nimmst dir fremde Männer mit nach Haus! Und das Kind? Du mußt doch wenigstens spüren, daß dieser Mann eine Gefahr für dein Kind sein könnte. Soviel Instinkt muß doch selbst eine dumme Maus wie du besitzen!

DIE JUNGE MUTTER: Gut, daß du rechtzeitig gekommen bist.

DIE SCHWESTER: Zufall! Der pure Zufall. Und was, wenn nicht? Kattrin!

DER LINKISCHE MANN: Wir haben bloß zusammen eingekauft. Ich bekam draußen keinen Einkaufswagen mehr.

DIE SCHWESTER: Wie heißen Sie?

DER LINKISCHE MANN: *(murmelt, wird wieder überhört)* Jörg Bruhns.

DIE SCHWESTER: Ich sage euch, die Stadt ist wie ausgestorben. Vom Treidelplatz bis zum Albrechtsdamm die reine Geisterzone.

DER LINKISCHE MANN: Aber die Menschen werden sicher bald wiederkommen.

DIE SCHWESTER: Kein Mensch kommt. Kein einziger weit und breit. Da hättest du brüllen können wie am Spieß. Niemand wäre dir zu Hilfe gekommen. Kein Mensch. Jedes Kind weiß, daß man einen wildfremden Mann nicht mit nach Hause nimmt, und du hast ein Kind und bringst es trotzdem in Gefahr.

DIE JUNGE MUTTER: Es ist ja weiter nichts passiert.

DIE SCHWESTER: *(zum linkischen Mann)* Mit ihr hätten Sie leichtes Spiel gehabt.

DER LINKISCHE MANN: Ich glaube, es ist heute der sechste oder der siebte April. Jedenfalls ein Dienstag. Wahrscheinlich wird er schon morgen der Schwarze Dienstag genannt.

DIE SCHWESTER: Und was machen Sie sonst so um diese Zeit?

DER LINKISCHE MANN: Na, ich esse einen Happen bei Subway, und anschließend mache ich einen kleinen Spaziergang im Ostpark.

DIE SCHWESTER: Dann kommen Sie. Essen wir einen Happen bei Subway und machen anschließend einen kleinen Spaziergang im Ostpark.

DER LINKISCHE MANN: Beruhigen wir uns doch alle erst einmal.

DIE SCHWESTER: Sie ist meine Schwester. Sie will es so. Sag, daß du es so willst. Kattrin!

Die junge Mutter: Ich will es so.

Die Schwester und der linkische Mann wenden sich zum Gehen.

Die Schwester: Es gibt Menschen, die können nicht einmal danke sagen.
Die junge Mutter: Danke.

Die beiden ab. Die junge Mutter bemerkt die Waren des linkischen Manns in ihrem Wagen und ruft leise hinter ihm her.

Die junge Mutter: Ihre Sachen … Jörg Bruhns … Ihre Sachen. Darius, mein Kleiner. Deine Mutter hat sich wieder mal dumm angestellt. Aber du mußt auch ein bisschen aufpassen auf mich. Du weißt doch besser als ich, wer gut ist und wer nicht. Wildfremde Menschen gehen uns beide nichts an. Obwohl sie im Prinzip ganz nett sind. Nur Gutes. Nur Gutes.

Aus: Strauß, Botho: „Leichtes Spiel. Neun Personen einer Frau", Rowohlt: Reinbek bei Hamburg 2009, S. 7–14

1 „Paniktag" ist die erste von zehn Szenen des Theaterstücks.

Lösungsvorschlag

Hinweis:

Zum Drama

In dem Theaterstück „Leichtes Spiel" von Botho Strauß, welches 2009 erschienen ist und im selben Jahr auch am Münchner Residenztheater uraufgeführt wurde, geht es, wie der Untertitel „Neun Personen einer Frau" andeutet, um den Facettenreichtum in der Persönlichkeit einer modernen Frau, ihre unterschiedlichen Wesensschichten und Widersprüche: Kathie, Kattrin, Katharina – handelt es sich stets um dieselbe Frau oder immer um eine andere? Ihre wechselnden Temperamente und Lebenshaltungen fächert Botho Strauß in zehn prägnanten Szenen auf, die sich nach und nach zu einem Ganzen fügen. Es gelingt Strauß, die Abgründe des Paaralltags in ihrer Komik auszuloten und in einen gesellschaftlichen Zusammenhang zu stellen.

Über den Autor

Botho Strauß wurde als Sohn eines Chemikers am 2. Dezember 1944 in Naumburg an der Saale geboren. Er ist ein mehrfach ausgezeichneter Schriftsteller und Theaterautor. So erhielt er 1989 nicht nur den Georg-Büchner-Preis[1], sondern unter anderem auch den renommierten Dramatikerpreis der Stadt Hannover für das Werk „Bekannte Gesichter, gemischte Gefühle" (1974). Sein Debüt als Dramatiker gab er mit dem Stück „Die Hypochonder" (uraufgeführt 1972). Darin thematisiert er Probleme der ***Entfremdung****, die* ***Unfähigkeit zur Kommunikation*** *und* ***soziale Beziehungslosigkeit****, die auch in weiteren Stücken wie „Trilogie des Wiedersehens" (1976), „Groß und klein. Szenen" (1978) oder „Der Kuß des Vergessens" (uraufgeführt 1998) beherrschend bleiben. Dies trifft auch auf „Leichtes Spiel. Neun Personen einer Frau" zu. Hier taucht wieder das Grundthema der* ***Isolation*** *und* ***Entfremdung*** *der Menschen in der modernen* ***Konsumgesellschaft*** *auf.*

---

1 Der **Georg-Büchner-Preis**, auch **Büchnerpreis** genannt, ist der bedeutendste bundesdeutsche Literaturpreis, der jährlich von der Deutschen Akademie für Sprache und Dichtung in Darmstadt verliehen wird.

Aufgabe a: Zusammenfassung der Szene

Hinweis: *Die Aufgabenstellung umfasst drei verschiedene Anforderungen, die jeweils unterschiedlich zu gewichten sind. Die Zusammenfassung der Dramenszene, reine Reproduktion, fällt dabei am geringsten ins Gewicht. Bei diesem Aufgabenteil, der bei der Bewertung etwa 20 Prozent ausmacht, ist darauf zu achten, dass der Inhalt der Szene* ***nicht*** *episch nacherzählt wird, sondern mehr in Form einer* ***Skizze*** *Personal und Handlungsrahmen vorstellt.*

Der Dramenauszug *Paniktag*, die erste des zehn Szenen umfassenden Dramas, wurde dem 2009 bei Rowohlt in Reinbek bei Hamburg erschienenen Theaterstück *Leichtes Spiel. Neun Personen einer Frau* von Botho Strauß entnommen.

Drei Personen, der linkische Mann und die junge Mutter mit ihrem Kleinkind, irren durch einen menschenleeren, nahezu leergekauften Supermarkt, der wie ein Spiegelbild einer nicht näher bezeichneten Stadt wirkt, deren Häuser verlassen und deren Straßen menschenleer sind. Sinnlos wählen sie aus der Restware Produkte und stapeln diese in einen Einkaufswagen. Ihre Gespräche kreisen um die Frage nach der Ursache der für sie unerklärlichen Krisensituation. Beide besitzen keine verlässlichen Informationen über Ereignisse, die das Chaos erklären könnten, sie scheinen mit ihrer Außenwelt kaum zu kommunizieren. Zwar empfindet die junge Mutter den ihr völlig unbekannten Mann anfangs als zudringlich, da er darauf besteht, ihren Einkaufswagen mit zu benutzen. Auf Basis der gemeinsam erlebten Rat- und Hilflosigkeit kommt es aber zur Annäherung der beiden, die darin gipfelt, dass die junge Mutter, die Kattrin heißt, ihn zu sich nach Hause einlädt, um dort eine defekte Jalousie zu reparieren. Im weiteren Verlauf des Gesprächs dämmert ihr, dass sie über ihren Gesprächspartner nichts weiß, er also potenziell eine Gefährdung für sie darstellen könnte, der sie sich hilflos ausgeliefert sieht. Sie schildert ihm ein Szenario des Chaos und der Aggressivität, das sie zutiefst erschreckt und das in der Beschreibung einer gefolterten Schwangeren gipfelt. Kattrins Eindruck, bedroht zu werden, wird noch durch das plötzliche Auftauchen ihrer Schwester verstärkt, die ihr Vorhaltungen wegen ihrer Vertrauensseligkeit macht und versucht, den linkischen Mann zur Rede zu stellen. Nachdem sie ihre Vorwürfe gegenüber Kattrin verstärkt und den Mann, der sich Jörg Bruhns nennt, verbal attackiert hat, tritt bei ihr plötzlich und ohne erkennbares Motiv ein Stimmungsumschwung ein, der dazu führt, dass sie sich mit dem Mann darauf einigt, einen Spaziergang zu unternehmen. Verwirrt und verunsichert bleibt Kattrin allein mit ihrem Kind und dem vollen Einkaufswagen mit sinnlos eingesammelter Ware zurück.

Aufgabe b: Charakteristik der jungen Mutter

Hinweis: *Stärker bewertet wird die verlangte Charakterisierung der Protagonistin. Hier sollte neben der Beschreibung der Person eine* ***fundierte Analyse*** *des kommunikativen und sozialen Verhaltens der Figur erfolgen. Denken Sie daran, dass eine Sprachanalyse stets einen engen Textbezug erfordert.*

Kattrin, die junge Mutter, hat ein **Baby** auf dem Arm und ist **mit einem Arzt verheiratet**, der sie aber offensichtlich verlassen hat (vgl. Z. 53 f.). Ihr Vorname, der Name also der einem Menschen Individualität und Identität verleiht, wird in dem gesamten Text nur drei Mal genannt (Z. 109, 113 und 135), ansonsten agiert sie als junge Mutter, d. h., sie wird auf ein Rollenklischee reduziert. Wobei das Adjektiv „jung" die Eigenschaften der **Unerfahrenheit** und der **Naivität** impliziert. „Mutter" verweist in diesem Kontext auf ein eher **traditionelles Rollenbild**, in dem die Frau dem Mann als Ehefrau und Mutter seiner Kinder untergeordnet ist. Ein Bild, dem Kattrin insofern entspricht, als sie ohne ihren Mann, den sie devot als „Genie" und „blitzgescheite[n] Mensch[en]" (Z. 57) zu verehren scheint, obwohl er über keine alltagstauglichen praktischen Fähigkeiten verfügt (vgl. Z. 50), hilflos ist. Dies bildet einen Widerspruch zu ihrem sonstigen Leben, da sie selbst als Physiotherapeutin einen **qualifizierten Beruf** ausübt oder doch zumindest erfolgreich erlernt hat (vgl. Z. 107). Dieser könnte ihr

Selbstständigkeit ermöglichen und Anerkennung bringen, welche eine moderne unabhängige Frau kennzeichnen. Allerdings sieht sie sich offensichtlich nicht in der Lage, sich im Alltag durchzusetzen (vgl. Z. 107). Überhaupt verhält sie sich gegenüber Personen, die sie als Autoritäten anerkennt (z. B. Arbeitgeber, Ehemann, Schwester) **unterwürfig**, was auf ein **wenig ausgeprägtes Selbstwertgefühl** schließen lässt. Dies zeigt sich auch im Gespräch mit dem linkischen Mann, dessen Forderung, mit ihm den Einkaufswagen zu teilen, sie nahezu widerstandslos Folge leistet (vgl. Z. 5 f.). Auch der Besuch des Supermarktes resultiert nicht aus einem eigenen Entschluss sondern aus dem von ihr wie ein Auftrag, ein Befehl empfundenen Rat der Nachbarin (vgl. Z. 18 f.). Diesem folgt sie umso lieber, als er ihr eine zumindest kurzfristige Sicherheit gibt und eine Rückkehr in alltägliche Gewohnheiten bedeutet, wie die Bemerkung der Schwester („Jetzt rennt sie den ganzen Tag im Supermarkt herum und weiß nichts mit sich anzufangen“, Z. 108 f.), zeigt. Gegenüber dem linkischen Mann schwankt sie zwischen Misstrauen und Vertrauensseligkeit, will ihn schließlich sogar mit nach Hause nehmen, um sich dann aber in hysterische Gewaltfantasien hineinzusteigern (vgl. Z. 87–96), die auf ihre eigene Ängstlichkeit hindeuten. Die Verlassenheit und Orientierungslosigkeit der jungen Mutter bedingen ihr ambivalentes Verhalten: Ihre **Sehnsucht nach Nähe** lässt sie zunächst auf den Mann eingehen, doch dann gewinnt ihre **Furcht vor Gewalt** die Oberhand. Möglicherweise verstärkt die unklare und rätselhafte wirtschaftlich-politische Lage ihre schwankenden Reaktionen.

Kattrins aus **Unselbstständigkeit** herrührende Unterwürfigkeit geht so weit, dass sie sich, von Schwester und linkischem Mann allein gelassen, dem Schutz ihres Säuglings Darius unterstellt (vgl. Z. 143 f.). Dass ihre resolute Schwester die Gelegenheit wahrnimmt und selbst mit dem Mann ausgeht, begreift sie nicht, lässt sich sogar einreden, dass dies ihr eigener Wille sei (Z. 135: „Sie will es so. Sag, daß du es so willst.“). Fast beschwörend wiederholt sie zuletzt die wörtliche Bedeutung von Darius' Namen: „Nur Gutes. Nur Gutes“ (Z. 146) wünscht sie sich in ihrer **Naivität** von der bedrohlichen Welt und den „wildfremde[n] Menschen“ (Z. 145). Sie ist, wie ihre Schwester konstatiert, eine **„dumme Maus“** (Z. 111), unfähig, ihr Leben selbst in die Hand zu nehmen und zu gestalten, verängstigt, verunsichert und orientierungslos, den Anforderungen des Alltags und erst recht der unheimlichen Krisensituation hilflos **ausgeliefert**. Insgesamt ergibt sich das Bild einer Frau, die wenig Selbstbewusstsein besitzt, leicht beeinflussbar ist, und deren Handeln weniger durch Logik denn von Emotionalität bestimmt zu sein scheint.

Aufgabe c: Begründung

Hinweis: *Bei der letzten Teilaufgabe geht es um die soziale Interaktion der Handelnden, wobei der Fokus auf der „jungen Mutter“ Kattrin liegt. Ihre Reaktionen, bzw. die Motive für diese, sollen anhand* ***geeigneter Textstellen*** *analysiert und interpretiert werden. Das Adverb „inwiefern“ deutet bereits darauf hin, dass Kattrins Verdacht tatsächlich begründet ist. Es wird von Ihnen also kein dialektisches Abwägen verlangt, wie dies bei einer Frage mit „ob“ der Fall wäre. Unerlässlich für diesen Aufgabenteil ist die Berücksichtigung der allgemeinen Grundregeln der Argumentation. Grundsätzlich gilt: Es geht nicht darum, möglichst viele Aspekte zu benennen, sondern darum, die angeführten Thesen glaubwürdig zu erläutern und am Text zu belegen.*

Kattrins Verhältnis zu dem linkischen Mann ist **zwiespältig:** Einerseits ist er in einer – wie sie es empfindet – von Unsicherheit und Chaos dominierten Welt ihr **Verbündeter**, dem sie sich nahezu bedingungslos anvertraut (vgl. Z. 41), andererseits geht für sie von ihm eine latente, nicht greifbare **Bedrohung** aus. Sein von Anfang an dominantes Verhalten – er „entert“ quasi ihren Einkaufswagen (vgl. Z. 1 ff.) – schüchtert sie ein, löst aber auch den Reflex aus, dass er für sie **zu einer Autorität** wird, der sie sich ihrem Charakter entsprechend unterwerfen und anvertrauen kann (vgl. z. B. Z. 34 ff.). Während Kattrin versucht, das Gespräch auf die aktuelle Situation zu konzentrieren, weisen die Fragen des linkischen Manns über diese hinaus, gehen ins Private, erkunden die Lebenssituation der Protagonistin (vgl. z. B. Z. 53). Sein Verhalten **bricht mit der Logik:** Ein menschenleerer Supermarkt, dessen Namen er nicht weiß, müsste eigentlich über genügend freie Einkaufswagen verfügen. Das Fehlen eines solchen nimmt der Mann aber zum Anlass, um mit Kattrin ins Gespräch zu kommen (vgl. Z. 1). Obwohl nach eigener Einschätzung handwerklich eigentlich nicht begabt, erklärt er sich bereit, mit Kattrin in deren Wohnung zu gehen und dort eine defekte Jalousie zu reparieren (vgl. Z. 34f.). Dabei stellt er Fragen (vgl. Z. 43f.), die im Widerspruch zu seiner angeblichen praktischen Unerfahrenheit stehen (vgl. Z. 36). Während Kattrin auf seine Fragen mit einer naiven Offenheit antwortet, gibt er nur sehr vage und **ausweichend Antworten** auf die ihren und verschweigt seinen Beruf (vgl. Z. 30). Seine Andeutungen verstärken bei der Protagonistin das Gefühl der Angst und des Ausgeliefertseins (vgl. z. B. Z. 79). Sie lösen bei ihr eine Assoziationskette aus, die an Grausamkeit kaum zu überbieten ist (vgl. Z. 84–94) und wohl eher auf Medienberichte denn auf reale Erfahrungen zurückzuführen ist. Der Mann treibt Kattrin mit seinem Verhalten immer mehr in die Enge und löst bei ihr Ängste und Ohnmachtsgefühle aus (vgl. Z. 83). Die von der Präsenz des Mannes und dessen Gesprächsverhalten ausgehende **Beklemmung** löst sich schlagartig mit dem Auftreten einer weiteren, von Kattrin als Autorität anerkannten Person, ihrer Schwester (vgl. Z. 97), die das Beklemmende der Situation auf eine banale Art auflöst.

Wirkte der linkische Mann anfangs durchaus **zielstrebig und mysteriös**, wird er vom Auftreten der Schwester in den Hintergrund gedrängt. Nun erscheint er eher **schüchtern**, sein Name geht in den Vorwürfen der Schwester unter (vgl. Z. 101, 117). Ohne Weiteres ist er bereit, gemeinsam mit der dominanten Schwester spazieren zu gehen und Kattrin wie seine Einkäufe zurückzulassen (vgl. Z. 142). Dies deutet darauf hin, dass es ihm im Supermarkt vornehmlich um die Kontaktaufnahme ging – ob es sich dabei um Kattrin oder ihre Schwester handelt, ist ihm offenbar gleichgültig. So hinterlässt das Verhalten von Jörg Bruhns einen **undurchschaubaren Eindruck**, der das Misstrauen der jungen Mutter rechtfertigt.

Aufgaben:

a) Informieren Sie über Inhalt und Aufbau der Anmoderation; stellen Sie eine Überblicksinformation voran.

b) Zeigen Sie die Einstellung des Moderators zur Programmgestaltung in den öffentlich-rechtlichen Rundfunk- und Fernsehanstalten auf und analysieren Sie, wie er diese sprachlich umsetzt.

c) Sollen die öffentlich-rechtlichen Rundfunk- und Fernsehanstalten ihr Programm an den Wünschen des Publikums ausrichten?

Anmoderation[1] zur „Sonntagsbeilage“[2] vom 05. 11. 2006
von Michael Skasa

Sicher ist Ihnen das auch schon aufgefallen, dass unsere zwei öffentlich-rechtlichen Fernsehanstalten, ARD und ZDF, abends gerne Filme bringen, wie sie nebenan in den Privatkanälen genauso laufen: Pilcher, Arzt-Schmonses, Liebes-Quassel und Pater-Brown-Klimbim. Dazwischen irgendwelche Kriminalkommissarinnen, Ordensschwestern-Serien und Polizeisonderkommissionen. Wochenends dann für die ganze Familie Dulliöh und Wünsch-dir-was. Und all jene, die sich was anderes wünschen, müssen halt um Mitternacht einschalten, um fesselnde Filme zu sehen. Oder auf die Privatkanäle umschalten, bei denen tatsächlich gute Hollywoodfilme und deutsche Schwarzweißstreifen aus der Filmgeschichte zu sehen sind. Es ist ein Elend. Aber die Geschmacks- wie die Informationsbildung wird mehr und mehr vernachlässigt und an die Bezahlsender abgegeben. Selbst die großartigen Aufklärungsmagazine und Politreports sind inzwischen zusammengekürzt worden zugunsten familienverträglicher Fertigsoßen.

In manchen Hörfunkanstalten droht (am Horizont schon sichtbar) Ähnliches. Dort ist man das Bildungsgehubere seit langem leid; Sendungen, die 60 Minuten dauerten, werden auf 45 eingedampft, die Halbstünder sollen mit 20 Minuten auskommen, die Fünf-Minuten-Berichte werden auf 3’30 gekürzt, und überhaupt sollten sie möglichst ganz eingespart und gegen Jingles, Trailer oder O-Ton-Brabbeleien ersetzt werden. Es heißt, die Jungen hörten lieber Musik als Texte, drum drifteten sie mehr und mehr zu den Privaten ab, woraus offenbar folgt, dass auch das Gebühren-Radio mehr reine Musik versenden solle, immer weniger Text. Ist erstens sowieso viel billiger, wird zweitens so von den Kids gewollt. Zwei Fliegen mit einer Klappe. –

Aber Leute: Es sind Fliegen. Und was bitte ist erreicht, wenn, sagen wir listigerweise: der NDR, die Hörerquoten steigert mit Rockpop? Wem bringt das was? Den Hörern, indem sie jetzt endlich auch, sagen wir im NDR, die Musik hören, die Radio Energy, Arabella oder Charivari längst senden. Dann hat irgendwann bloß noch der die Nase im Wind, der die stärkere Sendeleistung, den besseren Mast, das breitere Band besitzt. Die Nase gehört aber nicht immer in den Wind, sondern auch in die Bücher; die Sinne müssen nicht nur in den Ohren behämmert, sondern in den Gehirnsynapsen angeregt werden. Das ist der Auftrag des öffentlich-rechtlichen Gebühren-Funks. Und wenn ein Hörfunkprogramm bloß von zwanzigtausend aufgenommen wird, dann sind das zwanzigtausend, die etwas erfahren, sich erweitern, lernen, sich begeistern oder aufregen, wogegen die hunderttausend Dudelberieselten nur dudelberieselt werden und keine Hörer sind. Im Übrigen: Eine Theateraufführung sehen üblicherweise in zwanzig Vorstellungen nur zehn-, zwölftausend

Menschen – entschieden weniger als eine anspruchsvolle Radiosendung; und dennoch wird Theater (zu Recht) hoch subventioniert und (zu Recht) nicht genötigt, nur noch Boulevardklamotten und Comedian-Sketche aufzuführen.

Es ist permanent von der Bildungskatastrophe die Rede, vom miserablen Pisa-Ergebnis, von Schulmisere und Gewaltausbrüchen. Tja, wenn die Bildung, das Heranbilden von Kenntnissen, die Lust an der Neugier und am Erfahren, immer geringer geschätzt werden, wenn selbst Rundfunkhäuser dem Häppchen-Geklecksel und der Musikduschenrieselei nachhecheln – ist es dann ein Wunder?

Skasa, Michael: Anmoderation zur „Sonntagsbeilage" vom 05. 11. 06 im Hörfunkprogramm Bayern 2

1 Anmoderation: Text, den der Moderator einer Sendung im Hörfunk oder Fernsehen spricht, um in das Thema des danach folgenden, oft vorab produzierten Beitrags einzuführen

2 Sonntagsbeilage: sonntags um 10:05 Uhr im Hörfunkprogramm Bayern 2 ausgestrahltes und von Michael Skasa moderiertes Magazin, dessen Texte und Musikbeiträge meist um ein bestimmtes Thema kreisen

---

Lösungsvorschlag

Aufgabe a: Inhalt und Aufbau des Textes

Hinweis: *Die Aufgabenstellung fordert eine Inhaltsangabe in Thesenform oder eine strukturierte Inhaltsangabe. Eine Überblicksinformation ist jeweils voranzustellen.*

In der Anmoderation zur „Sonntagsbeilage", die am 5. 11. 2006 im Hörfunkprogramm Bayern 2 ausgestrahlt worden ist, spricht sich Michael Skasa dafür aus, dass öffentlich-rechtliche Sende- und Rundfunkanstalten ihr Programm nicht nur an den Wünschen der Publikumsmehrheit orientieren, sondern auch einen Beitrag zur Bildung leisten sollten.

I. Michael Skasa beklagt den Niveauverlust im Programm der öffentlich-rechtlichen Rundfunk- und Fernsehanstalten. (Z. 1–21)
   1. Die Formate der öffentlich-rechtlichen Sender fallen auf das Niveau der Privatsender herab.
   2. Anspruchsvolle Unterhaltung und ernsthafter Journalismus sind kaum noch Gegenstand des öffentlich-rechtlichen Programms.
   3. Im Bereich des Hörfunks werden anspruchsvolle Formate gekürzt, um dem vermeintlichen Wunsch der breiten Masse zu entsprechen.

II. Der Autor kritisiert das Quotendenken speziell im Rundfunk. (Z. 22–36)
   1. Durch Quotendenken gleichen sich die Sender einander an, sodass der inhaltliche Wettbewerb verloren geht und nur ein technischer Konkurrenzkampf bleibt.
   2. Der öffentlich-rechtliche Rundfunk hat einen Bildungsauftrag, der mit Quotendenken nicht vereinbar ist.
   3. Auch andere kulturelle Einrichtungen, die durch öffentliche Gelder unterstützt werden, passen sich berechtigterweise nicht den Konsumwünschen der Mehrheit an.

III. Der Moderator betont die Notwendigkeit anspruchsvoller Formate angesichts von Bildungsproblemen und zunehmender Gewalt. (Z. 37–41)

Aufgabe b: Sprachanalyse

Hinweis: Die Aufgabenstellung erfordert eine Sprachanalyse. Die Einstellung des Autors muss mittels Teilaussagen benannt und mit sprachlichen Mitteln veranschaulicht werden. Sie müssen darauf achten, nur solche sprachlichen Mittel anzuführen, die auch zur jeweiligen Teilaussage passen.

Teilabsicht I: Michael Skasa beklagt den Niveauverlust im Programm der öffentlich-rechtlichen Rundfunk- und Fernsehanbieter.

- Er macht den Niveauverlust schon eingangs durch die **Akkumulation** „Pilcher, Arzt-Schmonses, Liebes-Quassel und Pater-Brown-Klimbim" (Z. 3 f.) deutlich. Mit diesen **Neologismen** wertet er die Programmgestaltung der öffentlich-rechtlichen Sender **sarkastisch** ab und erzeugt beim Leser eine negative Grundhaltung zu dieser.
- Ebenso **sarkastisch** wird mit **weiteren Neologismen** die These vom seichten Programm zusätzlich verstärkt (vgl. Z. 4 ff.). Die gleiche Aufgabe hat auch die **Antithese** in Zeile 11 f., wonach „großartige[ ] Aufklärungsmagazine und Politikreports [...] zugunsten familienverträglicher Fertigsoßen" umgebaut worden sind. Mit der zuletzt angeführten **abwertenden Metapher** macht Skasa klar, dass die Formate ähnlich wie Fertigprodukte einfallslos oder langweilig sind und keinen Esprit aufweisen.
- Der Autor stellt mit der **direkten Anrede** des Hörers beziehungsweise Lesers (vgl. Z. 1) eine Verbindung zu diesem her und suggeriert, dass seine These Gültigkeit beanspruchen kann.
- Diese Gültigkeit wird auch mit der **apodiktischen Feststellung** in Zeile 9 „Es ist ein Elend." unterstrichen, wobei mit dem Personalpronomen die Programmgestaltung der öffentlich-rechtlichen Sender gemeint ist.
- Dem sinkenden Niveau der öffentlich-rechtlichen Programme stellt er **antithetisch** die Privaten gegenüber, die noch „gute Hollywoodfilme und deutsche Schwarzweißstreifen aus der Filmgeschichte" (Z. 8 f.) zeigen. Diese Kontrastierung bricht mit der Erwartungshaltung des Zuhörers, da ein anspruchsvolles Programm weniger mit den Privaten assoziiert wird, als vielmehr mit den öffentlich-rechtlichen Sendern.
- Aber auch Hörfunkanstalten beugen sich dem vermeintlichen Diktat des Publikums. Die Position der Programmverantwortlichen wird vor allem durch den **abwertenden Neologismus** „Bildungsgehubere" (Z. 14) angeführt. Die Verantwortlichen werden so als bildungsfeindlich dargestellt, was durch die folgende **Antiklimax** noch zusätzlich unterstützt wird: „Sendungen, die 60 Minuten dauerten, werden auf 45 eingedampft, die Halbstünder sollen mit 20 Minuten auskommen, die Fünf-Minuten-Berichte werden auf 3'30 gekürzt" (Z. 14 ff.). Es wird klar, dass seriöse Formate immer weiter gestutzt werden.

Teilabsicht II: Michael Skasa kritisiert das Quotendenken der Programmverantwortlichen, das seiner Meinung nach Ursache für den Niveauverlust ist.

- Die Position der Programmverantwortlichen wird mit **elliptischen und umgangssprachlichen Elementen** wiedergegeben: „Es heißt, die Jungen hörten lieber Musik als Texte, drum drifteten sie mehr und mehr zu den Privaten ab, woraus offenbar folgt, dass auch das Gebühren-Radio mehr reine Musik versenden solle, immer weniger Text. Ist erstens sowieso viel billiger, wird zweitens so von den Kids gewollt." (Z. 17–21) Mithilfe dieser Formulierungen stellt Skasa das oberflächliche, simplifizierende Denken der Verantwortlichen heraus.

  Der Autor **metaphorisiert** das eben genannte Vorgehen der Verantwortlichen mit dem **Sprichwort** „[z]wei Fliegen mit einer Klappe [erg.: schlagen]" (Z. 21). Er unterstreicht damit die Banalität dieser Argumentation, die letztlich nur auf Kosteneinsparungen und Anbiederung an die Publikumswünsche achtet.

- Die Sinnlosigkeit, eine bunte Programmgestaltung zugunsten identischer Formate auf allen Sendern aufzugeben, soll dem Zuhörer auch mit **rhetorischen Fragen** bewusst gemacht werden (vgl. Z. 22 f.).
- Im Gegensatz zu den Programmverantwortlichen positioniert sich Skasa mit der **apodiktischen Feststellung** „Das ist der Auftrag des öffentlich-rechtlichen Gebühren-Funks“ (Z. 28 f.), wobei mit dem einleitenden Demonstrativpronomen ein klarer Bildungsauftrag gemeint ist (vgl. Z. 26 ff.). Die Aufgabe sieht er dann erfüllt, wenn unsere „Gehirnsynapsen angeregt werden“ (Z. 28). Diese **hochsprachliche Metapher** steht konträr zu den umgangssprachlichen Formulierungen, mit denen Skasa die Überlegungen der Programmmacher anprangert. Der komplexen Gehirnanatomie entsprechend muss ein komplexes, den Konsumenten förderndes Programm kreiert werden.

Aufgabe c: Stellungnahme

Hinweis: *Die Themenfrage fordert von Ihnen eine dialektische Stellungnahme. Die Anzahl der Argumente ist abhängig von der Anzahl der zu bearbeitenden Aufgaben. Werden beim Aufgabentyp Sachtext insgesamt drei Arbeitsaufträge miteinander kombiniert, so sollten bei der Stellungnahme drei Argumente ausgeführt werden. Werden lediglich zwei Arbeitsaufträge gestellt, so sollten fünf Argumente in der Stellungnahme ausgearbeitet werden. Im vorliegenden Fall müssen Sie also drei Argumente ausgestalten. Hinzu kommt eine Synthese, die einen weiteren Gedanken benötigt. Eine reine Wiederholung bereits genannter Aspekte ist in der Synthese nicht ausreichend.*

Beispielhafter Aufbau der Stellungnahme

Hinweis: *In der Einleitung bietet es sich an, kurz auf die Anmoderation Bezug zu nehmen, um zum Thema hinzuführen. Der Schluss der Einleitung sollte die Themafrage beinhalten.*

In der Anmoderation zur „Sonntagsbeilage“ kritisiert Michael Skasa, dass öffentlich-rechtliche Sende- und Rundfunkanstalten sich zu sehr an den Wünschen des Publikums ausrichten. Davon ausgehend stellt sich die Frage, ob diese Praxis berechtigt ist.

Hinweis: *Der Hauptteil beginnt mit der von Ihnen nicht favorisierten Position zur Themafrage. Sie sollten die Antithese benennen und anschließend mindestens ein Argument ausführen. Falls Gedanken der Textvorlage entnommen werden, ist zu zitieren. Hier wird zunächst Michael Skasa widersprochen; öffentlich-rechtliche Sender sollen sich also den Wünschen des Publikums anpassen. Mögliche Argumente könnten sein:*

- Da die Zuschauer die Sender durch Gebühren finanzieren, haben sie einen Anspruch, dass ihre Interessen bei der Programmgestaltung berücksichtigt werden. So scheint es doch zunächst für den „Kunden“ – und im weitesten Sinn ist der Konsument des öffentlich-rechtlichen Programms ein Kunde – plausibel, dass er bestimmen kann, wofür er sein Geld ausgibt; in anderen Bereichen gilt das immerhin auch.
- Richten die Sender ihr Programm stark an den Wünschen des Publikums aus und erzielen so hohe Quoten, dann steigen die Werbeeinnahmen und damit die Umsätze, die wiederum für Neuinvestitionen genutzt werden können. Angesichts des immer größer werdenden Konkurrenzkampfes um Zuschauerzahlen und damit einhergehend einer kostenintensiveren Programmgestaltung sind die Sender auf mehr Einnahmen angewiesen. Nur so können sie sich letztlich im Wettbewerb behaupten.

Hinweis: *Im Anschluss an die Antithese führen Sie Ihre eigene Position an. Am besten beginnen Sie wieder mit der klar ausformulierten These. Hier wird Michael Skasa zugestimmt. Die öffentlich-rechtlichen Sender sollten sich nicht an den Wünschen der Publikumsmehrheit orientieren. Mögliche Argumente könnten sein:*

- Die öffentlich-rechtlichen Sender haben einen in der Verfassung festgelegten Bildungsauftrag. Dieser darf nicht dadurch vernachlässigt werden, dass die öffentlich-rechtlichen Programmanstalten wegen der Orientierung an Einschaltquoten Informationssendungen streichen. Es ist sehr wichtig, dass die Öffentlich-Rechtlichen ihrem Auftrag nachkommen, da immer weniger Menschen regelmäßig Zeitung lesen. Das Fernsehen oder das Radio wird so häufig zu deren einziger Informationsquelle, die daher politische Mündigkeit verleihen sollte. Eine Kürzung informativer Sendeformate würde bei vielen zu einem noch größeren Defizit an politischem Wissen führen.
- Eng mit dem ersten Argument verbunden ist ein weiteres: Die öffentlich-rechtlichen Sender verlieren ihre Existenzberechtigung als gebührenfinanzierte Sender, wenn sie sich hinsichtlich der Programmgestaltung nicht mehr von privaten Sendern unterscheiden. Setzen jene nur auf Quote, besteht kein Grund für den Bürger, GEZ-Gebühren zu zahlen. Die Finanzierung müsste dann durch marktwirtschaftliche Konkurrenz im Wettbewerb mit allen Sendern erfolgen.

Hinweis: *Ein möglicher Synthesegedanke könnte sein:*

- Die öffentlich-rechtlichen Sender müssen auch weiterhin den verfassungsmäßig vorgeschriebenen Bildungsauftrag wahren. Um zudem die Interessen der Gebührenzahler zu berücksichtigen, könnten zu bestimmten Zeiten Wunschsendungen eingeführt werden. Mehrere Sendemöglichkeiten werden vorgegeben und der Zuschauer kann zum Beispiel per Telefon oder Internet für seine Lieblingssendung votieren. Die Sendung mit den meisten Stimmen wird schließlich ausgestrahlt.

Aufgaben:

a) Fassen Sie den Inhalt des Romankapitels zusammen.

b) Charakterisieren Sie Ada. Inwiefern unterscheidet sie sich vom Typus der „Prinzessinnen“?

c) Wie beurteilen Sie Adas Haltung gegenüber ihren Mitschülerinnen und Mitschülern?

Juli Zeh (geb. 1974): **Spieltrieb** (2004)

Vorbemerkung: Bei dem vorliegenden Text handelt es sich um das zweite Kapitel des Romans „Spieltrieb“ von Juli Zeh. Protagonistin ist die 14-jährige Ada, die kurz zuvor auf das Ernst-Bloch-Gymnasium, eine Privatschule, übergewechselt ist.

Von Prinzessinnen und Marionetten und der Möglichkeit, sich mit wenigen Worten Respekt zu verschaffen

Ada war ein junges Mädchen und nicht schön. In jenem Augenblick, den der Scheinwerfer dieser Erzählung ins Licht taucht, war sie vierzehn Jahre alt, blond und kräftig gebaut. Ihr Mund war breit, die Handgelenke stark. Über der Nase lag ein löchriger Teppich aus Sommersprossen und wusste bei passender Beleuchtung ein paar Notlügen von gepflückten Wildblumen und Kinderspielen im hohen Gras an den Mann zu bringen. In Wahrheit sah Ada älter aus, als sie war. Ihre Brust war stark entwickelt.

Im Sommer 2002 wurde sie in die zehnte Klasse des Ernst-Bloch-Gymnasiums zu Bonn eingeschult, nachdem sie aus einem Grund, der sich in Kürze im Rahmen einer musikalischen Rückblende offenbaren wird, ihre alte Schule hatte verlassen müssen. Auf Ernst-Bloch erregte sie zu Anfang wenig Aufmerksamkeit.

In allen Klassen ab der siebenten gab es samt- und seidenweiche Mädchen, deren Geburt durch langsam anschwellende Musik begleitet worden war wie das hochfahrende Windowsbetriebssystem von seiner Begrüßungsouvertüre. Sie kamen als Miniaturprinzessinnen zur Welt, erreichten bereits in der Unterstufe das erste, fohlenhafte Stadium der Vollendung und wuchsen gleichmäßig in die Frau hinein, die sie einmal werden sollten. Ihre Entwicklung vollzog sich routiniert und fehlerlos, als hätten sie die Aufgabe des Älterwerdens schon etliche Male zuvor bewältigt. Jene Pubertätsprofis unterschieden sich auf den ersten Blick von den Dilettanten. Sie hatten das gepflegte, schulterlange Haar erwachsener Frauen, trugen ihre Hüfthosen, breiten Gürtel und knappen Hemdchen mit wohltemperierter Lässigkeit und ließen glatte Kinderhaut und aufgeworfene Kindermünder zu Mädchenhaut und Mädchenmündern werden, ohne dass Pickel, Schweißausbrüche oder Wachstumslaunen zu irgendeinem Zeitpunkt die Harmonie ihrer Erscheinungen gestört hätten. Die Aura hochnäsiger Sauberkeit, die sie umgab, ließ sich weder von Regengüssen noch von feuchter Sommerhitze beeindrucken. Alles zierte die Prinzessinnen, nasse Haare, rote Nasen und selbst die Staubschicht, die sich im Sportunterricht beim Sprung in die alte Sandgrube über alle Körper legte.

Weil sie daran gewohnt waren, alles umsonst zu bekommen, besaßen diese menschlichen Rehkitze keinen Ehrgeiz. Männliche Mitschüler bemühten sich um sie, auch jene, zu denen eine Freundin mit Innenleben besser gepasst hätte. Manche betrieben leichten Sport oder lasen leichte Literatur. Ihre Schulnoten waren mittelmäßig; als Lieblingsfächer nannten sie Deutsch oder Kunst und Biologie, ohne erklären zu können, was ihnen daran gefalle. Während der Oberstufenjahre standen sie bereits im Zenit des Lebens. Sie besaßen die stärkste Ausstrahlung, empfingen ein Höchstmaß an Bestätigung und erlebten Tag für

Tag eine Art farblosen Wohlbefindens, um nicht zu sagen: Glück. Nach dem Abitur würde es gemächlich abwärts gehen. Erfreulicherweise war ihnen der Spannungsbogen ihrer persönlichen Geschichte egal. Vielleicht ahnten sie etwas. Vielleicht rührte von jener Ahnung der melancholische Hauch, der ihren anmutigen Bewegungen etwas Träges, der Trägheit etwas Tragisches und der Tragik besondere Anmut verlieh.

Mit dieser Beschreibung sind alle Eigenschaften genannt, die Ada nicht anhafteten. Sie war das Gegenteil einer Prinzessin, sofern Prinzessinnen ein Gegenteil besitzen. Seit Ada im Alter von zwölf Jahren auf den Gedanken verfallen war, dass Sinnsuche nichts als ein Abfallprodukt der menschlichen Denkfähigkeit sei, galt sie als hochbegabt und schwer erziehbar. Als ihr neuer Klassenlehrer sie aufforderte, sich den anderen Schülern vorzustellen, nannte sie ihren Vornamen und wusste sonst nichts zu berichten. Er bat um ein paar persönliche Sätze, um irgendeine Aussage, die Gültigkeit für sie besitze und verstand ihr Lachen nicht.

Der Schulwechsel bedeute einen Glücksfall für sie, sagte Ada schließlich, sie habe sich auf Ernst-Bloch gefreut. Damals hätten ihre Eltern eine Einschulung auf dem teuren Privatgymnasium nicht erlaubt.

Sie wusste ‚damals' auf eine Art zu sagen, die nach lang zurückliegenden Epochen klang.

„Und was", fragte eine Prinzessin mit spiraligen Locken, „ist an Ernst-Bloch das Besondere?"

„Mir war so, als sei dies ein Ort für wirklich kluge, wirklich kaputte, wirklich kategorische Menschen."

Einige johlten Zustimmung, andere schnitten Gesichter. Die Prinzessinnen lehnten sich zurück und zogen mit beiden Händen das lange Haar hinter den Rücken hervor, um es über die Stuhllehne zu werfen. Ada hatte sich wirklich auf Ernst-Bloch gefreut. Die Schule stand in privater Trägerschaft und gewährte auch jenen verlorenen Geschöpfen, die sich hartnäckig gegen eine Kaffeefahrt namens ‚glückliche Kindheit' zur Wehr setzten, eine letzte Chance auf Hochschulreife. Vorausgesetzt, ihre Eltern konnten es sich leisten.

‚Mir war so, als sei.' Danach sprach Ada wenig im Jahr 2002. Im Unterricht meldete sie sich nie. Wurde sie aufgerufen, begann sie ihre Sätze nicht mit ‚Meiner Meinung nach' oder ‚Ich glaube.' Sie sagte: ‚Das ist Unsinn.' Oder: ‚Es gibt nur eine Lesart für diese Stelle.' Oder: ‚Es ist unerheblich, wer was und wie viel gewusst hat.'

Diesen Stil behielt sie auch Höfi gegenüber bei. Höfi hatte sich einen Ruf als Bluthund erworben, der Dummheit auf hundert Meter gegen den Wind roch und gnadenlos verfolgte. Aus Misanthropie hatte er sich gegen eine akademische Karriere und für die Schullaufbahn entschieden. Seine Sympathie verhielt sich aufsteigend proportional zum Intelligenzquotienten eines Gegenübers. Wie alle frei kreisenden Felsbrocken im Universum besaß auch er einen warmen, flüssigen Kern, den er jedoch mit allen Mitteln der Ratio zu verteidigen wusste. Höfi vertrat die empirisch belegte Auffassung, dass selbst Sahne hart werde, wenn man sie lange genug schlage. Die Prinzessinnen hassten ihn. Er betrachtete sie niemals anders als mit ironisch verzogener Unterlippe.

Seit Anfang des neuen Schuljahres zeigte ihm sein träger Röntgenblick in jeder Geschichtsstunde bei der 10 B ein neues Kuckuckskind, das starrköpfig in einem quirligen Nest bunter Jungvögel hockte. Eines Tages im September, draußen ging ein feiner Nieselregen nieder, baute er seine quasimodisch verwachsene Gestalt vor Ada auf, die am rechtshinteren Winkel der u-förmigen Tischformation saß, griff nach einem Kugelschreiber und richtete ihn wie ein Messer auf ihre Nasenspitze.

Er schätze Meinungsstärke, verkündete Höfi, aber es gebe auf alles im Leben mindestens zwei mögliche Perspektiven, von der keine absolute Geltung beanspruchen könne. Das solle sie sich mit diesem Stift hinter die Ohren schreiben und den Mund erst wieder aufmachen, wenn sie es begriffen habe. Ende der Durchsage.

Ada nahm ihm den Stift aus der Hand und passte ihn exakt in die Position ein, an der er zwischen Heft und Buch gelegen hatte. Dabei erwiderte sie geradeaus Höfis Blick, sah ihm aber nicht in die Augen, sondern fixierte jene kleine Stelle auf seiner Stirn, die nach glattem Durchmarsch einer Pistolenkugel sofortigen und sicheren Tod versprach.

„Sind Sie verheiratet?“

„Gewiss“, sagte Höfi, während die Stille im Raum ein totalitäres Ausmaß erreichte.

„Lieben Sie Ihre Gemahlin?“

„Gewiss. Sehr sogar.“

„Haben Sie jemals darüber nachgedacht, dass Sie diese Frau ebenso gut hassen könnten?“

„Nein.“

Ada senkte den Blick von Höfis Stirn auf ihre vernarbten Fingerspitzen. Im Unterricht vertrieb sie sich die Zeit, indem sie die Haut rund um die Fingernägel vom Fleisch kratzte und in schmalen Streifen bis zur Mitte der Finger abzog.

„Wenn das so ist“, sagte sie leise, „hören Sie auf mit dem Quatsch von zwei möglichen Sichtweisen auf alle Dinge.“

Höfi öffnete den Mund und schloss ihn wieder. Er nickte, als hätte er eine im Grunde nebensächliche, aber unverzichtbare und seit längerem erwartete Information erhalten, und setzte seinen Unterricht fort. Vierundzwanzig Stunden später wussten alle siebenhundertzweiundvierzig Schüler auf Ernst-Bloch, dass eine von ihnen gegenüber Höfi das letzte Wort behalten hatte. Es hieß, Höfi habe zum ersten Mal in seiner langjährigen Tätigkeit als tyrannischer Geschichtslehrer einen ebenbürtigen Gegner gewittert.

Ada konnte seit ihrem vierten Lebensjahr lesen und schreiben; sie hatte es sich mit Hilfe einer Buchstaben-Bild-Tabelle selber beigebracht. Mit fünf erreichten die Finger der rechten Hand mühelos das linke Ohr, wenn Ada den rechten Arm oben über den Kopf legte. Deshalb wurde sie vorzeitig eingeschult und erhielt das Amt der Jüngsten auf Lebenszeit. In der dritten Klasse war ein Junge der Auffassung gewesen, ein Kleinkind wie Ada könne keine Schulhofbande führen, und erlitt daraufhin eine leichte Nierenquetschung wegen eines Stiefeltritts. Ada hatte sich auf ihren quadratischen Ledertornister gestellt, um ihn im Rücken zu erwischen. Während der folgenden Wochen verbrachte sie die Vormittage in einem verglasten Nebenraum des Klassenzimmers, wo sie die Aufgaben der jeweiligen Schulstunde in Minutenschnelle löste und danach blassbunte Tiefseefische malte, im schwarzen Wasser, viele tausend Meter unter dem Meer.

Ernst-Bloch bewirtete so viele Sitzengebliebene mit Unterricht und einer letzten Chance, dass Ada für ein Gespräch mit Gleichaltrigen die Flure der unteren Mittelstufe hätte besuchen müssen. Da ihr schon die Schüler der höchsten Klassen infantil erschienen, verspürte sie nicht das geringste Bedürfnis danach. Keine Freunde finden konnte sie auch in der eigenen Jahrgangsstufe.

Die Pausen verbrachte sie auf dem Raucherhof, wo sie mit kunsthandwerklicher Präzision im Stehen Zigaretten drehte. Sie hielt sich am Rand einer immer gleichen Gruppe von Schülern verschiedener Klassen auf, stand einen halben Schritt außerhalb des Kreises, achtete darauf, dass sie von breit geplusterten Daunenjacken den Blicken des Aufsichtspersonals entzogen wurde, und hörte den Gesprächen zu. Jedes Mal, wenn sie an der Zigarette zog, schielte sie unter gesenkten Lidern auf die papierfressende Glut. Meist trug sie zu ihrer ausgewaschenen Jeans, deren fransig getretene Hosenbeine hinter den Fersen übers Pflaster schleiften, eine Jacke gleichen Materials, jedoch von dunklerem Farbton, was einem ästhetischen Verbrechen gleichkam. Kopf und Brüste, die ein Stück zu groß waren für Adas stabilen, aber kleingewachsenen Körper, hatten ihr, gemeinsam mit der Tatsache, dass sie selten sprach, den Spitznamen ‚Marionette‘ eingetragen. Kaum jemand kannte ihren richtigen Namen, aber jeder wusste, dass sie Höfi mit wenigen Worten in die Schranken gewiesen hatte. Man ließ sie in Ruhe. Gelegentlich mischte sie sich grob ins Gespräch. Was für eine Rolle spielt es, ob Amelie das gewollt hat. Wenn wirklich jemand den Fahrradkeller für eine Party bräuchte, würde er ihn bekommen. Selbstverständlich wird Schröder wiedergewählt.

Die scheißt auf alles. Knapper ließ sich die Persönlichkeit der Neuen nicht in Worte fassen. Anerkennung schwang in dieser Wendung mit und wenig Sympathie. Man wusste nicht recht. Die Prinzessinnen aller Stufen hielten sich von ihr fern und sortierten sich auf dem Raucherhof so lange um, bis keine von ihnen Ada im Rücken hatte. Genau wie auf ihrer alten Schule stand Ada umgeben von einem Haufen Leute, die sie nicht das Geringste angingen, und spürte genau, dass alles beim Alten geblieben war. Es war albern gewesen, etwas anderes zu erwarten.

Aus: Zeh, Juli: Spieltrieb, Frankfurt a. M.: Schöffling Verlag 2004.

Lösungsvorschlag

Aufgabe a: Wiedergabe des Inhalts

Hinweis: *Der eigentlichen Inhaltswiedergabe sollte eine* ***Kurzzusammenfassung*** *vorangestellt werden, die folgende Merkmale des Textes berücksichtigt:*
- *Autor*
- *Werk*
- *Erscheinungsjahr und -ort*
- *Hauptperson(en)*
- *Thema/Aussage*

In der darauf aufbauenden ***Wiedergabe*** *des Textinhalts wird diese Basisinformation ergänzt um die Aspekte:*
- *Erzähler/Perspektive*
- *Erzählmodus*
- *Handlungsstruktur*
- *Personenkonstellation*
- *literarische Besonderheiten (Stil, Sprache, Darstellung usw.)*

Die ***Zeitstufe*** *der Inhaltsangabe ist die* ***Gegenwart*** *(Sie berichten ja über Ihre aktuelle Lektüre!). Für im Text erwähnte vorzeitige Ereignisse verwenden Sie das* ***Perfekt****.*
Aussagen der Figuren werden im ***Konjunktiv*** *wiedergegeben.*

Zur Autorin: *Juli Zeh, geb. 1974 in Bonn, Jurastudium und Studium am Deutschen Literaturinstitut in Leipzig, gilt als eine der wichtigsten Autorinnen der neuesten deutschsprachigen Literatur. Ihr Erstlingsroman „Adler und Engel" wurde ein Welterfolg. Das Schreiben Zehs dreht sich um den Antagonismus von Chaos und Ordnung; sie fragt, ob Kategorien wie „gut" und „böse" angesichts einer kollabierenden Weltordnung noch funktionieren.*

Kurzvorstellung
2004 erschien Juli Zehs gesellschaftskritischer Roman *Spieltrieb* in Frankfurt am Main. Der vorliegende Auszug mit dem Titel „Von Prinzessinnen und Marionetten und der Möglichkeit, sich mit wenigen Worten Respekt zu verschaffen" (Kapitel 2) zeigt die weibliche Hauptfigur, die vierzehnjährige Schülerin Ada, in einer für ihr Wesen bezeichnenden Verhaltensweise.

Inhaltswiedergabe
Der Textausschnitt stellt dem Leser Ada zunächst mit einer kurzen Beschreibung ihres Äußeren vor, das in krassem Kontrast zu dem ihrer behüteten und angepassten Mitschülerinnen, den „Prinzessinnen", steht. Aus einer ironisch-distanzierten auktorialen Perspektive wird in zeitraffender Form, die lediglich an einer Stelle zugunsten eines zeitdeckenden Einschubs aufgehoben wird (Z. 80–99), Adas biografischer Kontext skizziert. Sie musste aufgrund eines bestimmten Vorfalls ihre alte Schule verlassen und auf eine Privatschule wechseln, an der sie sich jedoch nicht integriert. Zentraler Aspekt des Auszugs ist ihr Verhalten gegenüber ihren Mitschülern und dem Lehrpersonal. Besonders dies zeigt wesentliche Merkmale ihres Charakters, der von Intelligenz und Widerspruchsgeist geprägt ist. Im Verhältnis zu ihren Mitschü-

lern zeigt Ada Ablehnung und Unverständnis, das in schierer Verachtung gegenüber deren auf Äußerlichkeiten fixiertem Wesen gipfelt. In der zeitdeckend erzählten Schlüsselszene ereignet sich die Konfrontation mit einem Vertreter des „Systems", Höfi, dem „Bluthund" unter den Lehrern, der seinen Ruf seiner autoritären Haltung verdankt, da er jeder von seiner Meinung abweichenden Ansicht mit beißendem Spott und Verachtung begegnet. – Er bildet den idealen Widerpart zu Adas eigener apodiktischer, den Kompromiss verweigernder Haltung. Im Rahmen einer Unterrichtsstunde kommt es zum „Showdown": Mit seinen eigenen Mitteln wird Höfi durch Ada vor versammelter Klasse und zu deren Überraschung in die Schranken gewiesen. Durch ihre furchtlose und dreiste Aktion gewinnt Ada den Respekt ihrer Mitschüler, hält sich aber weiterhin abseits.

Aufgabe b: Charakteristik

Hinweis: *Zum wirklichen Verständnis eines literarischen Textes ist die fundierte Analyse des Charakters der Hauptfigur notwendig. Die Vorstellung der literarischen Personen erfolgt entweder durch den Erzähler selbst (**direkte Charakterisierung**) oder sie ergibt sich aus dem Verhalten und Reden der jeweiligen Person (**indirekte Charakterisierung**). In der Charakteristik soll deutlich werden, durch welche Merkmale das Wesen einer literarischen Figur für den Leser vorstellbar wird. Folgende Faktoren sollten dabei berücksichtigt werden*

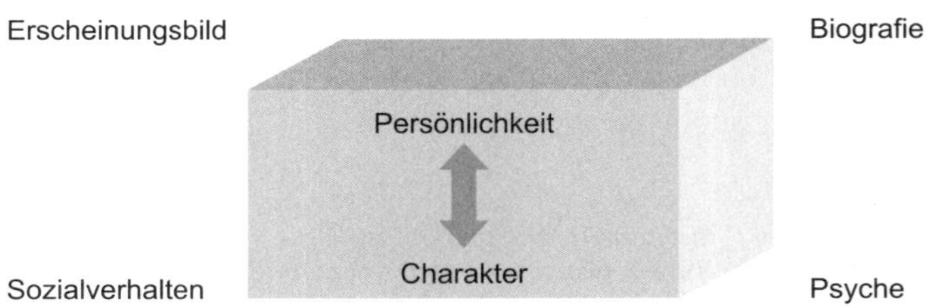

Äußeres Erscheinungsbild *(z. B. Geschlecht, Alter, Körperbau, Haltung, Gesicht, Kleidung)*
Biografische Aspekte *(z. B. Elternhaus, Erfahrungen, Prägungen durch das jeweilige gesellschaftliche Umfeld usw.)*
Sozialverhalten *(z. B. Beruf, gesellschaftliche Stellung, Freundschaften, Beziehungen)*
Psychische Merkmale *(z. B. Interessen, Zuneigungen und Abneigungen, Gefühle, Einstellungen, Prägungen, Veranlagung, Aggressionspotenzial)*
Wichtige formale Merkmale einer Charakteristik:
- *Die **Zeitform** ist das Präsens!*
- *Alle Aussagen müssen am Text durch direkte oder indirekte **Zitate** belegt werden.*
- *Die Belegstellen werden mit **Zeilenangabe** in Klammern notiert.*

Der Leser wird bei Ada mit einer Person konfrontiert, die es ihm schwer macht, bloße Sympathie oder Antipathie zu empfinden. Einerseits erweckt sie den Eindruck eines selbstständig denkenden jungen Menschen, der sich den oberflächlichen Trends, denen die Mitschüler sich beugen, verweigert und der nach eigenen Entscheidungen handelt. Andererseits verstört sie mit ihrer fast schon selbstzerstörerischen Rigorosität – knapp zusammengefasst im Diktum ihrer Mitschüler: „Die scheißt auf alles" (Z. 137) –, der sie ihre **extreme Außenseiterrolle** verdankt.

Erscheinungsbild
Im Gegensatz zu ihren Mitschülerinnen ist Ada „ein junges Mädchen und nicht schön" (Z. 1). Schon das distanziert sie von den einem zweifelhaften Schönheitsideal verpflichteten „Prinzessinnen", die „gleichmäßig in die Frau hinein[wuchsen], die sie einmal werden sollten"

(Z. 15). Sie ist weder zierlich noch hübsch, oder mit welchen Adjektiven auch immer man die Gruppe ihrer Mitschülerinnen umschreiben mag. Mit ihrer kräftigen Statur und den starken Handgelenken (vgl. Z. 2 f.) wirkt sie mit ihrem „stabilen, aber kleingewachsenen Körper" (Z. 130) alles andere als wie eine „klassische Schönheit". Sie gibt sich **eher maskulin**, was sie auch durch die Art, wie sie sich kleidet („ausgewaschene Jeans, deren fransig getretenen Hosenbeine hinter den Fersen übers Pflaster schleiften", Z. 127 f.) und verhält („wenn sie an der Zigarette zog, schielte sie unter gesenkten Lidern auf die papierfressende Glut", Z. 125 f.), inmitten der austauschbaren „Prinzessinnen" provokativ zum Ausdruck bringt.

Biografie

Über Adas näheres soziales Umfeld erfährt der Leser in diesem Textausschnitt so gut wie nichts. Lediglich die Mitteilung, dass zunächst „ihre Eltern eine Einschulung auf dem teuren Privatgymnasium nicht erlaubt" (Z. 48 f.) hätten, lässt vermuten, dass sie, im Gegensatz zu ihren Mitschülerinnen, die als „Miniaturprinzessinnen zur Welt" (Z. 14 f.) kamen, entweder aus eher **bescheidenen Verhältnissen** stammt oder von ihren Eltern nicht verwöhnt wird. Über ihren bisherigen Werdegang erfährt man lediglich, dass sie „ihre alte Schule hatte verlassen müssen" (Z. 8 f.). Dies ist ein Hinweis darauf, dass ihr renitentes Verhalten nicht eine Reaktion auf die Verhältnisse am jetzt von ihr besuchten Ernst-Bloch-Gymnasium ist, sondern eine zu ihrem Wesen gehörende Eigenschaft, deren Ursprung in diesem Textausschnitt allerdings im Dunkeln bleibt. Da Ada aufgrund ihrer geistigen Entwicklung – sie „konnte seit ihrem vierten Lebensjahr lesen und schreiben" (Z. 105) – früher eingeschult wurde, bleibt ihr das „Amt der Jüngsten auf Lebenszeit" (Z. 108), was eine mögliche Ursache für ihre Sonderstellung als Außenseiter wäre.

Sozialverhalten

„Kaum jemand kannte ihren richtigen Namen" (Z. 131 f.), diese Aussage sagt eigentlich schon alles über Adas Stellung in der Schule. Sie ist die Außenseiterin, die vergeblich nach Gleichgesinnten sucht: „wirklich kluge, wirklich kaputte, wirklich kategorische Menschen" (Z. 53 f.). Aufgrund ihrer Auseinandersetzung mit dem von allen gefürchteten und verhassten Geschichtslehrer Höfi genießt sie zwar **Achtung, aber keine Sympathie**. Für ihre Mitschüler ist sie die „Marionette" (Z. 131): unnahbar, rätselhaft und schweigsam. Ihr distanziertes Verhalten ist wohl teilweise eine Reaktion darauf, dass sich ihre mit dem Schulwechsel verbundenen Hoffnungen darauf, Gleichgesinnte kennenzulernen, nicht erfüllt haben: „Es war albern gewesen, etwas anderes zu erwarten" (Z. 142 f.) – so ihr resignatives Fazit.

Psyche

Ada gehört zu jenem Menschentyp, dessen **intellektuelle Fähigkeiten** in krassem Gegensatz zu seinen sozialen Kompetenzen stehen. Sie galt „als hochbegabt und schwer erziehbar" (Z. 42 f.). Konventionen, Normen und soziale Hierarchien sind ihr von Anfang an verhasst. Bereits in der Grundschule begehrt sie gegen vorherrschende Klischees und Machtverhältnisse auf. Einen Jungen, der der Auffassung gewesen ist, „ein Kleinkind wie Ada könne keine Schulhofbande führen" (Z. 109 f.), belehrt sie schon in der Grundschule auf äußerst **aggressive Art** eines Besseren: Er „erlitt daraufhin eine leichte Nierenquetschung wegen eines Stiefeltritts." (Z. 110 f.) Bereits früh setzt sie sich mit so gewichtigen Fragen wie der nach dem Sinn des Lebens auseinander, wobei sie zu dem von Nihilismus geprägten Urteil gelangt, dass „Sinnsuche nichts als ein Abfallprodukt der menschlichen Denkfähigkeit sei" (Z. 41 f.).

In allen der oben zur Beschreibung ihrer Persönlichkeit angeführten Bereichen **unterscheidet sich Ada fundamental von ihren Mitschülerinnen**. Sie ist:

- reifer (Z. 41 f.),
- intelligenter (Z. 117 f.),
- couragierter (Z. 84–98),
- unangepasster (Z. 121–136),
- selbstbewusster (Z. 137) und
- desillusionierter (Z. 142 f.) als diese.

Während die „Prinzessinnen“ durch eine oberflächliche, gewöhnliche Hübschheit und eine scheinbare Erwachsenheit einnehmend sind und dabei eher ein intellektuelles Mittelmaß verkörpern, entspricht Ada nicht den gängigen Schönheitsvorstellungen und scheut sich nicht, dank ihres scharfen Verstands unbequem zu werden.

Ihr **Außenseiterstatus** beruht teilweise auf ihrer **Selbstinszenierung** – eine Rolle, der sie nicht ablehnend gegenübersteht. Der Preis für die Aufnahme in dem als zickig beschriebenen Kreis der Insider ist ihr zu hoch. Lieber genießt sie den Ruf der Unangepassten, Unbequemen, Fremden. Die Clique als Lebensraum, als Bühne der Selbstinszenierung lehnt sie ab und verharrt lieber im **Status der Unnahbaren** (Z. 121 ff.).

Der Wechsel auf das Ernst-Bloch-Gymnasium wurde für sie nicht der erhoffte Akt der Befreiung, sondern führte sie zur resignativen Erkenntnis, dass sie immer ein Fremdkörper sein wird in einer Welt, die auf Anpassung, der Fixierung auf Äußerlichkeiten und den daraus resultierenden Lebensentwürfen basiert.

In den Persönlichkeiten Adas und ihrer Mitschülerinnen prallen Welten aufeinander, die unterschiedlicher nicht sein könnten: Hier die „Prinzessinnen“ mit ihren vorhersehbaren, einem zweifelhaften Ideal geschuldeten Karrierebiografien (Z. 27 ff.), dort Ada, befangen in ihrer eigenen, allen Äußerlichkeiten und Konventionen widersprechenden Welt.

Aufgabe c: Beurteilung → Stellungnahme

Hinweis: *Die in der Aufgabenstellung enthaltene Forderung, das Verhalten des jeweiligen Protagonisten zu beurteilen, verlangt eine* ***dialektische Vorgehensweise****. Dies bedeutet für Sie, dass Sie sich mit dessen Vorzügen (****Thesenargumentation****) und Nachteilen (****Anti-Thesenargumentation****) fundiert auseinandersetzen und zu einer abschließenden Wertung (****Synthese****) gelangen. Dabei ist entscheidend, dass die Aussagen (Thesen) anhand* ***konkreter Textstellen*** *(Zeilenangaben in Klammern) belegt werden.*

Schematische Darstellung der Beurteilung:

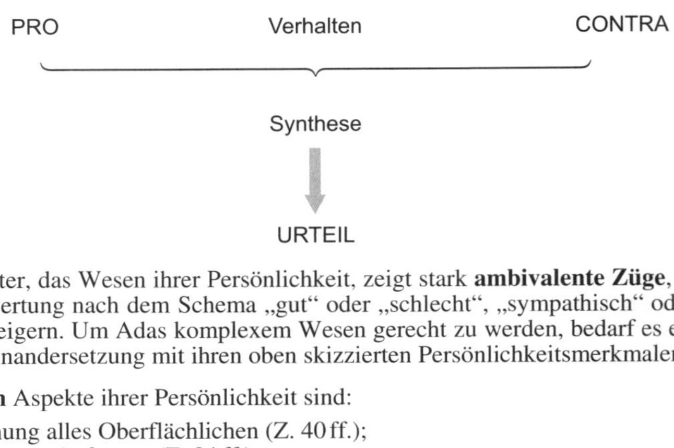

Adas Charakter, das Wesen ihrer Persönlichkeit, zeigt stark **ambivalente Züge**, die sich einer simplen Bewertung nach dem Schema „gut“ oder „schlecht“, „sympathisch“ oder „unsympathisch“ verweigern. Um Adas komplexem Wesen gerecht zu werden, bedarf es einer differenzierten Auseinandersetzung mit ihren oben skizzierten Persönlichkeitsmerkmalen.

Die **positiven** Aspekte ihrer Persönlichkeit sind:

- die Ablehnung alles Oberflächlichen (Z. 40 ff.);
- ihr couragiertes Auftreten (Z. 84 ff.);
- ihre **Unabhängigkeit** gegenüber standardisierten Verhaltensweisen (Z. 43); → **These**

Negativ hingegen wirken:

- **ihre Intoleranz (Z. 118 ff.)**; **→ Antithese**
- ihr aggressives Verhalten (Z. 109 ff.);
- ihre Verstocktheit (Z. 43 f.).

Beispiel für einen Argumentationsstrang (<u>dialektischer</u> Ansatz)

These
Ada wird als schwierig, aber intelligent beschrieben (vgl. Z. 40 ff.), als ein Mädchen, das sich um Äußerlichkeiten und Konventionen nicht kümmert und **geistige Unabhängigkeit** beweist. Sie steht damit im krassen Gegensatz zu ihren Mitschülerinnen, den „Prinzessinnen". Ein Umstand, der dazu führt, dass sie sich geradezu provozierend gegenüber dieser Gruppe als Außenseiter inszeniert.

Erläuterung/Begründung
Anders als ihre Mitschülerinnen sieht sie sich als „wirklich kluge, wirklich kaputte, wirklich kategorische" Person (Z. 53 f.), die diese Einstellung durch ihr Äußeres (Kleidung) und durch ihr Kommunikationsverhalten (Rigorismus) plakativ lebt.

Beleg
Im Gegensatz zu ihren Mitschülerinnen, den „Pubertätsprofis" (Z. 17) gibt sich Ada, was ihre Kleidung anbelangt, eher nachlässig (Z. 126 ff.). Sie fühlt sich in dieser Gruppe „umgeben von einem Haufen Leute, die sie nicht das Geringste angingen" (Z. 141). In der Klasse ist sie das „Kuckuckskind, das starrköpfig in einem quirligen Nest bunter Jungvögel hockte" (Z. 75), deren Unterrichtsbeiträge sie, aber erst nach direkter Aufforderung, kategorisch als unqualifiziert brandmarkt (Z. 61 ff.).

Fazit
Aufgrund ihres Intellekts und ihrer rigorosen Haltung bleibt Ada letztlich nur die Rolle der Unangepassten, der Rebellin, die das konventionelle Leben ihrer Mitschüler verachtet. Deren Idyll einer gutbürgerlichen, auf Wohlstand und Erfolg ausgerichteten Existenz entspricht nicht ihrer Zukunftsvorstellung, sie sucht die Auseinandersetzung mit dem „richtigen" Leben, worin immer das auch bestehen mag.

↕

Antithese
Was an Adas Wesen verstört, ist ihre **Intoleranz**. Als sich ihr mit großen Hoffnungen verbundener Übertritt auf das Ernst-Bloch-Gymnasium für sie als Enttäuschung entpuppt, da sie keine „wirklich kluge[n], wirklich kaputte[n], wirklich kategorische[n] Menschen" (Z. 53 f.) trifft, reagiert sie mit rigoroser Ablehnung, ja Verachtung.

Erläuterung/Begründung
Was ihr unter ihren Mitschülern begegnet, ist nicht außergewöhnlich: Jugendliche in einem Alter, in dem sie sich ausprobieren, sich Idolen und Idealen verschreiben, die im Nachhinein oftmals als irreal erscheinen und ohne Bedauern abgelegt werden. Mit ihrer kompromisslosen Haltung der absoluten Verweigerung macht sie sich selbst zum Außenseiter, der zwar in irgendeiner Weise anerkannt, letztlich aber doch eher lästig und unheimlich ist.

Beleg
Typisch für ihr Verhältnis zu ihren Mitschülerinnen ist die Tatsache, dass ihr „schon die Schüler der höchsten Klassen infantil erschienen" (Z. 118), was dazu führt, dass sie sich abkapselt: „Keine Freunde finden konnte sie auch in der eigenen Jahrgangsstufe." (Z. 119 f.)

Fazit
Ada demonstriert ständig ihren Mitschülern gegenüber Ablehnung und Verachtung, die sich auch in Handgreiflichkeiten äußern kann. Die „Prinzessinnen“ achten nicht ohne Grund darauf, dass „keine von ihnen Ada im Rücken hatte“ (Z. 140). Statt sich den gegebenen Verhältnissen zumindest teilweise anzupassen, wählt sie die Isolation.

Schlussfolgerung (Bewertung)
Adas Verhalten und damit ihr Wesen sind geprägt durch ein starkes Ego, dem aber die Fähigkeit zur Kooperation fehlt. Sie erweckt dadurch den Eindruck einer scheinbar emanzipierten Person, der allerdings die wichtige Eigenschaft der Toleranz gegenüber Andersdenkenden fehlt. Sie fühlt sich ihren Mitschülerinnen intellektuell überlegen, was dazu führt, dass sie diese radikal ablehnt. Dadurch erweckt sie einerseits den positiven Eindruck von **Reife**, dem andererseits allerdings der **Makel des Vorurteils** anhaftet. Sie gibt ihren Mitschülerinnen nicht wirklich die Chance einer Annäherung.

Bayern – FOS · BOS 12: Fachabiturprüfung 2011 – Deutsch
3. Dramatik

Aufgaben:

a) Fassen Sie den Inhalt der Szene zusammen.

b) Analysieren Sie den Teil der Konferenz, in dem der Schüler Melchior befragt wird (ab Z. 76) und gehen Sie dabei auf das Sprachverhalten der Protagonisten ein.

c) Welche gesellschaftskritischen Ansätze zeigen sich in der Gestaltung der Figur Rektor Sonnenstichs?

Frank Wedekind (1864–1918)
Frühlings Erwachen (1891)

Vorbemerkung: Das 1906 erstmals aufgeführte Theaterstück beschäftigt sich mit den Nöten einer von Elternhaus und Schule mit Unverständnis konfrontierten Jugend um 1890. Der Schüler Moritz hat sich das Leben genommen, weil er von Schule und Elternhaus überfordert worden war. Melchior, der Moritz eine selbstverfasste Informationsschrift zum Thema „Aufklärung" hat zukommen lassen, um ihn von sexuellen Zwangsvorstellungen zu befreien, wird Schuld an dessen Tod unterstellt. In der vorliegenden 1. Szene des 3. Aktes muss er sich vor der Lehrerkonferenz verantworten.

Konferenzzimmer. – An den Wänden die Bildnisse von Pestalozzi[1] und J. J. Rousseau[2]. Um einen grünen Tisch, über dem mehrere Gasflammen brennen, sitzen die Professoren AFFENSCHMALZ, KNÜPPELDICK, HUNGERGURT, KNOCHENBRUCH, ZUNGENSCHLAG und FLIEGENTOD. Am oberen Ende auf erhöhtem Sessel Rektor SONNENSTICH. Pedell HABEBALD kauert neben der Tür.

SONNENSTICH: ... Sollte einer der Herren noch etwas zu bemerken haben? – – Meine Herren! – Wenn wir nicht umhin können, bei einem hohen Kultusministerium die Relegation unseres schuldbeladenen Schülers zu beantragen, so können wir das aus den schwerwiegendsten Gründen nicht. Wir können es nicht, um das bereits hereingebrochene Unglück zu sühnen, wir können es ebensowenig, um unsere Anstalt für die Zukunft vor ähnlichen Schlägen sicherzustellen. Wir können es nicht, um unseren schuldbeladenen Schüler für den demoralisierenden Einfluß, den er auf seinen Klassengenossen ausgeübt, zu züchtigen; Wir können es zuallerletzt, um ihn zu verhindern, den nämlichen Einfluß auf seine übrigen Klassengenossen auszuüben. Wir können es – und der, meine Herren, möchte der schwerwiegendste sein – aus dem jeden Einwand niederschlagenden Grunde nicht, weil wir unsere Anstalt vor den Verheerungen einer Selbstmordepidemie zu schützen haben, wie sie bereits an verschiedenen Gymnasien zum Ausbruch gelangt und bis heute allen Mitteln, den Gymnasiasten an seine durch seine Heranbildung zum Gebildeten gebildeten Existenzbedingungen zu fesseln, gespottet hat. – – Sollte einer der Herren noch etwas zu bemerken haben?

KNÜPPELDICK: Ich kann mich nicht länger der Überzeugung verschließen, daß es endlich an der Zeit wäre, irgendwo ein Fenster zu öffnen.

ZUNGENSCHLAG: Es he-herrscht hier eine A-A-Atmosphäre wie in unterirdischen Kata-Katakomben, wie in den A-Aktensälen des weiland Wetzlarer Ka-Ka-Ka-Ka-Kammergerichtes.

SONNENSTICH: Habebald!

HABEBALD: Befehlen, Herr Rektor!

SONNENSTICH: Öffnen Sie ein Fenster! Wir haben Gott sei Dank Atmosphäre genug draußen. – Sollte einer der Herren noch etwas zu bemerken haben?

FLIEGENTOD: Wenn meine Herren Kollegen ein Fenster öffnen lassen wollen, so habe ich meinerseits nichts dagegen einzuwenden. Nur möchte ich bitten, das Fenster nicht gerade hinter meinem Rücken öffnen lassen zu wollen!

SONNENSTICH: Habebald!

HABEBALD: Befehlen, Herr Rektor!

SONNENSTICH: Öffnen Sie das andere Fenster! – – Sollte einer der Herren noch etwas zu bemerken haben?

HUNGERGURT: Ohne die Kontroverse meinerseits belasten zu wollen, möchte ich an die Tatsache erinnern, daß das andere Fenster seit den Herbstferien zugemauert ist.

SONNENSTICH: Habebald!

HABEBALD: Befehlen, Herr Rektor!

SONNENSTICH: Lassen Sie das andere Fenster geschlossen! – Ich sehe mich genötigt, meine Herren, den Antrag zur Abstimmung zu bringen. Ich ersuche diejenigen Herren Kollegen, die dafür sind, daß das einzig in Frage kommen könnende Fenster geöffnet werde, sich von ihren Sitzen zu erheben. *(Er zählt.)* – Eins, zwei, drei. – Eins, zwei, drei. – Habebald!

HABEBALD: Befehlen, Herr Rektor!

SONNENSTICH: Lassen Sie das eine Fenster gleichfalls geschlossen! – Ich meinerseits hege die Überzeugung, daß die Atmosphäre nichts zu wünschen übrig läßt! – – Sollte einer der Herren noch etwas zu bemerken haben? – – Meine Herren! – Setzen wir den Fall, daß wir die Relegation unseres schuldbeladenen Schülers bei einem hohen Kultusministerium zu beantragen unterlassen, so wird uns ein hohes Kultusministerium für das hereingebrochene Unglück verantwortlich machen. Von den verschiedenen von der Selbstmord-Epidemie heimgesuchten Gymnasien sind diejenigen, in denen fünfundzwanzig Prozent den Verheerungen zum Opfer gefallen, von einem hohen Kultusministerium suspendiert worden. Vor diesem erschütterndsten Schlage unsere Anstalt zu bewahren, ist unsere Pflicht als Hüter und Bewahrer unserer Anstalt. Es schmerzt uns tief, meine Herren Kollegen, daß wir die sonstige Qualifikation unseres schuldbeladenen Schülers als mildernden Umstand gelten zu lassen nicht in der Lage sind. Ein nachsichtiges Verfahren, das sich unserem schuldbeladenen Schüler gegenüber rechtfertigen ließe, ließe sich der zur Zeit in denkbar bedenklichster Weise gefährdeten Existenz unserer Anstalt gegenüber nicht rechtfertigen. Wir sehen uns in die Notwendigkeit versetzt, den Schuldbeladenen zu richten, um nicht als die Schuldlosen gerichtet zu werden. – Habebald!

HABEBALD: Befehlen, Herr Rektor!

SONNENSTICH: Führen Sie ihn herauf!

(Habebald ab.)

ZUNGENSCHLAG: Wenn die he-herrschende A-A-A-Atmosphäre maßgebenderseits wenig oder nichts zu wünschen übrig läßt, so möchte ich den Antrag stellen, während der So-Sommerferien auch noch das andere Fenster zu-zu-zu-zu-zu-zu-zu-zu-zuzumauern!

FLIEGENTOD: Wenn unserem lieben Kollega Zungenschlag unser Lokal nicht genügend ventiliert erscheint, so möchte ich den Antrag stellen, unserm lieben Herrn Kollega Zungenschlag einen Ventilator in die Stirnhöhle applizieren[3] zu lassen.

ZUNGENSCHLAG: Da-da-das brauche ich mir nicht gefallen zu lassen! – Gro-Grobheiten brauche ich mir nicht gefallen zu lassen! Ich bin meiner fü-fü-fü-fü-fünf Sinne mächtig …!

SONNENSTICH: Ich muß unsere Herren Kollegen Fliegentod und Zungenschlag um einigen Anstand ersuchen. Unser schuldbeladener Schüler scheint mir bereits auf der Treppe zu sein.

(Habebald öffnet die Türe, worauf Melchior, bleich, aber gefaßt, vor die Versammlung tritt.)

SONNENSTICH: Treten Sie näher an den Tisch heran! – Nachdem Herr Rentier Stiefel von dem ruchlosen Frevel seines Sohnes Kenntnis erhalten, durchsuchte der fassungslose Vater, in der Hoffnung, auf diesem Wege möglicherweise dem Anlaß der verabscheuungswürdigen Untat auf die Spur zu kommen, die hinterlassenen Effekten seines Sohnes Moritz und stieß dabei an einem nicht zur Sache gehörigen Orte auf ein Schriftstück, welches uns ohne noch die verabscheuungswürdige Untat an sich verständlich zu machen, für die dabei maßgebend gewesene moralische Zerrüttung des Untäters eine leider nur allzu ausreichende Erklärung liefert. Es handelt sich um eine in Gesprächsform abgefaßte, „Der Beischlaf“ betitelte, mit lebensgroßen Abbildungen versehene, von den schamlosesten Unflätereien strotzende, zwanzig Seiten lange Abhandlung, die den geschraubtesten Anforderungen, die ein verworfener Lüstling an eine unzüchtige Lektüre zu stellen vermöchte, entsprechen dürfte. –

MELCHIOR: Ich habe …

SONNENSTICH: Sie haben sich ruhig zu verhalten! – Nachdem Herr Rentier Stiefel uns fragliches Schriftstück ausgehändigt und wir dem fassungslosen Vater das Versprechen erteilt, um jeden Preis den Autor zu ermitteln, wurde die uns vorliegende Handschrift mit den Handschriften sämtlicher Mitschüler des weiland Ruchlosen verglichen und ergab nach dem einstimmigen Urteil der gesamten Lehrerschaft, sowie in vollkommenem Einklang mit dem Spezial-Gutachten unseres geschätzten Herrn Kollegen für Kalligraphie die denkbar bedenklichste Ähnlichkeit mit der *Ihrigen*. –

MELCHIOR: Ich habe …

SONNENSTICH: Sie haben sich ruhig zu verhalten! – Ungeachtet der erdrückenden Tatsache der von seiten unantastbarer Autoritäten anerkannten Ähnlichkeit glauben wir uns vorderhand noch jeder weiteren Maßnahmen enthalten zu dürfen, um in erster Linie den Schuldigen über das ihm demgemäß zur Last fallende Vergehen wider die Sittlichkeit in Verbindung mit daraus resultierender Veranlassung zur Selbstentleibung ausführlich zu vernehmen. –

MELCHIOR: Ich habe …

SONNENSTICH: Sie haben die genau präzisierten Fragen, die ich Ihnen der Reihe nach vorlege, eine um die andere, mit einem schlichten und bescheidenen „Ja“ oder „Nein“ zu beantworten. – Habebald!

HABEBALD: Befehlen, Herr Rektor!

SONNENSTICH: Die Akten! – Ich ersuche unseren Schriftführer, Herrn Kollega Fliegentod, von nun an möglichst wortgetreu zu protokollieren. – *(Zu Melchior.)* Kennen Sie dieses Schriftstück?

MELCHIOR: Ja.

SONNENSTICH: Wissen Sie, was dieses Schriftstück enthält?

MELCHIOR: Ja.

SONNENSTICH: Ist die Schrift dieses Schriftstücks die Ihrige?

MELCHIOR: Ja.

SONNENSTICH: Verdankt dieses unflätige Schriftstück Ihnen seine Abfassung?

MELCHIOR: Ja. – Ich ersuche Sie, Herr Rektor, mir *eine* Unflätigkeit darin nachzuweisen.

SONNENSTICH: Sie haben die genau präzisierten Fragen, die ich Ihnen vorlege, mit einem schlichten und bescheidenen „Ja“ oder „Nein“ zu beantworten!

MELCHIOR: Ich habe nicht mehr und nicht weniger geschrieben, als was eine Ihnen sehr wohlbekannte Tatsache ist!

SONNENSTICH: Dieser Schandbube!

MELCHIOR: Ich ersuche Sie, mir einen Verstoß gegen die Sittlichkeit in der Schrift zu zeigen!

SONNENSTICH: Bilden Sie sich ein, ich hätte Lust, zu Ihrem Hanswurst an Ihnen zu werden?! – Habebald ...!

MELCHIOR: Ich habe ...

SONNENSTICH: Sie haben so wenig Ehrerbietung vor der Würde Ihrer versammelten Lehrerschaft, wie Sie Anstandsgefühl für das dem Menschen eingewurzelte Empfinden für die Diskretion der Verschämtheit einer sittlichen Weltordnung haben! – Habebald!!

HABEBALD: Befehlen, Herr Rektor!

SONNENSTICH: Es ist ja der *Langenscheidt* zur dreistündigen Erlernung des agglutinierenden[4] Volapük[5]!

MELCHIOR: Ich habe ...

SONNENSTICH: Ich ersuche unseren Schriftführer, Herrn Kollega Fliegentod, das Protokoll zu schließen!

MELCHIOR: Ich habe ...

SONNENSTICH: Sie haben sich ruhig zu verhalten!! – Habebald!

HABEBALD: Befehlen, Herr Rektor!

SONNENSTICH: Führen Sie ihn hinunter!

Aus: Wedekind, Frank: Werke in zwei Bänden, Bd. I: Gedichte und Lieder, Prosa, Frühlings Erwachen und die Lulu-Dramen, hrsg. von Erhard Weidl, München 1990, S. 518–523

1 Pestalozzi, Johann Heinrich: schweizerischer Pädagoge und Philosoph (1746–1827). Er wollte mit seiner Erziehungsmethode die Kräfte des Zöglings bilden und betonte den erzieherischen Wert der Arbeit und des Gemeinschaftslebens. Er bewirkte eine Erneuerung der Erziehung in ganz Europa.

2 Rousseau, Jean-Jacques: französischer Schriftsteller und Philosoph (1712–1778); bedeutender Vertreter und zugleich Überwinder der Aufklärung; Rousseaus Annahme eines glücklichen, naturhaften Urzustands des Menschen prägt auch sein Erziehungsideal: Pädagogik soll vor allem verhindern, dass der Zögling unter den schlechten Einfluss der Gesellschaft gerät.

3 applizieren: (lat.) anbringen, anfügen, verabreichen

4 agglutinierende Sprachen: Sprachen, in denen die grammatischen Funktionen durch das Anfügen von Affixen (Wortbildungselementen) an den Wortstamm ausgedrückt werden, wie z. B. das Lateinische

5 Volapük: im 19. Jahrhundert geschaffenes Kunstwort aus „vol" von engl. „world" und „pük" von engl. „speak" mit der Bedeutung „Welthilfssprache"

Lösungsvorschlag

Hinweis: vgl. auch das Kapitel ***Hinweise*** *in* diesem *Band:* ***Literarische Interpretation***

Zum Autor: *Frank Wedekind (eigentlich* Benjamin Franklin Wedekind, **24. Juli 1864 in Hannover; † 9. März 1918 in München) gehört mit zu den schillerndsten Autoren seiner Epoche. Selbst aus bürgerlichen Verhältnissen stammend – der Vater war Arzt, die Mutter in ihrer Jugend Schauspielerin –, richtete sich seine Kritik gegen die Verlogenheit und Scheinmoral seiner Klasse. Als Satiriker – er war Mitherausgeber der satirischen Zeitschrift „Simplizissimus" –, Journalist, Schauspieler und Dramatiker brandmarkte er die (Schein-)Moral der wilhelminischen Gesellschaft mit beißend ironischer Kritik. Für ein im „Simplizissimus" veröffentlichtes politisches Gedicht erhielt er drei Monate Festungshaft wegen Majestätsbeleidigung.*

Zum Drama: *Obwohl bereits 1891 erschienen, wurde „Frühlings Erwachen. Eine Kindertragödie", so der vollständige Titel, erst 1906 an den Berliner Kammerspielen uraufgeführt. Wedekind setzt sich in diesem Drama mit der vorherrschenden Sexualmoral seiner Zeit, geprägt durch Unterdrückung, Verdrängung und Scheinheiligkeit, auseinander. Das Stück ist die Geschichte mehrerer Jugendlicher, die im Zuge ihrer Pubertät in Konflikt mit der bürgerlichen Sexualmoral geraten und letztlich physisch (Selbstmord) oder psychisch daran zerbrechen.*

Aufgabe a: Inhaltszusammenfassung

Hinweis: *Der häufigste* ***Fehler*** *bei dieser Aufgabenstellung besteht darin, dass der Dramenauszug* ***nacherzählt*** *wird. Verlangt wird vielmehr eine den Originaltext deutlich reduzierende (Umfang) und abstrahierende (Inhalt) Darstellung. Dabei sind folgende Anforderungen zu beachten:*

- ***Kurze*** *Textvorstellung (→ Überblicksinformation)*
  - *Autor*
  - *Gattung/Textsorte*
  - *Titel/Auszug*
  - *Erscheinungsort/-datum*
  - *Quelle*
  - *Thema*
  - *Personal*
- *Zeitstufe: Präsens (Gegenwart)*
- *Keine wörtlichen Zitate → Konjunktiv*
- *Personenkonstellation*
- *Handlungsskizze*

Bei dem vorliegenden Textauszug handelt es sich um die 1. Szene des 3. Aktes von Frank Wedekinds 1891 erschienenem und 1906 erstmals uraufgeführtem Drama *Frühlings Erwachen. Eine Kindertragödie* in der von Erhard Weidl 1990 in München herausgegebenen Fassung von Wedekinds Gesamtwerk.

Frühlings Erwachen ist die sehr persönliche Auseinandersetzung Wedekinds mit der verlogenen Sexualmoral seiner Zeit. In der zu analysierenden Szene sitzt das Lehrerkollegium zu Gericht über den Schüler Melchior, der einem Mitschüler ein selbst verfasstes Werk über die Sexualität zukommen ließ.

Protagonisten der Szene sind neben Melchior das Lehrerkollegium, der Direktor der Anstalt Sonnenstich und der Hausmeister (Pedell). Gegenstand der Konferenz ist die Beurteilung bzw. Verurteilung des Schülers, der durch angeblich obszöne Schriften Schuld am Selbstmord seines Mitschülers haben soll.

Die Professoren der Schule, die Wedekind bewusst mit so eigenartigen und lächerlichen Namen wie (Rektor) Sonnenstich, Fliegentod, Knochenbruch oder Knüppeldick versehen hat, wollen eigentlich schulische Themen und den Selbstmord von Moritz besprechen, gleiten aber in eine völlig sinnlose Diskussion über das Öffnen der Fenster ab. Schließlich holen sie Melchior zu sich und beschuldigen ihn, den Tod seines Freundes verursacht zu haben, indem er ihn mit pornografischen Schriften verstört habe. Man hat das mit „Der Beischlaf" betitelte Werk gefunden, das Melchior für Moritz angefertigt hatte. Es wird als extrem obszön und unsittlich angesehen. Melchior wird mit immer neuen Anschuldigungen belegt und bekommt keine Gelegenheit, etwas zu seiner Verteidigung zu sagen.

Der Inhalt dieser Szene gliedert sich in zwei thematisch unterschiedliche Teile:

- Im ersten Abschnitt (Z. 1–73) wird der Kontext erkennbar, der sich in folgende Teilbereiche gliedert:
  - Nennung der Art des Verstoßes,
  - Sorge der Schulleitung vor vermeintlichen Sanktionen der Schulbehörde,
  - Darlegung der Konsequenzen für den Schüler,
  - sinnlose Debatte über das Öffnen oder Schließen teilweise nicht mehr vorhandener Fenster.
- Im weiteren Verlauf (Z. 74–140) kommt es zum eigentlichen „Verhör" Melchiors durch das Gremium.

Beherrschend ist in beiden Teilen die autoritätsfixierte Haltung des Direktors Sonnenstich, dessen Urteil von Anfang an feststeht (vgl. Z. 51 ff.) und die Konferenz zur bloßen Farce werden lässt. Im Zentrum der Szene steht die Vernehmung Melchiors, die vom Rektor allerdings so inszeniert wird, dass dieser keine Chance hat, seine Beweggründe für sein vermeintlich verurteilungswürdiges Handeln zu erläutern, letztlich geht es schlicht und einfach um die Vertuschung des Vorfalls, um den Ruf der Schule und damit verbunden die Förderung durch das Kultusministerium (vgl. Z. 49 f.) nicht zu gefährden.

Aufgabe b: Analyse

Hinweise zur Untersuchung der Sprache:

Satzbau

Beim Satzbau unterscheidet man

- *Parataxe,*
- *Hypotaxe,*
- *Ellipsen und Interjektionen sowie*
- *rhetorische Fragen.*

Dominiert ein einfacher parataktischer Satzbau (Aneinanderreihung von Hauptsätzen), geht es dem Verfasser in der Regel um eine möglichst klare Mitteilung (Sachtext). Parataxe kann aber auch den Spannungsaufbau unterstützen (Epik) oder Sachverhalte einfacher erscheinen lassen, als sie in Wirklichkeit sind (Polemik, Ironie).

Hypotaxe liegt vor, wenn der Autor viele, eventuell sogar verschachtelte Nebensätze gebraucht. Dies setzt einen geübten Leser (Adressaten) voraus, der mit der komplizierten Satzstruktur zurechtkommt. Der Grund für den Gebrauch des hypotaktischen Stils kann sein, dass der Autor das Thema differenziert, fundiert und in seiner ganzen Komplexität darstellen will (Argumentation). Hypotaxe kann allerdings auch Ausdruck mangelnder Sprachkompetenz und Ignoranz dem Leser gegenüber sein.

Wortwahl

- *Welche Wortart dominiert?* → *Nomen, Verben, Adjektive usw.*
- *Ist die Wortwahl anschaulich/konkret?* → *Informationswert*
- *Verwendung von Fremdwörtern* → *Sinn für die Aussage?*
- *Enthält der Text Konnotationen?* → *Manipulation/Einstellung*
- *Verwendung metaphorischer Bedeutungen* → *Aussageabsicht*

Rhetorische Mittel

Welche rhetorischen Mittel werden eingesetzt?
→ Wirkung
→ Intention
→ Aussageabsicht

Der mit Zeile 76 beginnende Kern des Textauszugs beinhaltet das Zusammentreffen der beiden Kontrahenten Sonnenstich und Melchior. Die sich dabei abzeichnende Gesprächssituation trägt stark komplementäre[1] Züge. Auf der einen Seite der Rektor, als Autoritätsperson unangreifbar und darauf bedacht, den Schulverweis Melchiors durch dessen angebliche moralische Verkommenheit (vgl. Z. 128 ff.) zu rechtfertigen, auf der anderen Seite Melchior, der sich erklären möchte, daran aber hartnäckig durch den Schulleiter gehindert wird (vgl. Z. 88, 96, 103, 134, 137). Es ist offensichtlich, dass es sich bei der Anhörung um eine Pflichtveranstaltung handelt, deren Verlauf für das von vornherein feststehende Urteil (vgl. Z. 57) unerheblich ist, da den behördlichen Spielregeln Genüge getan werden soll, nicht aber um den ernsthaften Versuch, den Sachverhalt wirklich aufzuklären.

Eingeleitet wird die „Anhörung" quasi durch den Vortrag der Anschuldigungen durch den Rektor. In einer **hölzern-amtlich wirkenden Sprache**, geprägt durch einen **hypertaktischen Satzbau** und unter Verwendung zahlreicher **Parenthesen**, wird Melchior mit seinem Vergehen konfrontiert. Seine Versuche, Rechtfertigungen vorzubringen, die Vorwürfe zu differenzieren oder zu entkräften (vgl. Z. 117, 120 f., 123 f.) werden von Sonnenstich wortreich und arrogant abgewehrt. Mit einer Ausnahme beschränkt sich sein Gesprächsanteil auf **elliptische Einwürfe**, die einerseits seine aussichtslose Position bei diesem Gespräch kennzeichnen, andererseits die Autorität des Rektors unterstreichen (vgl. Z. 125 f.).

Durch eine **stark abwertende Wortwahl** versucht Sonnenstich die Tat des Schülers als besonders verwerflich und als im Sinne der Schulordnung strafwürdig darzustellen. Den Selbstmord des Schülers Moritz bezeichnet er als „ruchlosen Frevel" (Z. 77) und als „verabscheuungswürdige Untat" (Z. 81), wobei er eine „moralische Zerrüttung des Untäters" unterstellt (Z. 82).

Das *corpus delicti*, Melchiors „zwanzig Seiten lange Abhandlung" (Z. 85) mit dem Titel „Der Beischlaf" (Z. 84), wertet er als „unzüchtige Lektüre" (Z. 86), die den „geschraubtesten Anforderungen, die ein verworfener Lüstling" (Z. 85 f.) stellen könnte, genügen würde.

Obwohl sich Sonnenstich seiner Autorität bewusst ist (vgl. Z. 89), versucht er durch die Verwendung der Pronomen „uns" (Z. 89), „unseres" (Z. 94) und „wir" (Z. 90) der Anklage ein besonderes Gewicht zu verleihen. Der Rektor möchte seinen Vorwürfen auch durch den Hinweis Nachdruck geben, dass er „nach dem einstimmigen Urteil der gesamten Lehrerschaft" (Z. 93) handelt. Er agiert also nicht aus subjektiver Empörung, sondern aus einem dem Schulwohl geschuldeten Pflichtgefühl. Diesem Kalkül dient auch der Verweis auf das „Spezial-Gutachten unseres geschätzten Herrn Kollegen für Kalligraphie" (Z. 94 f.), den er zu einer „unantastbare[n] Autorität" (Z. 98) befördert.

---

1 Beziehungen zwischen Partnern basieren entweder auf Gleichheit oder auf Unterschiedlichkeit. In komplementären Beziehungen ergänzen sich unterschiedliche (**komplementäre**) Verhaltensweisen und bestimmen den Interaktionsprozess. Die Beziehungsgrundlage besteht hierbei in der Unterschiedlichkeit der Partner. Häufig drückt sich diese Unterschiedlichkeit in einer **Unterordnung** aus, d. h. der eine hat die Oberhand über den anderen. (Paul Watzlawick u. a.: Menschliche Kommunikation. Bern; Göttingen; Toronto; Seattle [9]1996, S. 68–70)

Das eigentliche **Verhör** (Z. 104–140) folgt streng der Dramaturgie des Rektors, dem es nicht wirklich um die Aufklärung eines Sachverhalts, sondern vielmehr um die Bestätigung einer Vorverurteilung geht. Während er erfolgreich bemüht ist, das Gespräch auf der Beziehungsebene[2] zu führen, scheitert Melchior mit seinem Versuch, inhaltliche Aspekte anzusprechen (vgl. Z. 117, 120 f., 123 f.) und so seine Beweggründe darzulegen.

Die Situation kippt vollkommen ins **Groteske**, als sich das vom Hausmeister vorgelegte, vermeintliche *corpus delicti*, Melchiors Abhandlung über die menschliche Sexualität, als „der *Langenscheidt* zur dreistündigen Erlernung des agglutinierenden Volapük" (Z. 132 f.) erweist. Da er sich der Lächerlichkeit dieser Tatsache bewusst ist, bricht Sonnenstich an dieser Stelle (Z. 140) die Inszenierung einer „sachlichen Anhörung" abrupt ab.

Damit ist rein formal das Verfahren gegen Melchior offiziell abgeschlossen: Die Schulleitung hat in einer Anhörung dem betroffenen Schüler die Möglichkeit gegeben, sich zu den erhobenen Vorwürfen zu äußern, ein Vorgang, der durch ein Protokoll (vgl. Z. 108 f., 135 f.) objektiv dokumentiert ist und den Anschein erweckt, als haben Sonnenstich und das Kollegium wirklich versucht, die Hintergründe für den Selbstmord des Schülers Moritz aufzuklären. Melchior hat in dieser Inszenierung keine Chance, sich zu erklären, ihm bleibt nur die Rolle des Statisten.

Aufgabe c: Untersuchung der Gesellschaftskritik

***Hinweis:** Bei der Bearbeitung der Aufgabe ist historisches Hintergrundwissen zum wilhelminischen Kaiserreich von Nutzen. Es macht Sinn, aspektorientiert vorzugehen: Analysieren Sie die einzelnen, von Wedekind scharf gezeichneten Charakteristika Sonnenstichs und zeigen Sie, welche gesellschaftlichen Missstände bzw. welche Mentalität er damit attackiert.*

Literatur war und ist zu jeder Zeit immer auch ein **Vehikel für die Kritik gesellschaftlicher Zustände**. Angefangen bei Walther von der Vogelweide über Lessing, Schiller und Goethe, Büchner bis hin zu Bert Brecht oder Günter Grass verstanden sich Schriftsteller immer auch als skeptische Chronisten ihrer Zeit. Literatur wird zum Brennglas, in dessen Fokus der jeweilige Protagonist exemplarisch den Problemen seiner Zeit begegnet.

Neben Heinrich Mann *(Der Untertan)*, Herrmann Hesse *(Unterm Rad)* und Ludwig Thoma *(Magdalena)* setzte sich Wedekind vehement mit den Missständen seiner Zeit, besonders deren **Schein-Moral**, auseinander. Als Projektionsfläche für seine Kritik wählte er wie Heinrich Mann in seinem Roman *Professor Unrat* die Schule und ihre Protagonisten.

In der Figur des Rektors Sonnenstich, die allein schon aufgrund ihres Namens Zielscheibe des Spottes wird, zeigen sich exemplarisch markante Schwächen des vom wilhelminischen Kaiserreich geprägten Menschen:
- Obrigkeitsfixierung
- Tabuisierung und Ächtung der Sexualität
- autoritäre Gesellschaftsstruktur
- Schule als „Zuchtanstalt"

Demgegenüber steht der **Schüler Melchior**, in dem sich all das manifestiert, was Sonnenstich als Statthalter des Systems rigoros bekämpft:
- Widerspruchsgeist (Z. 88)
- Anerkennung der Sexualität als Bestandteil der Persönlichkeit (Z. 120 f.)
- Selbstbewusstsein und Courage (Z. 117)
- Zweifel an der herrschenden Moral (Z. 123 f.)

---

2 Jede Kommunikation enthält über die reine Sachinformation (Inhaltsaspekt) hinaus einen Hinweis, wie der Sender seine Botschaft verstanden haben will und wie er seine Beziehung zum Empfänger sieht (Beziehungsaspekt). Der Beziehungsaspekt zeigt, welche emotionale Beziehung von einem Kommunikationspartner gesetzt wird. Daraus folgt, dass der Beziehungsaspekt bestimmt, wie der Inhalt zu interpretieren ist (vgl. Watzlawick).

Obrigkeitsfixierung
Sonnenstich geht es bei der Konferenz nicht wirklich um Aufklärung der Gründe, derentwegen der Schüler Moritz Stiefel Selbstmord beging. Ihm geht es auch nicht um die kritische Würdigung der Rolle, die die Aufklärungsschrift Melchiors dabei spielte, ihm geht es einzig und allein darum, möglichen, für die Schule negativen Konsequenzen des „hohen Kultusministerium[s]“ (Z. 45 f.) zuvorzukommen. Die Befragung des Schülers ist eine protokollarische Notwendigkeit, eine Farce, die dazu dient, den Schein zu wahren: Das Urteil über Melchior, „die Relegation [des] schuldbeladenen Schülers“ (Z. 45), steht bereits vorher fest.

Tabuisierung und Ächtung der Sexualität
Sexualität galt im 19. Jahrhundert als Tabuthema, das im öffentlichen Diskurs wie eine ansteckende Krankheit behandelt wurde. Dementsprechend ist die Wortwahl Sonnenstichs im Zusammenhang mit Melchiors inkriminierendem Schriftstück. Er spricht von einer „unzüchtige[n] Lektüre“ (Z. 86), von „schamlosesten Unflätereien“ (Z. 85) und von einem „Vergehen wider die Sittlichkeit“ (Z. 100). Sexualität erhält dadurch den Status des Unmoralischen, nicht Gesellschaftsfähigen, das schädlich für die Charakterbildung der Schüler ist und deshalb mit allen Mitteln bekämpft werden muss.

Autoritäre Gesellschaftsstruktur
Sonnenstich dominiert die Konferenz mit seinem herrischen Verhalten. Schon sein erhöhter Sessel (vgl. Regieanweisungen) verrät sein Selbstverständnis: Gottgleich urteilt er über Wohl und Wehe der Schüler. Weder der betroffene Schüler, noch die anwesenden Mitglieder des Lehrerkollegiums erhalten von ihm die Möglichkeit, gehört zu werden. Selbst den läppischen Streit um das Öffnen bzw. Nichtöffnen eines Fensters entscheidet er selbstherrlich und autoritär (vgl. Z. 42). Melchior erhält von ihm zu keinem Zeitpunkt des Gesprächs die Chance, sich zu erklären, sein Handeln zu erläutern und seine Beweggründe darzulegen. Der Rektor weist ihm die Rolle eines bloßen Ja- und Neinsagers zu (vgl. Z. 104 ff.). Als Melchior diese ihm zugewiesene Rolle ablegt und versucht, sich zu seiner Sache zu äußern, empfindet Sonnenstich dies als Angriff auf seine Autorität und verschanzt sich verbal hinter der „Würde [der] versammelten Lehrerschaft“ (Z. 128 f.). Mit „Untergebenen“, wie dem Pedell, kommuniziert er im diskriminierenden und harschen Befehlston (vgl. Z. 21). Die ganze Szene ist symptomatisch für das von hierarchischem Denken und Militarismus geprägte Kaiserreich.

Schule als „Zuchtanstalt“
Ganz im Gegensatz zur Pädagogik eines Pestalozzi oder Rousseau, deren Bilder im Lehrerzimmer präsent sind und dadurch den Anschein von Aufklärung erwecken, geht es dem Rektor einzig und allein um die Wahrung des äußeren Scheins. Seine Sorge gilt nicht wirklich den ihm anvertrauten Menschen, sondern der Durchsetzung von vermeintlichem Recht und der Aufrechterhaltung einer fragwürdigen Ordnung (vgl. Z. 1–15). Rousseaus Menschenbild, in dessen Zentrum die Förderung der Individualität und des freien Charakters steht, passt nicht zur Einstellung des Rektors, für den Pädagogik sich in Zucht und Ordnung, Gehorsam und Unterordnung unter das System erschöpft (vgl. Z. 7 f.). Die Heranwachsenden werden mit ihren Nöten alleingelassen, sodass es nicht erstaunt, wenn Einzelne psychisch zerbrechen und wie Moritz Selbstmord begehen. Wedekind gibt mit seinem Stück der verfehlten Pädagogik seiner Zeit die denkbar schlechtesten Zensuren.

Training für Schüler!

Prüfungsrelevantes Faktenwissen mit vielen Beispielen, abwechslungsreichen Aufgaben und schülergerechten Lösungen zur Selbstkontrolle.

Mathematik

Funktionenlehre · Lineare Gleichungssysteme – Technik und Nichttechnik – 11. Klasse	Best.-Nr. 92406
Analysis und Stochastik Nichttechnik – 12. Klasse	Best.-Nr. 92407
Wiederholung Algebra – FOS · BOS	Best.-Nr. 92402
Wiederholung Geometrie	Best.-Nr. 90010
Analysis 1 – FOS · BOS 12 Technik	Best.-Nr. 92403
Analysis 2 – FOS · BOS 12 Technik	Best.-Nr. 92404
Analytische Geometrie FOS · BOS 12 Technik	Best.-Nr. 92405
Infinitesimalrechnung 1/11. Klasse	Best.-Nr. 94006
Infinitesimalrechnung 2/11. Klasse	Best.-Nr. 94008
Wahrscheinlichkeitsrechnung und Statistik – gk	Best.-Nr. 40055
Integralrechnung – gk	Best.-Nr. 40015
Exponential- und Logarithmusfunktionen, gebrochenrationale Funktionen – gk	Best.-Nr. 40016
Kompakt-Wissen FOS · BOS 12 Analysis und Stochastik	Best.-Nr. 924001
Kompakt-Wissen FOS · BOS 12/13 – Analysis, Lineare Algebra und Analytische Geometrie	Best.-Nr. 924002
Kompakt-Wissen Algebra	Best.-Nr. 90016
Kompakt-Wissen Geometrie	Best.-Nr. 90026

Physik

Mechanik	Best.-Nr. 94307
Gravitations-, elektrisches und magnetisches Feld – Technik	Best.-Nr. 92436
Wechselstromwiderstände, Mechanische Schwingungen, Impuls	Best.-Nr. 92437
Kinematik, Dynamik, Energie – Technik	Best.-Nr. 92438
Physik – Übertritt in die Oberstufe	Best.-Nr. 80301
Abitur-Wissen Elektrodynamik	Best.-Nr. 94331
Kompakt-Wissen Abitur Physik 1	Best.-Nr. 943012
Kompakt-Wissen Abitur Physik 2	Best.-Nr. 943013
Kompakt-Wissen Abitur Physik 3	Best.-Nr. 943011

Deutsch

Gedichte analysieren und interpretieren	Best.-Nr. 944091
Dramen analysieren und interpretieren	Best.-Nr. 944092
Epische Texte analysieren und interpretieren	Best.-Nr. 944093
Erörtern und Sachtexte analysieren	Best.-Nr. 944094
Abitur-Wissen Prüfungswissen Oberstufe	Best.-Nr. 94400
Abitur-Wissen Deutsche Literaturgeschichte	Best.-Nr. 94405
Abitur-Wissen Textinterpretation Lyrik, Drama, Epik	Best.-Nr. 944061
Abitur-Wissen Erörtern und Sachtexte analysieren	Best.-Nr. 944064
Kompakt-Wissen Rechtschreibung	Best.-Nr. 944065

Englisch

Themenwortschatz	Best.-Nr. 82451
Grammatikübung	Best.-Nr. 82452
Übersetzung	Best.-Nr. 82454
Grundlagen, Arbeitstechniken und Methoden mit Audio-CD	Best.-Nr. 944601
Sprechfertigkeit mit Audio-CD	Best.-Nr. 94467
Sprachmittlung	Best.-Nr. 94469
Englisch Grundwissen 10. Klasse	Best.-Nr. 90510
Englisch Übertritt in die Oberstufe	Best.-Nr. 82453
Klausuren Englisch Oberstufe	Best.-Nr. 905113
Arbeitsheft Bildungsstandards Englisch Reading Mittlerer Schulabschluss B1	Best.-Nr. 101550
Abitur-Wissen Landeskunde Großbritannien	Best.-Nr. 94461
Abitur-Wissen Landeskunde USA	Best.-Nr. 94463
Abitur-Wissen Englische Literaturgeschichte	Best.-Nr. 94465
Kompakt-Wissen Kurzgrammatik	Best.-Nr. 90461
Kompakt-Wissen Abitur Themenwortschatz	Best.-Nr. 90462
Kompakt-Wissen Abitur Landeskunde/Literatur	Best.-Nr. 90463
Kompakt-Wissen Grundwortschatz	Best.-Nr. 90464
Sprachenzertifikat Englisch Niveau B1 mit Audio-CD	Best.-Nr. 105550
Sprachenzertifikat Englisch Niveau A2 mit Audio-CD	Best.-Nr. 105552

Französisch

Sprachmittlung · Übersetzung	Best.-Nr. 94512
Landeskunde Frankreich	Best.-Nr. 94501
Themenwortschatz	Best.-Nr. 94503
Literatur	Best.-Nr. 94502
Textarbeit Oberstufe	Best.-Nr. 94504
Abitur-Wissen Franz. Literaturgeschichte	Best.-Nr. 94506
Kompakt-Wissen Kurzgrammatik	Best.-Nr. 945011
Kompakt-Wissen Abitur Themenwortschatz	Best.-Nr. 945010
Sprachenzertifikat Französisch DELF B1 mit MP3-CD	Best.-Nr. 105530

Wirtschaft/Recht

Wirtschaft	Best.-Nr. 84852
Betriebswirtschaft	Best.-Nr. 94851
Abitur-Wissen Volkswirtschaft	Best.-Nr. 94881
Abitur-Wissen Rechtslehre	Best.-Nr. 94882
Kompakt-Wissen Abitur Volkswirtschaft	Best.-Nr. 948501
Kompakt-Wissen Abitur Betriebswirtschaft	Best.-Nr. 924801
Kompakt-Wissen Abitur Rechnungswesen mit Bilanzanalyse	Best.-Nr. 924802

Pädagogik und Psychologie

Erziehungswissenschaft	Best.-Nr. 94941
Grundwissen Pädagogik	Best.-Nr. 92480
Grundwissen Psychologie	Best.-Nr. 92481

(Bitte blättern Sie um)